이동원 목사와
함께 걷는 천로역정

이동원 목사와
함께 걷는 천로역정

지은이 | 이동원
초판 발행 | 2016. 8. 22
18쇄 발행 | 2023. 9. 28
등록번호 | 제1988-000080호
등록된 곳 | 서울특별시 용산구 서빙고로 65길 38
발행처 | 사단법인 두란노서원
영업부 | 2078-3352   FAX | 080-749-3705
출판부 | 2078-3331

책값은 뒤표지에 있습니다.
ISBN 978-89-531-2609-1 03230

독자의 의견을 기다립니다.
tpress@duranno.com   www.duranno.com

두란노서원은 바울 사도가 3차 전도여행 때 에베소에서 성령 받은 제자들을 따로 세워 하나님의 말씀으로 양육
하던 장소입니다. 사도행전 19장 8-20절의 정신에 따라 첫째 목회자를 돕는 사역과 평신도를 훈련시키는 사역,
둘째 세계선교(TIM)와 문서선교(단행본·잡지) 사역, 셋째 예수문화 및 경배와 찬양 사역, 그리고 가정·상담 사
역 등을 감당하고 있습니다. 1980년 12월 22일에 창립된 두란노서원은 주님 오실 때까지 이 사역들을 계속할
것입니다.

이동원 목사와

함께 걷는
천로역정

이동원 지음

두란노

포스트모던 세대를 위한
《천로역정》메시지

《천로역정》은 기독교 고전입니다.

고전은 옛것이지만 언제나 새롭습니다.

그 메시지가 시대를 초월하기 때문입니다.

성경이 들어가는 곳마다 이 책은 일순위로 번역되었습니다.

그래서 성경 다음으로 많이 읽힌 책으로 소개되기도 합니다.

《천로역정》은 또한 개신교 목회자들에게 있어

설교의 보고였습니다.

설교의 황제라 불리는 스펄전에게

이 책은 영감의 근원이었습니다.

길선주 목사님에게 이 책은 회심의 계기가 되었습니다.

이성봉 목사님에게 이 책은 부흥회의 중심 주제가 되었습니다.
저도 회심 직후, 한 선교사님에게 이 책을 선물로 받고
제 믿음의 기초로 삼았습니다.

2016년 9월, 필그림 하우스에
'천로역정 순례길'이 봉헌되었습니다.
저는 이 프로젝트를 앞두고
10회 이상 《천로역정》을 다시 읽었습니다.
그리고 일 년에 걸쳐 《천로역정》으로 강해설교를 했습니다.
천로역정 순례길을 봉헌하며 그 기념으로
이 책을 펴내게 되었습니다.

이 책의 메시지가 오늘의 포스트모던 청중에게
더욱 필요하다고 느꼈기 때문입니다.

이 책을 읽는 포스트모던 세대를 축복하고 싶습니다.
이 책과 함께 오리지널《천로역정》을
읽게 되기를 기도합니다.
그리고 가평의 천로역정 순례길도 방문하기를 바랍니다.
이 책이 우리 신앙의 기초를 다시 견고케 할 수 있다면
그것은 우리 믿음의 주요 온전케 하시는 이를
기쁘게 하는 일일 것입니다.

이 책을 읽는 우리 모두가
순례의 여정을 완주하게 되기를 축복합니다.

주후 2016년 8월, 순례길을 열면서
천로역정 순례길의 동역자가 된,

이동원 목사 드림

* 이 책에 사용된 《천로역정》은 포이에마 출판사에서 번역한 것을 주로 인용하였음을 알려드리며,
이를 허락한 포이에마 출판사에 감사를 드립니다.

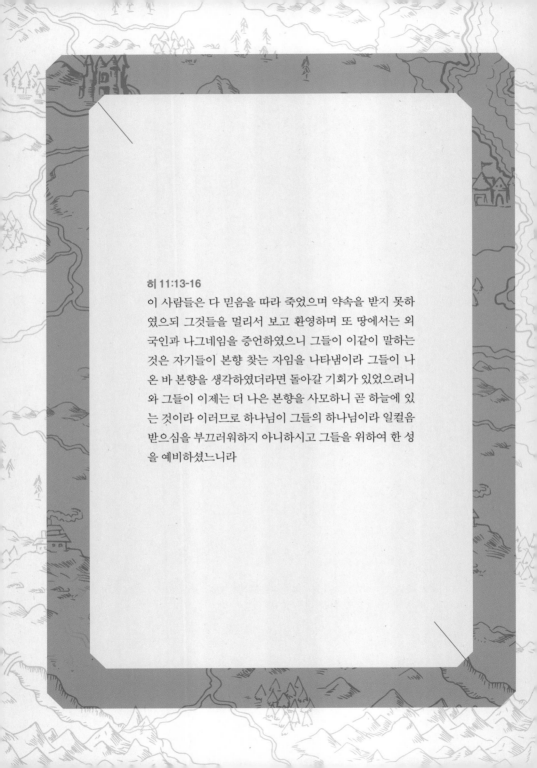

히 11:13-16

이 사람들은 다 믿음을 따라 죽었으며 약속을 받지 못하였으되 그것들을 멀리서 보고 환영하며 또 땅에서는 외국인과 나그네임을 증언하였으니 그들이 이같이 말하는 것은 자기들이 본향 찾는 자임을 나타냄이라 그들이 나온 바 본향을 생각하였더라면 돌아갈 기회가 있었으려니와 그들이 이제는 더 나은 본향을 사모하니 곧 하늘에 있는 것이라 이러므로 하나님이 그들의 하나님이라 일컬음 받으심을 부끄러워하지 아니하시고 그들을 위하여 한 성을 예비하셨느니라

우리는 모두 순례자

이 땅에 나그네로 온 존재

개인적으로 제주도를 다녀와야 하는 일들이 여러 번 있었습니다. 제주도는 우리나라가 외국과 문을 닫고 살던 시절, 우리 한국인들에게 최초의 해외여행 기회를 학습하게 한 섬이었습니다. 제주도는 처음엔 3재(灾)-수재(水災), 한재(旱災), 풍재(風災)-의 섬으로 우리의 기억에 유쾌한 섬이 아니었습니다. 그래서 이씨 조선 시절에는 정치적으로 패배한 사람들의 유배지였습니다. 그러나 지난 2007년에 유네스코 세계 자연 유산으로 지정되고, 무비자로 방문이 가능해지면서 수많은 외국인 관광객들이 몰려오는 아름다운 섬이 되었습니다. 2013년에는 연간 관광객 천만을 돌파하기도 했습니다.

제주도에서 공무원으로 행정 관리 일을 하는 분과 이야기를 나눈 적이 있습니다. 외국인들의 방문이 늘면서 제주도에 번영과 축복이 되는 측면도 있지만, 무례한 관광객 문제도 점차 골치 아픈 과제가 되고 있다는 이야기를 들었습니다. 히브리서 11장 13-16절에 보면 그리스도인의 존재가 이 땅에서 '외국인'(Strangers)과 '나그네'(Pilgrims)와 같은 존재, 즉 '순례자' 같은 존재라고 말합니다.

그 말씀을 보면서 문득 이런 생각이 들었습니다. '나는 이 땅에서 어떤 순례자의 삶을 살고 있는가?' 우리가 예수님을 구주와 주님으로 영접하고 믿는 순간, 우리는 하나님 나라의 백성이 됩니다. 그때부터 우리는 모두 외국인과 나그네로 이 땅에서의 삶을 살게 됩니다. 우리는 모두 이 땅을 순례하는 순례자이기 때문입니다.

그리스도인들이 이 땅에서 아름다운 순례자로 살아가도록 도전하는 가장 적합한 책이 있다면, 성경 다음으로 많이 읽힌 《천로역정(The Pilgrim's Progress)》일 것입니다. 알다시피 이 책은 영국의 침례교 그리스도인인 존 번연(John Bunyan)이 쓴 책입니다. 2016년 9월, 가평 필그림 하우스에서는 '천로역정 순례길'이 조각 공원 형태로 만들어져, 전 세계 그리스도인들을 위한 영성 순례 학습장으로 이용되고 있습니다.

앞서 소개한 히브리서 11장 말씀을 통해 저는 잠시 이 땅에서 그리스도인들 모두가 아름다운 순례자의 인생을 살아가는 비밀을 나누고자 합니다.

아름다운 순례자의 인생 길

첫째, 우리는 '하늘 본향의 실재'를 믿고 길을 가야 합니다.
참된 순례자는 자기가 가야 할 궁극적인 본향을 알고 있는 사람들입니다. 성경은 그 본향이 하늘에 있다고 가르칩니다. 만일 우리가 그런 궁극적인 본향을 알지 못하고 인생 길을 가고 있다면 우리는 순례자가 아니라, 방황하는 나그네에 불과할 것입니다. 나는 순례자인가 나그네인가를 자신에게 물어보십시오.

> "그들이 이제는 더 나은 본향을 사모하니 곧 하늘에 있는 것이라 이러므로 하나님이 그들의 하나님이라 일컬음 받으심을 부끄러워하지 아니하시고 그들을 위하여 한 성을 예비하셨느니라"(히 11:16).

하늘 본향의 또 다른 이름은 하나님이 자기 백성을 위하여 예비하신 성, 혹은 도시라고 할 수 있습니다. 존 번연은 이 도시를 '시온 산'(Mountain Zion)이라고 불렀습니다. '천성'(Celestial City), '새 예루살렘'(New Jerusalem)이라고도 부르는 이곳이 믿음의 사람들이 바라보는 궁극적인 본향입니다.

이 땅에 사는 인류는 모두 각기 다른 지상의 고향을 갖고 있습니다. 어떤 이들의 고향은 중국이고, 또 어떤 이들의 고향은 미국이고, 다른 어떤 이들의 고향은 일본이거나 몽골, 또는 동남아시아일 것입니다. 그리고 이 글을 읽는 우리 대부분의 고향은 한국입니다. 믿음의 조상 아브라함의 고향은 갈대아 우르였습니다. 그

러나 아브라함과 그의 후손들은 그 고향으로 돌아가기를 원하지
않았습니다.

> "그들이 나온 바 본향을 생각하였더라면 돌아갈 기회가 있었으려
> 니와"(히 11:15).

이들은 16절에서 '더 나은 본향을 사모'하게 되었다고 말합니
다. 이제 구원받은 그리스도인이라면 모두 한 고향을 갖게 되었습
니다. 그것은 바로 하늘 고향, 곧 천국입니다.

> "그러나 우리의 시민권은 하늘에 있는지라 거기로부터 구원하는
> 자 곧 주 예수 그리스도를 기다리노니"(빌 3:20).

우리는 모두 동일한 하늘나라의 시민권을 취득한 백성이 되었
고, 더불어 이 땅을 순례하는 순례자가 되었습니다. 이것이 우리의
새로운 정체성입니다. 이 영원한 본향인 하늘나라의 실재를 믿을
수록 우리의 정체성은 견고해집니다. 우리 신앙의 선배들은 이 하
늘나라를 믿고 살았으며, 또한 믿고 죽었습니다. 이러한 하늘나라
의 영광은 이 땅에서는 다 경험하기가 어렵습니다. 그래서 13절에
서는 '약속을 받지 못했다'고 말합니다. 다만 '멀리서 보고 환영했
다'고 말하는 것입니다. 우리는 이 궁극적인 본향의 실재를 믿고
날마다의 길을 걷는 순례자가 되어야 합니다.

둘째, 우리는 '순례자 공동체'로 함께 길을 가야 합니다.

본문 13절을 보면 순례길을 걷고 있는 것은 한 개인이 아니라 복수형인 '사람들'(people), 또는 '그들'(they)이라고 표현하고 있습니다. 함께 그 길을 가는 사람들, 동반자들이 있었던 것입니다. 《천로역정》에서도 주인공 크리스천이 순례의 길을 완주할 수 있었던 중요한 요인 중 하나는 그 길을 가는 동반자들이 있었기 때문입니다. 처음 전반부의 중요한 동반자는 '신실'(Faithful)이었고, 후반부의 중요한 동반자는 '소망'(Hopeful)이었습니다. 신실이 '허영의 시장'(Vanity Fair)에서 순교할 때, 이를 지켜보고 감동받은 사람이 바로 소망이었습니다. 소망은 천성에 들어가기까지 크리스천과 동행했습니다. 천성으로 가는 길에 이같은 동반자들이 있다는 것은 얼마나 큰 축복인지 모릅니다. 신앙생활은 홀로 하는 것이 아닙니다. 저는 한국 교회가 이 나라에 와서 나그네 인생을 사는 외국인 성도들에게 이같은 친구가 되어야 한다고 생각합니다.

그런데 존 번연은 친구의 동행만으로는 순례길의 완주를 장담할 수 없었는지 공동체를 등장시킵니다. 《천로역정》을 보면 미궁, 즉 '아름다운 집'(House Beautiful)이 등장합니다. 여기서 '신중'(Discretion), '분별'(Prudence), '경건'(Piety), '자애'(Charity) 등의 성도들을 만나고, 그들의 격려를 받습니다. 아름다운 집에서 크리스천은 성도의 교제의 축복을 누립니다. 영적 무장도 합니다. 그것이 바로 교회 공동체의 존재 이유입니다. 또 크리스천은 순례길을 걷다가 '기쁨의 산맥'(The Delectable Mountains)에 도달하기도 합니다. 이 산맥의 별칭은 '임마누엘의 땅'입니다. 그는 여기서 피로를 달래고 휴식을 취하다가 네 명의 목자를 만납니다. 그들의 이름은 '지식'(Knowledge), '경험'(Experience), '경계'(Watchful), '성실'(Sincere) 이었습니다. 그들의 인도, 그들의 교훈에 크리스천은 새 힘을 얻고 다시 순례길로 나아갑니다. 이것이 바로 진정한 교회 공동체의 모습입니다. 나는 이 땅의 교회가 그런 순례 공동체가 되기를 기도합니다.

셋째, 우리는 '본향 찾는 순례자의 삶'을 살아야 합니다.
우리 신앙의 선배들이 고백한 '나그네 됨'이란, 곧 순례자의 삶을 뜻하는 것이었습니다. 그리고 그 이후 우리의 전 생애는 바로 본향 찾는 순례자의 삶이라고 고백합니다.

> "그들이 이같이 말하는 것은 자기들이 본향 찾는 자임을 나타냄이라"(히 11:14).

여기서 "본향 찾는" 것이란 구체적으로 무엇을 의미할까요? 이 땅의 삶을 전부로 아는 사람과 하늘의 본향을 사모하는 사람의 삶이 다르다는 것입니다. 나그네가 지나가는 길에 너무 많은 집착을 갖는다면 그의 순례는 지장 받을 수밖에 없습니다. 그래서 성경은 우리에게 "이 세상이나 세상에 있는 것들을 사랑하지 말라 누구든지 세상을 사랑하면 아버지의 사랑이 그 안에 있지 아니하니"(요일 2:15)라고 했습니다. 다음 구절을 보면 세상 가치관의 정체가 무엇인지를 보여 줍니다.

"이는 세상에 있는 모든 것이 육신의 정욕과 안목의 정욕과 이생의 자랑이니 다 아버지께로부터 온 것이 아니요 세상으로부터 온 것이라"(요일 2:16).

《천로역정》을 보면 크리스천과 신실이 허영의 시장에 도달합니다. 이 마을 장터에서 사고파는 모든 것은 헛되고 헛된 것들이었습니다. 모두가 육신의 정욕과 안목의 정욕과 이생의 자랑을 자극하는 것들이었습니다. 여기에는 수많은 나라의 상품들이 다 모여 있었습니다. 크리스천과 신실은 이 거리와 시장을 지나야만 새 예루살렘으로 갈 수 있었습니다. 두 순례자는 이런 온갖 상품이 진열된 거리를 지나가며 기도합니다.

"내 눈을 돌이켜 허탄한 것을 보지 말게 하시고"(시 119:37).

시장에서 파는 물건들에 전혀 관심을 보이지 않고 지나가는 두 순례자에게 한 상인이 묻습니다.

"너희들이 가진 관심은 무엇이냐? 너희는 무엇을 사고 싶은 것이냐?"

두 순례자의 대답은 이러했습니다.

"진리를 사고 싶습니다"(잠 23:23 참조).

그들이 가진 궁극적인 관심은 '진리'였습니다. 이 대답으로 그들은 자신들이 진정 본향을 찾는 사람들임을 나타낼 수 있었습니다. 결국 이 대답 때문에 신실은 이 허영의 시장에서 순교라는 대가를 지불하게 됩니다. 그러나 그들은 이런 고난의 장애물을 두려워하지 않았습니다. 그들은 본향을 찾는 순례자들이었기 때문입니다. 곧 본향에 도착할 것을 믿었던 것입니다.

40년 동안 아프리카를 섬긴 헨리 모리슨(Henry Morrison)이라는 선교사가 있었습니다. 그가 아내와 함께 고향인 미국으로 귀국하는 배를 타고 뉴욕 항구에 막 도착할 때였습니다. 그 배에는 아프리카에서 사냥 휴가를 마치고 귀국하는 테디 루스벨트(Teddy Roosevelt) 대통령이 탑승하고 있었습니다. 배가 항구에 도착하자 대통령 일행을 환영하는 레드 카펫이 깔리고 군악대의 팡파르 소리가 요란했습니다. 대통령 일행이 빠져 나가자 카펫도 다시 치워지고 군악대의 팡파르 소리도 멎었습니다. 썰렁해진 항구를 빠져 나오며 헨리 모리슨은 하나님께 이렇게 불평했다고 합니다.

"하나님, 사냥을 하고 돌아오는 대통령을 향한 환영 행사를 보셨지요? 그런데 40년 동안 당신을 위해 일하고 돌아오는 저를 위한 환영은 왜 없습니까?"

바로 그때 헨리 모리슨 선교사에게 하늘의 음성이 들려왔습니다.

"헨리, 너는 아직 본향에 오지 않았다!"(Henry, You are not home yet!)

우리 모두가 하늘 본향을 바라보며 오늘을 사는 믿음의 순례자가 되기를 축복합니다. 존 번연의 《천로역정》을 통해 천국 본향을 바라보고 사는 믿음의 순례자가 되기를 축복합니다.

1. 존 번연의《천로역정》을 통독하십시오.

2. 아름다운 순례자로서 인생 길을 가는 세 가지 비밀을 요약해 보십시오.

1)

2)

3)

3. 내가 '허영의 시장'을 지나가게 된다면, 어떤 유혹에 빠질 것 같습니까? 그 유혹을 떨쳐내기 위해 무엇을 할 수 있을까요?

4. 나는 날마다 하늘 본향을 사모하며 살고 있습니까? 본향을 사모하는 삶이란 어떤 것이라고 생각합니까?

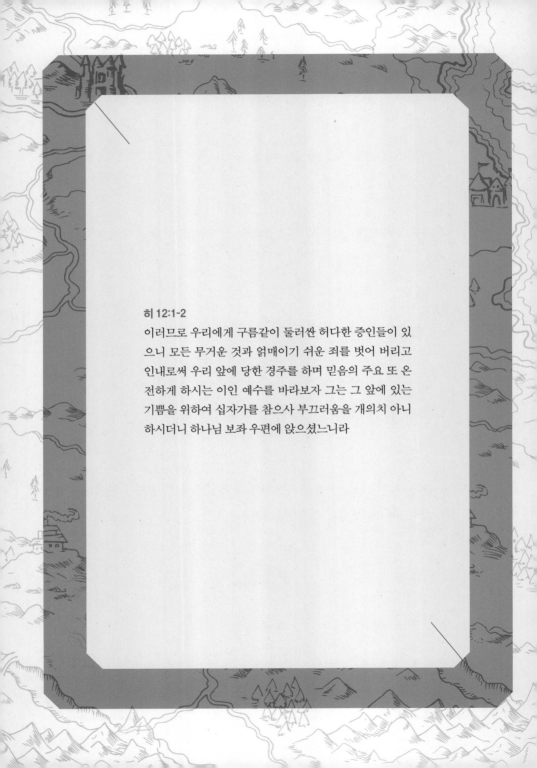

히 12:1-2

이러므로 우리에게 구름같이 둘러싼 허다한 증인들이 있
으니 모든 무거운 것과 얽매이기 쉬운 죄를 벗어 버리고
인내로써 우리 앞에 당한 경주를 하며 믿음의 주요 또 온
전하게 하시는 이인 예수를 바라보자 그는 그 앞에 있는
기쁨을 위하여 십자가를 참으사 부끄러움을 개의치 아니
하시더니 하나님 보좌 우편에 앉으셨느니라

천로역정의 영성

천로역정 순례길

지구촌교회는 창립 20주년을 맞아 한국교회사에 의미 있는 프로젝트라 할 수 있는 '천로역정 순례길'을 가평 필그림 하우스에 만들기로 작정했습니다. 이제 2016년 9월에 일종의 조각 공원, 혹은 설치 공원이 완성되어 앞으로 수많은 사람들이 이 길을 걸으며 인생을 생각하고 신앙의 의미를 묵상하는 기념비적 장소로 쓰이게 될 것입니다.

'성막'은 우리나라에도 몇 개가 있고, '십자가의 길 14개 처소'도 전 세계 가톨릭 성당에 다수가 설치되어 있지만, 제가 아는 한 '천로역정 순례길'은 역사상 처음 만들어지는 것입니다. 성경 다음으로 많이 읽히고 개신교의 영성을 대표하는 책인 《천로역정》이 실제로 구현된 이 길은 전 세계 그리스도인들에게 매우 의미 있는 순례길이 될 것입니다. 그래서 이 길은 한국어뿐 아니라, 영어와 중국어, 그리고 일본어로도 안내될 것입니다.

《천로역정》이 교훈하는 영적 중요성은 한국 교회의 미래를 만드는 역사성을 갖게 될 것입니다. 그래서 우리는 《천로역정》의 영성을 통해 우리 한국 교회의 미래를 만들어 갈 영성의 본질을 생각해 보고자 합니다. 《천로역정》을 통해 배우는 기독교의 본질적 영성은 무엇일까요?

기독교의 본질적 영성

첫째, '구원의 영성'입니다.

히브리서 12장 1절을 보면 신앙생활을 "경주"(let us run the race)라고 표현하고 있습니다. 그리고 2절에서는 이 경주를 승리로 완주하기 위한 열쇠로 "믿음의 주요 또 온전하게 하시는 이인 예수를 바라보자"고 격려합니다. 여기서 '주'란 단어를 NIV 성경에서는 저작자(the Author)라고 번역하고, '온전하게 하시는 이'를 완성자(Perfecter)라고 번역합니다. 예수님만이 믿음의 경주를 출발케 하시는 이시며, 또한 믿음의 경주를 완성케 하시는 분이라는 뜻입니다.

예수님은 우리 믿음의 처음과 마지막, 알파와 오메가가 되시는 분입니다. 그 예수를 인격적으로 만나 그를 구주와 주님으로 믿을 때 일어나는 사건이 바로 구원인 것입니다. 구원은 예수를 구주로 믿음으로 얻는 선물입니다. 성경에서는 "주 예수를 믿으라 그리하면 너와 네 집이 구원을 받으리라"(행 16:31)고 약속하고 있습니다.

지난 2014년 세월호 사건이 우리 민족에게 끼친 가장 큰 비극이 있습니다. 304명의 무고한 생명들이 희생된 것과 함께 또 하나 간과하지 말아야 할 것이 있습니다. 그것은 바로 구원의 성경적 진리를 희화화한 것, 구원을 웃음거리로 만든 사건이라는 것입니다. 이 사건의 중심에 있었던 한 신앙공동체가 저지른 잘못은 구원을 잘못 가르치고, 잘못 강조한 것입니다. 구원의 원인인 믿음을 성경적이고 인격적인 믿음이 아닌, 그들 식의 신비한 깨달음으로 인식하고, 구원의 경험을 자신들의 집단 내에서만 이루어지는 것처럼 강조한 것이 가장 큰 문제였습니다.

그러나 구원은 그런 것이 아닙니다. 구원은 정말 중요한 것입니다. 반드시 받아야 하는 것입니다. 히브리서 2장 3절을 보면 "우리가 이같이 '큰 구원'(great salvation)을 등한히 여기면 어찌 그 보응을 피하리요."라고 말합니다. 존 번연의 《천로역정》이 제시하는 가장 큰 교리적 화두는 바로 '구원론'입니다.《천로역정》의 주인공 크리스천은 누더기 옷을 입고 책 한 권을 손에 들고 무거운 짐을 등에 진 채 등장합니다. 그는 책 중의 책, 성경을 읽다가 마음에 찔림을 받고 "도대체 어떻게 해야 한단 말인가!"라고 부르짖습니다.

그가 '전도자'(Evangelist)의 도움으로 좁은 문을 겨우 통과하여 마침내 십자가 언덕에 섰을 때 그를 짓눌러 온 무거운 짐이 등에서 떠나갑니다. 그리고 그 앞에 세 천사가 등장해서 크리스천에게 중요한 메시지를 각각 전달합니다. 첫 번째 천사가 나타나 그에게 "당신의 죄가 사함을 받았다"고 선언합니다. 두 번째 천사는 그가 입고 있던 누더기 옷 대신 '새 옷'을 입혀 줍니다. 마지막으로 세 번째 천사는 그의 이마에 '인'을 쳐 줍니다. 이것이 바로 구원 사건의 본질입니다. 십자가에서 우리를 위해 죽고 다시 사신 예수를 구주로 믿는 순간, 우리는 죄 사함을 받고, 의롭다 함을 얻고, 성령으로 하나님의 자녀 됨을 인침받습니다. 이것이 바로 구원입니다. 《천로역정》은 이 위대한 구원의 영성을 선명하고 확실하게 전달하고 있습니다.

둘째, '성화의 영성'입니다.
이미 살펴본 것처럼 우리가 인생 순례길에서 예수님을 만나 그분을 구주와 주님으로 영접하고 구원받는 일은 다른 무엇과도 비교할 수 없는 위대한 사건입니다. 그럼에도 불구하고 구원받음의 고백은 신앙의 끝이 아니라 시작에 불과하다는 사실입니다. 이제 좁은 문을 통과하고 십자가를 경험한 크리스천에게는 아직도 걸어야 할 무수한 고난의 여정이 기다리고 있습니다. 이것이 바로 《천로역정》의 또 하나의 영성, 곧 '성화의 영성'의 본질입니다.

《천로역정》의 주인공인 크리스천이 성경을 읽고 구도자로서 여정을 시작해 십자가 언덕까지 도달하는 부분은 《천로역정》 전체의 20%에 불과합니다. 나머지 80%의 여정을 통해 그가 해결해야 할 과제는 바로 거룩함을 이루어 가는 것, 곧 '성화의 여정'이었습니다.

> "이러므로 우리에게 구름같이 둘러싼 허다한 증인들이 있으니 모든 무거운 것과 얽매이기 쉬운 죄를 벗어 버리고"(히 12:1).

모든 무거운 것과 얽매이기 쉬운 죄를 벗어 버리는 것이 신앙의 끝입니까? 아닙니다. 성경은 이렇게 말합니다.

> "인내로써 우리 앞에 당한 경주를 하며"(히 12:1).

우리가 구원받은 것은 분명하게 죄 사함의 은혜를 입는 것입니다. 그러나 그것으로 우리에게서 모든 죄가 정말 떠났을까요? 구원받기 위해 우리는 하나님 없이 살던 삶에서 하나님만 바라보고 의지하는 삶으로 방향을 돌이켜야 합니다. 이것이 근본적인 회개입니다. 그러나 구원은 회개의 끝이 아니라 시작입니다. 우리는 평생 동안 주님이 기뻐하시지 않는 모든 죄에서 지속적으로 돌이켜야 합니다. 신앙생활의 모든 여정이 바로 죄와의 싸움이기 때문입니다.

> "너희가 죄와 싸우되 아직 피 흘리기까지는 대항하지 아니하고"(히 12:4).

바로 이 죄와의 싸움에서 때로는 넘어지고 때로는 승리하며 걷는 여정, 그것이 바로 성화의 여정이며, 그것을 무엇보다 실감 있게 보여 주는 것이 바로《천로역정》입니다. '겸손의 골짜기'를 통과하고, '사망의 음침한 골짜기'를 지나야 하며, '허영의 시장'에서 곤욕을 당하고, '절망의 감옥'에 갇히기도 하는 이 모든 여정을 통해 마침내 크리스천은 주님이 기뻐하시는 신부답게 변화되어 갑니다. 이것이 바로 성화의 영성입니다.

셋째, '완주의 영성'입니다.

《천로역정》의 마지막에서 크리스천을 기다리는 것은 '죽음의 강'이었습니다. 순례자는 이 강을 건너지 않고 저 빛나는 성으로 들어갈 길은 없냐고 묻습니다. 빛나는 천사들은 "다른 길은 없습니다. 강을 건너지 않고는 시온 성문에 도달할 수 없습니다"라고 대답합니다. 순례자들이 강에 발을 디디자 강의 수심이 점점 더 깊어집니다. 이때 다시 빛나는 천사들이 이 강의 주인, 그리고 강 이편과 저편의 주인 되신 그분을 얼마나 굳게 신뢰하느냐에 따라 강물의 수심이 달라질 것이라고 말합니다.

크리스천이 두려움 가운데 물속으로 가라앉으려 할 때마다 소망이 소리칩니다.

"저기 저 천성문이 보이지 않습니까? 강 저편에 빛나는 존재들이 우리를 기다리고 있습니다."

크리스천과 소망은 "네가 물 가운데로 지날 때에 내가 너와 함께 할 것이라 강을 건널 때에 물이 너를 침몰하지 못할 것이며"(사 43:2)

라는 말씀에 의지하여 마침내 천성에 입성하게 됩니다.

《천로역정》이 인생 순례자들에게 마지막으로 요구하는 영성은 바로 '완주의 영성'입니다. 이 완주를 가능하게 하실 분이 오직 예수님임을 믿고 그를 바라보고 경주하는 이들에게 주어지는 명예, 그것이 바로 완주의 영광입니다.

> "믿음의 주요 또 온전하게 하시는 이인 예수를 바라보자 그는 그 앞에 있는 기쁨을 위하여 십자가를 참으사 부끄러움을 개의치 아니하시더니 하나님 보좌 우편에 앉으셨느니라"(히 12:2).

온갖 부끄러움을 참으시고 십자가를 견디심으로 마침내 하나님 우편에 앉으신 예수님이 우리가 바라볼 믿음의 경주의 궁극적인 모델입니다. 믿음으로 시작한 이 경주에서 우리의 시선이 예수님 바라보는 것을 놓치지 않는다면 주의 은혜로 우리도 그와 함께 하나님 보좌 우편에 앉게 될 것입니다. 그날이 우리 믿음의 경주가 완성되는 날입니다. 우리는 그날을 기대하고 소망해야 합니다.

우리 모두가 이 믿음의 경주를 완주하길 간절히 바랍니다. 천로역정 순례길이 우리에게 완주의 영성을 가르치는 축복의 도구가 되기를 기도합니다.

1.《천로역정》이 강조하는 대표적인 세 가지 영성은 무엇입니까?

1)

2)

3)

2. 위의 세 가지 영성 중에 나에게 가장 절실하게 필요한 것은 무엇입니까?

3. 끊임없이 죄와 싸워 이기고 하나님만 바라보는 삶으로 방향을 돌이키기 위해 나는 어떤 노력들을 하고 있습니까?

4. 믿음의 경주를 끝까지 완주하기 위해 우리는 무엇을 바라보아야 합니까?

구원받기 위해 우리는 하나님 없이 살던 삶에서
하나님만 바라보고 의지하는 삶으로 방향을 돌이켜야 합니다.
이것이 근본적인 회개입니다.

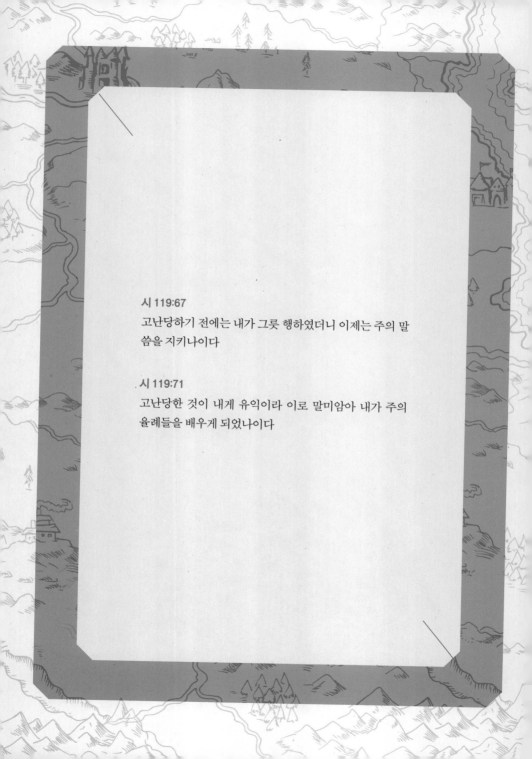

시 119:67
고난당하기 전에는 내가 그릇 행하였더니 이제는 주의 말씀을 지키나이다

시 119:71
고난당한 것이 내게 유익이라 이로 말미암아 내가 주의 율례들을 배우게 되었나이다

고난의 유익

위대한 시편 119편

교회에서 성경 퀴즈대회를 하면 빠지지 않고 나오는 질문 중 하나가 '성경에서 가장 긴 장은 무엇인가?'입니다. 물론 정답은 시편 119편입니다. 그 대답은 쉽지만 이 시편을 한 구절도 빼놓지 않고 다 읽는 것은 결코 쉽지 않습니다. 가장 많이 알려졌으면서도 결코 다 읽혀지지 못하는 성경인 것입니다. 그럼에도 불구하고 시편 119편은 '위대한 시편'(The Great Psalm)이라고 불립니다. 왜 그럴까요?

첫째는, 이미 말한 것처럼 가장 긴 길이를 자랑하기 때문입니다.

무려 176절이나 됩니다. 참고로 히브리어의 알파벳은 모두 22글자인데 각각의 알파벳마다 8구절씩 모두 176구절로 되어 있습니다.

둘째는, 다양한 문학적 형식의 아름다움을 가진 시라는 점입니다. 여기에 감사, 기도, 고백, 시, 찬양, 탄식, 기쁨, 지혜 등 인생의 모든 희로애락이 다 들어 있습니다.

셋째는, 하나님의 말씀에 대한 가장 놀라운 예찬이 기록되어 있기 때문입니다. 이 시편에는 하나님의 말씀, 곧 토라가 율법, 율례, 약속, 계명, 규례, 판단, 법도, 규범, 증거 등의 다양한 별칭으로 예찬되고 있습니다.

마지막으로 이 시편의 위대성은, 단순한 말씀 예찬이 아닌 삶의 고난 중에 성도에게 주는 실제적인 말씀의 유익을 증거하기 때문입니다.

> "나의 고난이 매우 심하오니 여호와여 주의 말씀대로 나를 살아나게 하소서"(시 119:107).

> "나의 생명이 항상 위기에 있사오나 나는 주의 법을 잊지 아니하나이다"(시 119:109).

> "환난과 우환이 내게 미쳤으나 주의 계명은 나의 즐거움이니이다"(시 119:143).

그러나 이런 인생의 고난 속에 얻은 가장 놀라운 유익을 증거하는 본문의 두 구절, 즉 시편 119편 67절, 71절은 이 시편 중에서 참으로 보석과도 같은 말씀이라고 할 수 있습니다. 그런데 이 시편을 좋아한 대표적인 이가 바로 《천로역정》의 저자 존 번연이었습니다. 우리는 여기서 《천로역정》의 고난의 길, 그 고난의 유익이 무엇인가를 함께 생각해 보고자합니다.

고난의 세 가지 유익

첫째, 고난은 인생을 거룩하게 하는 방편입니다.

저는 지구상의 수많은 민족 중에 그 어떤 민족보다 고난을 많이 경험하고 그 결과 하나님을 가까이한 대표적인 두 민족이 이스라엘과 한국이 아닐까 생각합니다. 한국사를 연구하는 이들은 이 땅에 국가가 생긴 이래 외국을 상대로 치른 크고 작은 전쟁의 횟수가 약 900여 회라고 말합니다. 우리는 대략 7년마다 한 번씩 전쟁을 겪어 온 민족입니다. 그리고 마침내 한국 전쟁이라는 인류사에 기록되는 세계적인 전쟁을 이 땅에서 치렀습니다. 일찍이 기독교 사상가 함석헌 선생은 《뜻으로 본 한국 역사》(한길사, 2014)에서 한국 전쟁의 의미를 이렇게 설명합니다.

> "이제 이 금수강산은 세계의 공공묘지가 되었다. … 이 나라는 인류의 제단, 유엔의 제단, 민족 연합의 제단이 되었다. 아브라함이 그 아들을 잡아 제사를 드렸고, 그 아들로 민족의 조상들이 나왔듯이 이제 이 인류는 그 아들을 잡아 드렸고, 새 시대 새 나

라 새 인종을 얻기 위한 제사를 드렸다."

함석헌 선생은 이런 고난의 역사를 겪은 우리 민족사를 한마디로 수난의 역사라 부르고 우리 민족을 수난의 여왕이라고 일컫습니다. 사실 한국 전쟁 이전 우리나라는 일제의 식민지 해방의 자유를 제대로 관리하지 못한 채 극도의 좌우 이념 대립으로 몸살을 앓고 있었습니다. 교회는 교회대로 소위 에큐메니칼 논쟁으로 분열과 대립의 아픔을 앓고 있었습니다. 그러나 한국 전쟁 이후 우리는 국가 부흥 그리고 교회 재건의 새 역사를 추구할 수 있게 되었고, 오늘의 한국 역사를 만들 수 있게 되었습니다. 전쟁의 고난이 수난의 여왕을 새 얼굴로 단장하게 한 것입니다.

이런 수난의 역사를 통해서 얻은 가장 큰 유익을 시편 119편은 무엇보다 잘 증언해 주고 있습니다.

"고난당하기 전에는 내가 그릇 행하였더니 이제는 주의 말씀을 지키나이다"(67절).

그런 점에서 존 번연은 인생의 고난을 통해서 이 말씀의 실제를 누구보다 잘 경험한 사람이었습니다. 존 번연은 1628년 영국 베드포드 시 근처 엘스토 마을에서 가난한 용접공의 아들로 태어나 어린 시절부터 생존의 고난과 싸워야만 했습니다. 가난한 사람이라도 제대로 교육만 받으면 신분 상승의 기회를 가질 수 있었지만, 그는 그럴 만한 여유조차 없어 가까스로 초등 교육만 받을 수 있었습니다. 게다가 1644년 그의 나이 16세에 어머니가 돌아가시고, 같은 해 영국 왕당파와 의회파 사이에서 일어난 내전으로 군에 징집되어 2년 반 동안의 군 복무를 하며 전쟁의 참상을 목격하게 됩니다.

그러나 이런 고난을 겪으면서 그는 조금씩 조금씩 하나님께로 가까이 나아가게 됩니다. 그 후 1649년 21세의 나이에 한 여인과 결혼을 하게 됩니다. 그의 아내 역시 가난했지만 매우 신실했는데 존 번연에게 두 권의 책을 권합니다. 그 책은 아더 덴트(Arthur Dent)의 《천국을 향한 평신도의 길(The Plain Man's Pathway to Heaven)》과 루이스 베일리(Lewis Bayly)의 《경건의 실천(The Practice of Piety)》이었습니다. 그는 이 책들을 읽으며 결정적으로 하나님의 말씀에 이끌리게 됩니다. 청소년기에 존 번연이 겪은 고난은 그의 인생을 거룩하게 하는 방편이었던 것입니다.

둘째, 고난은 하나님의 말씀을 배우게 하는 방편입니다.
시편 기자는 119편 71절에서 고난은 단순히 그의 그릇된 삶의 길을 교정할 뿐 아니라, 그로 하여금 구체적으로 하나님의 말씀을 배우게 한다고 고백합니다.

> "고난당한 것이 내게 유익이라 이로 말미암아 내가 주의 율례들을 배우게 되었나이다."

한국 전쟁이 끝난 후 전쟁 폐허의 잿더미 위에서 우리 민족은 춥고 배고픈 보릿고개를 경험해야 했습니다. 그러나 육체의 배고픔보다 더한 것은 영적 굶주림이었습니다. 사람들은 굶주림의 고통을 참으며 하나님의 말씀을 듣고자 매일같이 교회로 몰려왔습니다. 월요일부터 금요일까지 계속된 부흥회는 새벽에도 낮에도 저녁에도 언제나 차고 넘쳤으며, 여름성경학교에는 수많은 아이들로 발 디딜 틈이 없었습니다. 그 시절 성경통독의 갈망을 갖고 주야로 성경을 읽는 성도들이 적지 않았습니다. 그때 우리 민족을 강타한 말씀이 아모스 8장 11절이었습니다.

> "주 여호와의 말씀이니라 보라 날이 이를지라 내가 기근을 땅에 보내리니 양식이 없어 주림이 아니며 물이 없어 갈함이 아니요 여호와의 말씀을 듣지 못한 기갈이라."

또한 그 시절 우리에게 가장 익숙한 찬송들이 생겨났습니다. 한국 전쟁을 겪으며 민족의 찬송들이 태어난 것입니다.

> "달고 오묘한 그 말씀 생명의 말씀은 귀한 그 말씀 진실로 생명의 말씀이 나의 길과 믿음 밝히 보여 주니 아름답고 귀한 말씀 생명 샘이로다"(새찬송가 200장).

> "천부여 의지 없어서 손들고 옵니다. 주 나를 외면하시면 나 어디 가리까. 내 죄를 씻기 위하여 피 흘려 주시니 곧 회개하는 맘으로 주 앞에 옵니다"(새찬송가 280장).

"내 주를 가까이 하게 함은 십자가 짐 같은 고생이나 내 일생 소원은 늘 찬송하면서 주께 더 나가기 원합니다"(새찬송가 338장).

"멀리멀리 갔더니 처량하고 곤하며 슬프고도 외로워 정처 없이 다니니 예수 예수 내 주여 지금 내게 오셔서 떠나가지 마시고 길이 함께하소서"(새찬송가 387장).

"저 높은 곳을 향하여 날마다 나아갑니다. 내 뜻과 정성 모아서 날마다 기도합니다. 내 주여 내 맘 붙드사 그곳에 있게 하소서. 그곳은 빛과 사랑이 언제나 넘치옵니다"(새찬송가 491장).

누군가는 이 찬송들을 가리켜 민족의 5대 찬송이라고 했습니다. 우리는 고난의 골짜기를 통과할 때 이런 찬송들을 부르며 주께로, 또 주가 주신 말씀에로 한 걸음 한 걸음 더 가까이 나가야 합니다.

고난은 우리로 하여금 하나님의 말씀을 배우게 하는 광야의 교실입니다. 《천로역정》의 저자 존 번연의 생애가 그것을 증명합니다. 그의 전기를 읽어 보면 그는 12세에 베드포드 시 우즈 강에서 친구와 배를 타고 놀다가 배가 뒤집혀 죽을 뻔한 위기를 겪습니다. 다행히 그 옆을 지나가는 사람이 있어 그와 그의 친구는 구조될 수 있었습니다. 그때 그는 평생 처음으로 누군가에게 감사의 마음을 갖게 되었습니다.

그로부터 얼마 되지 않아 그는 또 독사에 물려 죽을 위기를 겪습니다. 친구가 "존, 네 발 밑에 독사가 있어!"라고 소리치자 존 번연은 깜짝 놀라 펄쩍 뛰며 자리를 피했는데, 그 순간 마치 누군가가 위에서 자기 몸을 번쩍 들어 옆으로 옮긴 듯한 느낌을 받았다고 합니다. 이처럼 존 번연은 두 번씩이나 자신을 살린 절대자의 존재를 희미하게나마 경험했다고 회고합니다.

무엇보다 어머니가 돌아가시자 그는 태어나서 처음으로 사람은 결국 언젠가는 죽게 된다는 진리 앞에 서게 됩니다. 그리고 '죽은 다음 흙 속에 묻히는 것, 그것이 인생의 전부일까?'라는 질문을 하게 됩니다. 생전에 어머니가 '사람이 죽은 후에는 영원한 삶이 있다'고 하신 말씀을 떠올리며 처음으로 진지하게 생각하게 됩니다.

이후 존 번연은 군대에 갔고 거기서 또 하나의 사건을 겪습니다. 그가 보초를 서는 날이었는데, 몸이 아프고 열이 나 고생하는 그의 모습을 본 동료가 보초를 바꾸어 주었습니다. 그런데 그날 밤 그 동료가 야간에 침투한 적의 총에 맞아 죽고 맙니다. 이 사건은 존 번연으로 하여금 '누군가가 나를 대신하여 죽음으로써 내가 살게 되었다'는 성경의 대속의 개념을 이해하게 하는 귀중한 경험이 되었습니다. 이 사건을 계기로 존 번연은 제대 후 비로소 진지한 구도자의 인생을 시작하게 됩니다. 시편 말씀처럼 고난을 통해 하나님의 진리와 섭리를 배우게 된 것입니다.

"고난당한 것이 내게 유익이라 이로 말미암아 내가 주의 율례들을 배우게 되었나이다"(시 119:71).

존 번연이 회심을 경험하고 복음의 진리로 마음이 뜨거워지자 평신도의 신분으로 가는 곳마다 말씀을 증거하고 간증을 시작합니다. 그런데 아직도 국교 정책이 시행되던 당시 목사 안수를 받지 못한 평신도가 설교하는 것은 범법 행위였습니다. 이것 때문에 그가 체포되었을 때 그는 법정에서 이렇게 자신을 변호합니다.

"제가 전한 복음으로 인하여 제가 고통을 받고 고난을 당한다면 그것은 오히려 하나님께서 저에게 주시는 은혜의 기회입니다. 제가 하나님의 사람으로 천국을 위하여 선한 일을 하다가 체포를 당하게 되었으니 얼마나 감사한지 모릅니다. 여러분 모두도 주님을 위하여 고난을 받는 일이 도리어 복이 되는 것을 알게 되시기를 바랍니다."

그리하여 존 번연은 12년의 감옥 생활을 하게 됩니다. 단지 복음을 전했다는 이유로 말입니다. 그런데 그는 억울할 법한 감옥 생활을 어떻게 받아들였을까요? 그의 회고를 들어보면 이러합니다.

"사실 나는 그때처럼 하나님의 말씀에 깊이 심취한 적이 없었다. 전에는 별 의미 없어 보이던 말씀들이 생생하게 다가왔다. 말씀 속에서 만나는 주님과의 깊은 교제는 그 어떤 두려움과 불안도 물리치게 했고 나를 확신 가운데 거하게 했다. … 감옥살이는 고통스러웠지만 나는 고통 속에서도 하나님의 은혜의 깊이를 세심하게 느낄 수 있었다. 그런 은혜로 나는 감옥 생활 내내 세상 그 어떤 자유와 기쁨과도 비교할 수 없는 잔잔한 평안과 기쁨을 느낄 수 있었다. … 히브리서 13장 6절은 감옥 생활 내내 내게 큰 힘이 되었다. '그러므로 우리가 담대히 말하되 주는 나를 돕는 이시니 내가 무서워하지 아니하겠노라 사람이 내게 어찌하리요.'"

그가 감옥에서 읽은 두 권의 책은 성경과 존 폭스(John Foxe)의 《순교자 열전(Foxe's Book of Martyrs)》(포이에마, 2014)이었습니다. 하나님과의 교제로 감옥 생활이 행복하고 은혜로웠던 존 번연은 불멸의 명저이자, 성경 다음으로 많이 읽힌 개신교 영성을 대표하는 책 《천로역정》을 집필할 수 있었습니다. 유명한 시인 로버트 브라우닝(Robert Browning)은 이 책에 대해 다음과 같은 증언을 남겼습니다.

"한낱 용접공에 지나지 않았던 사람이 이런 놀라운 필력을 가지고 있었다고는 상상이 안 된다. 나는 하나님께서 그에게 말씀하신 결과라고밖에 말할 수 없다."

우리는 다시 시편 말씀 앞에 "아멘" 할 수밖에 없습니다.

"고난당한 것이 내게 유익이라 이로 말미암아 내가 주의 율례들을 배우게 되었나이다"(시 119:71).

오늘도 고난의 골짜기를 걷는 성도들에게, 그리고 천로역정의 순례길을 걷는 모든 믿음의 사람들에게 주의 함께하심과 주의 말씀의 은혜가 임하기를 기도합니다.

1. 고난이 우리에게 주는 두 가지 유익에 대해 이야기해 보십시오.

1)

2)

2. 《천로역정》의 저자 존 번연이 겪었던 고난들이 그에게 어떤 유익을 주었는지 이야기해 보십시오.

3. 나는 인생길에서 어떤 고난들을 경험했습니까? 그 고난들이 나에게 어떤 유익이 되었는지 다시 돌이켜 생각해 보십시오.

4. 내가 고난 가운데 처해 있을 때 깨닫게 된 하나님의 진리이자 섭리는 무엇입니까? 고난을 통해 감사와 은혜로 고백할 수 있었던 때가 있었습니까?

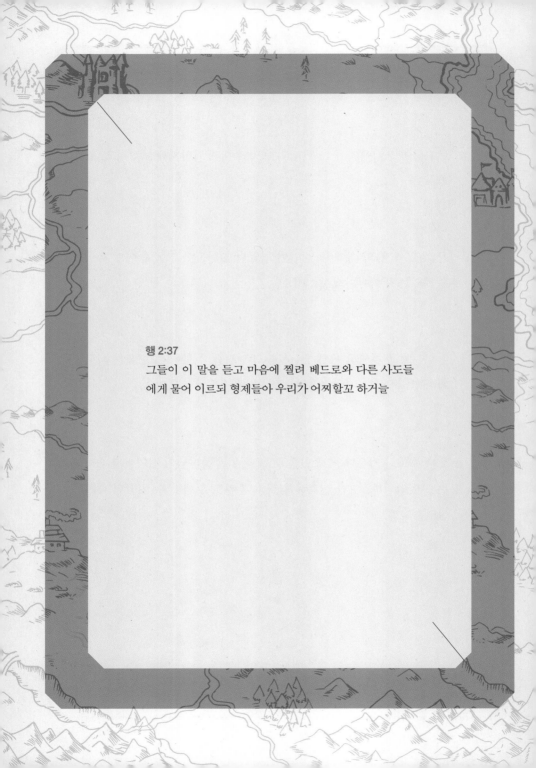

행 2:37

그들이 이 말을 듣고 마음에 찔려 베드로와 다른 사도들
에게 물어 이르되 형제들아 우리가 어찌할꼬 하거늘

구도자

산티아고 순례길을 걷다

수년 전 《노란 화살표 방향으로 걸었다》(문학동네. 2010)라는 책을 읽은 적이 있습니다. 작가가 누구인지도 모른 채 책제목에 이끌려 읽게 된 책이었습니다. 요즘 들어 스페인의 산티아고 순례길을 걷는 사람들이 부쩍 많아졌다고 하는데, 이 책이 순례 여정을 재촉하는 데 일조했다고 합니다. 그 덕분에 저도 산티아고에 다녀올 수 있었습니다.

카미노 데 산티아고(Camino de Santiago)는 예수님의 열두 제자 중 한 사람이자, 스페인의 수호 성인으로 알려진 야보고의 무덤이 있는 스페인 북서쪽의 도시 산티아고 데 콤포스텔라(Santiago de Compostela)로 향하는 순례길입니다.

지금 이 순간에도 산티아고 순례자임을 알리는 조개껍데기를 배낭에 매달고 지팡이를 짚고 노란 화살표를 따라 800km가 넘는 긴 순례길을 걷는 사람들이 무수히 많을 것입니다. 그런데 그들은 어떤 목적으로 이 순례길을 걷는 것일까요? 아마도 목적은 제각각 다를 것입니다. 어떤 사람들은 자신의 잃어버린 자아를 찾기 위해, 어떤 사람들은 단순한 삶의 안식을 찾기 위해, 어떤 사람들은 신을 만나기 위해 그 길을 걷습니다. 그러나 이들에게 공통으로 부여할 수 있는 명칭이 있다면 '구도자'(求道者)란 표현일 것입니다. 모두가 길을 찾는 사람들인 것입니다. 인생의 궁극적인 해답을 찾아 나선 사람들이라고 할 수 있습니다.

《노란 화살표 방향으로 걸었다》의 작가 서영은은 시인이자 소설가인 김동리의 세 번째 아내였습니다. 그녀는 30대에 문단에 혜성처럼 나타나 이상문학상(제7회)을 수상하기도 한 화제의 작가였습니다. 그런 그녀가 66세의 나이에 순례길을 떠난 것입니다. 심지어 유언장까지 쓰고 말입니다. 그녀는 이 순례길에서 하나님을 만나게 됩니다. 이 길을 걸은 결과를 그녀는 이렇게 쓰고 있습니다.

"나는 지금 완전히 다른 사람이 되었다. 그 내적 변화를 이끈 초월적 존재를 보고 만졌다."

그녀는 그 전에도 17년 동안 그리스도인으로 살아왔습니다. 그러나 하나님을 만나지 못한 그리스도인이었습니다. 엄격하게 말하면 진리를 구도하던 그리스도인이었던 것입니다.

작가 서영은의 구도자에 대한 이 책도 감동적이지만, 이 책보다 훨씬 오래전에 구도문학의 절정을 이룬 작품이 있으니 그것이 바로 존 번연의 《천로역정》입니다. 이 책의 주인공은 길을 떠난 순간부터 크리스천이라는 이름을 갖습니다. 그러나 그가 진정한 크리스천이 되기 위해서는 여전히 많은 길을 걸어야 했습니다. 보다 정확하게 말하면 그가 집을 떠난 순간부터 그는 구도자였습니다. 그러나 그는 참으로 진지한 구도자였습니다. 오늘날은 진지한 구도자를 상실한 시대, 참된 구도 정신을 잃어버린 시대입니다. 이런 시대에 진지한 구도자가 되기 위한 길을 《천로역정》의 주인공 크리스천을 통해 다시 묻고자 합니다.

진지한 구도자가 되기 위한 준비

첫째, 하늘의 말씀을 들어야 합니다.
신학에서는 하늘의 말씀, 혹은 하나님의 말씀을 '특별 계시'라고 가르칩니다. 하나님께서 자신을 인간에게 특별하게 나타내 보여 주시기 위해 계시한 말씀이 곧 성경이라는 것입니다. 《천로역정》속에는 수많은 성경구절들이 등장합니다. 저자 존 번연은 바로 이 성경 말씀을 통해 하나님을 만났습니다. 사실 이 책의 서두는 이렇게 시작됩니다.

"세상의 광야를 헤매다가 동굴이 있는 곳에 이르렀다. 거기서 하룻밤을 지내기로 하고 짐을 풀었다. 그러곤 깜빡 잠이 들었는데 꿈을 꾸었다. 지저분한 옷을 입은 남자가 자기 집을 외면한 채 서 있었다. 손에는 책 한 권을 들고 등에는 무거운 짐을 짊어졌다. 사나이는 책을 펴서 읽기 시작했다. 가만히 보니 눈물을 쏟으며 몸을 덜덜 떨고 있었다. 나중에는 도저히 참을 수가 없다는 듯 큰소리쳤다. '도대체 어떻게 해야 한단 말인가?'"

"도대체 어떻게 해야 한단 말인가?"의 영어 표현을 보면 "What shall I do?"라고 되어 있습니다. 이 말씀은 바로 사도행전 2장 37절에서 인용된 것입니다.

"그들이 이 말을 듣고 마음에 찔려 베드로와 다른 사도들에게 물어 이르되 형제들아 우리가 어찌할꼬."

이 말씀은 오순절 마가의 다락방에 모여 기도하던 120여 명의 성도들이 사도 베드로가 성령으로 충만하여 증거하는 말씀을 듣던 중, 성령이 임하시고 그들의 마음을 만지시던 순간 부르짖은 고백이었습니다. 이것이 바로 초대 교회 성도들이 처음 경험한 성령 체험의 순간이었고, 하늘의 말씀을 만나는 순간이었습니다.

우리가 설교를 듣는 모든 순간마다 그런 체험을 할 수 있다면 얼마나 좋겠습니까? 그러나 같은 말씀을 들어도 성령을 체험하는 사람이 있고 그냥 하나의 설교로 지나치는 사람들이 있습니다. 《노란 화살표 방향으로걸었다》에서 작가 서영은은 순례길에서 만난 노란 화살표가 모든 사람들에게 같은 의미는 아닐 거라고 말합니다. 어떤 이에게는 그냥 길의 표지에 불과하겠지만, 다른 어떤 이에게는 하늘의 계시 같은 것, 곧 길이요 진리요 생명이라는 것입니다.

그리스도인들은 오랫동안 성경 말씀을 하나님의 말씀으로 고백해 왔습니다. 그러나 이 성경 말씀이 항상 언제나 꼭 같이 우리에게 임하는 것은 아닙니다. 이 말씀이 강력한 하늘의 말씀으로 우리 마음에 부딪쳐 오는 순간이 있습니다. 그 옛날 오순절 마가의 다락방이 바로 그런 현장이었을 것입니다. 성경 말씀이 진정 성령의 감동으로 기록된 말씀이라면, 바로 그 성령이 말씀을 마음에 붓는 순간 우리는 하늘의 말씀을 받게 됩니다. 하나님의 말씀이 늘 이렇게 성령을 통해 우리에게 임하기를 기도합니다.

《천로역정》의 순례자 크리스천이 열어 본 책, 그것은 바로 성경이었습니다. 그가 성경을 펴는 순간 성경 속 말씀이 그에게 성령의 역사로 말미암은 하늘의 말씀으로 임했습니다. 그리고 "도대체 어떻게 해야 한단 말인가?" 하고 울부짖은 것입니다. 그는 비로소 구도의 여정을 떠날 수 있게 된 것입니다.

둘째, 정직한 자기 대면이 필요합니다.

성령께서 진리의 말씀을 우리 마음에 부어 주실 때 우리 편에서 필요한 가장 절실한 응답은 무엇일까요? 성령께서 우리 마음에 임하실 때 언제나 첫째로 지적하시는 것은, 바로 죄 문제입니다. 예수님이 보혜사(곁에 계실 분, 위로자) 되신 성령을 보내실 것을 약속하시면서 주신 말씀을 다시 기억해 보십시오.

> "그러나 내가 너희에게 실상을 말하노니 내가 떠나가는 것이 너희에게 유익이라 내가 떠나가지 아니하면 보혜사가 너희에게로 오시지 아니할 것이요 가면 내가 그를 너희에게로 보내리니 그가 와서 죄에 대하여, 의에 대하여, 심판에 대하여 세상을 책망하시리라"(요 16:7-8).

그러므로 참된 성령이 임하시는 곳에서 일어나는 첫 번째 역사는 언제나 자기 대면입니다. 나의 깊은 곳에 자리 잡은 죄의 실존과 만나는 것입니다. 그리고 우리는 울부짖게 됩니다. 오순절 마가의 다락방의 성도들처럼 "우리가 어찌할꼬!"라고, 《천로역정》의 순례자 크리스천처럼 "도대체 어떻게 해야 한단 말인가!"라고 말입니다. 이러한 대면이 없었던 사람을 구도자라고, 그리스도인이라고 말해서는 안 됩니다. 이것이 구도의 출발점이기 때문입니다.

다시 한 번 《천로역정》의 순례자가 출발하는 장면을 떠올려 보십시오. 그는 책 한 권을 들고 등에는 무거운 짐을 짊어지고 있습니다. 그리고 울부짖으며 "도대체 어떻게 해야 한단 말인가!" 하고 묻습니다.

그가 읽은 하늘의 말씀은 자기 실존의 거울이었습니다. 거울에 비친 남루한 옷을 입은 자신의 모습이 정직한 자아였던 것입니다. 그 결과 그는 무거운 짐을 등에 짊어지게 되었습니다. 죄가 가져오는 죄책감으로 벌벌 떨던 그의 모습이 구도자의 진정한 자기 대면의 모습이었던 것입니다.

> "너희는 말씀을 행하는 자가 되고 듣기만 하여 자신을 속이는 자가 되지 말라 누구든지 말씀을 듣고 행하지 아니하면 그는 거울로 자기의 생긴 얼굴을 보는 사람과 같아서"(약 1:22-23).

혹시 진리의 말씀의 거울 앞에 서 본 적이 있습니까? 저는 2014년에 열흘 동안 성도들과 영국 기독교 사적지를 돌아볼 기회가 있었습니다. 열흘 중 하루를 온전히 《천로역정》의 저자 존 번연의 고향인 베드포드와 근교 엘스토의 마을에서 시간을 보내기로 했습니다. 첫 방문지로 찾은 곳은 존 번연이 창고에서 모임을 갖고 복음을 전하던 곳에 세워진 교회와 작은 박물관이었습니다. 교회 입구에는 "1650년에 시작되고, 1849년에 현재의 건물이 세워짐"이라고 쓰여 있었고, 내부에 들어가니 《천로역정》의 8개 장면이 스테인드글라스로 되어 있었습니다.

8개의 장면 중 한 장면은 그가 감옥에서 《천로역정》을 기록하고 있는 모습이고, 다음 장면은 순례자 크리스천이 한 손에 책을 들고 등에 짐을 진 채 전도자의 안내를 받고 있는 장면이었습니다. 가평 필그림 하우스에 설치된 '천로역정 순례길'의 첫 조각상도 짐을 지고 괴로워하는 크리스천의 모습입니다. 죄의 실존과의 대면, 여기서부터 우리의 구도가 시작됩니다.

셋째, 대가 지불을 두려워 말아야 합니다.
《천로역정》의 주인공 크리스천은 자기 대면을 통한 괴로움을 먼저 가족들에게 털어놓습니다. 그러나 가족들은 그를 제대로 이해하지 못했습니다. 그가 정신이 이상해졌다고만 생각합니다. 가장 가까운 사람들에게조차도 이해되지 못하는 고독, 이것이 바로 구도자의 고독입니다. 그래서 예수님도 "사람의 원수가 자기 집안 식구리라"(마 10:36)고 말씀하십니다. 그리고 38절에서는 "자기 십자가를 지고 나를 따르지 않는 자도 내게 합당하지 아니하니라"고 말씀하십니다.

그렇습니다. 십자가를 지는 것은 철저한 자신에 대한 죽음을 뜻합니다. 그러나 우리가 죽기를 각오하면 그것이 바로 다시 사는 삶, 부활의 길이 됩니다.

순례자 크리스천은 결국 혼자 순례의 길, 구도의 길을 떠날 수밖에 없었습니다. 그러나 그것이 결국 자신과 가족을 살리는 길이었습니다. 내 남편이, 내 아버지가 천성에 도달한 소식을 접한 가족들도 《천로역정》 2부에서 순례의 길을 따르게 되기 때문입니다. 대가 지불을 피하는 사람들, 십자가를 피하는 사람들에게 구원의 선물은 보장되지 못합니다. 누군가가 먼저 십자가를 지고 그 길을 가야 합니다.

작가 서영은은 유서를 써놓고 순례의 길을 떠났습니다. 죽음을 각오하고 그 길을 간 것입니다. 그녀는 여행을 하면서 주님을 만날 수만 있다면 '고독하기로 죽을 만큼 고독하기로' 마음먹었다고 합니다. 그런데 뜻밖에 나귀의 모습으로 나타나신 주님이 자신을 기다리고 계신 것을 경험한 것입니다. 푸르고 푸른 목초지에 등장한 나귀 한 마리가 다정한 얼굴로 그녀의 몸을 건드리는 순간 그녀는 자신 안에서 들려오는 음성을 듣습니다.

"나는 오래전부터 너를 알고 있었다."

그때 그녀는 "아, 하나님!" 하고 외치며 두 손을 맞잡고 나귀 앞에 털썩 무릎을 꿇으며 "감사합니다. 저의 소원을 들어주셔서, 저를 만나 주셔서 감사합니다"를 연발했다고 합니다.

그 후 그녀는 다시는 기적을 구할 필요가 없었다고 고백합니다. 그녀는 달라졌습니다. 그녀는 자신 안에 거하시는 그분을 느끼는 것으로 충분했습니다. 그녀에게서 다시 들려온 음성은 "이제 너는 동행에 의지하지 말고 혼자 걸으라"는 메시지였습니다. 그녀는 여행 후 한 인터뷰에서 순례의 길에서 찾은 것을 이렇게 말했습니다.

"사랑을 찾았어요. 사랑은 섭리였습니다. 그 섭리 안에 우주의 절대 질서가 있었습니다. 하나님의 사랑은 내가 완전히 찢어지고 나서야 알 수 있는 것이었습니다. 그 사랑을 알고 체험한 저는 이전과 완전히 달라졌습니다. 그것이 저의 구원이었습니다."

어떤 대가를 지불하고서라도 달라지기를 소원하는 사람들, 길을 떠나는 구도자들에게 약속된 면류관, 그것이 바로 사랑이요 구원입니다. 그녀의 산티아고 순례길의 구도는 다음과 같은 고백으로 마무리되고 있습니다.

> "지금의 저는 산티아고에 닿게 해 준 수많은 화살표, 그 헌신의 징표에 엄청나게 빚진 상태입니다. 이 빚을 갚는 방법은 단 한 가지, 저 자신이 또 다른 화살표가 되어 뒤따라오는 사람들에게 방향이 되는 것입니다. 이 방향만이 내가 곧 길이요 진리요 생명이니 나로 말미암지 않고는 누구든지 천국에 갈 자가 없다고 말씀하신 으뜸 화살표에 이르게 해 줍니다."

이제 우리도 그 화살표를 따라 구도의 길을 가야 할 것입니다. 이미 주님을 만났다면, 다른 이를 인도하는 또 하나의 화살표가 되기를 기도합니다.

1. 진지한 구원자가 되기 위한 세 가지 준비는 무엇입니까?

1)

2)

3)

2. 이 세 가지 중 오늘 내게 가장 필요한 것은 무엇이며, 왜 그렇습니까?

3. 《천로역정》의 순례자 크리스천처럼 성경 말씀이 나의 마음을 치고 울부짖게 한 경험이 있습니까? 그렇다면 어떤 성경 말씀이 나를 구도자의 길로 들어서게 했습니까?

4. 직면해야 할 죄가 있는데, 피하고 있지는 않습니까? 솔직한 나의 모습과 대면하고, 죽기를 각오해 보십시오. 그런 용기를 달라고 기도해 보십시오.

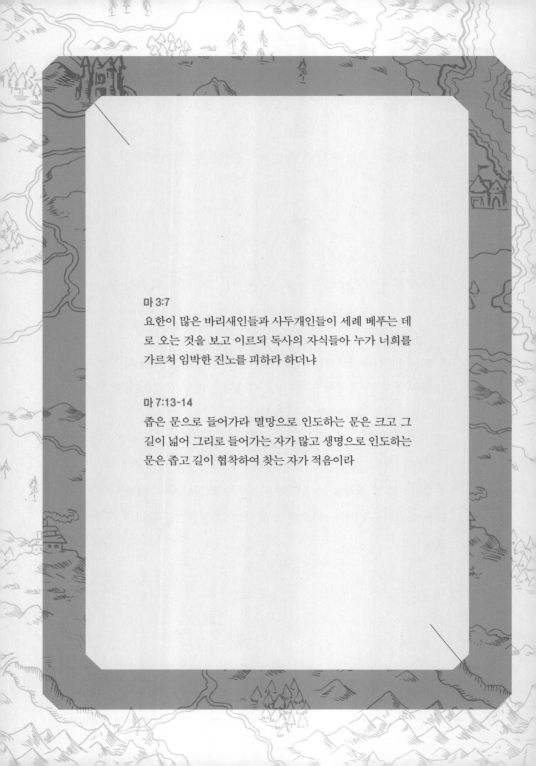

마 3:7

요한이 많은 바리새인들과 사두개인들이 세례 베푸는 데로 오는 것을 보고 이르되 독사의 자식들아 누가 너희를 가르쳐 임박한 진노를 피하라 하더냐

마 7:13-14

좁은 문으로 들어가라 멸망으로 인도하는 문은 크고 그 길이 넓어 그리로 들어가는 자가 많고 생명으로 인도하는 문은 좁고 길이 협착하여 찾는 자가 적음이라

전도자

내 인생의 전도자

어느 교회든지 전도를 강조하고, 전도에 열심을 냅니다. 그렇다면 전도자라는 말을 들으면 무엇이 가장 먼저 떠오릅니까? 세계 유수의 도시를 다니며 큰 경기장에서 수많은 관중을 모아놓고 복음을 선포하던 빌리 그레이엄(Billy Graham) 목사가 떠오릅니까? 아니면 여러 나라의 교회를 다니며 부흥회를 인도하는 유명한 부흥사가 연상됩니까? 어떤 사람은 서울역이나 지하철 안에서 "회개하라! 천국이 가까이 왔다!", 혹은 "예수 천당! 불신 지옥!"을 외치는 한국식 거리 전도자들을 연상하기도 할 것입니다. 또 어떤 사람은 특별한 은사를 받아 많은 영혼들을 주께로 인도한 평신도 전도왕을 떠올릴 수도 있을 것입니다. 그렇다면 존 번연은 누구를 연상하며 전도자를 자신의 책에 등장시켰을까요?

존 번연을 연구하는 학자들은 일관되게 1653년부터 존 번연이 출석하기 시작한 베드퍼드 세인트 존 교회(나중에 존 번연이 이 교회의 목사가 됨)의 존 기포드(John Gifford) 목사일 거라고 주장합니다. 제가 이 교회를 찾았을 때는 아쉽게도 교회 문이 닫혀 있었지만, 그 옆 목사관 벽에 다음과 같은 명판이 붙어 있는 것을 보았습니다.

"바로 이 집에서 존 번연은 존 기포드로부터 1650-1655년 사이 영적인 도움을 구하였다"(In this House John Bunyan sought spiritual help from John Gifford in the 1650-1655).

어느 날 존 번연은 우연히 베드퍼드 시 거리 골목길에서 기도를 드리다가 구원의 확신과 거듭남의 기쁨에 대해 증거하는 여인들의 대화를 듣고 큰 충격을 받습니다. 그는 '나는 과연 구원을 받았는지, 이미 때가 늦은 것은 아닌지' 고민하며 성경을 읽기 시작했고, 깊은 영적 갈등과 번민 속에 빠져들었습니다. 그러다가 이 여인들에게 구원의 확신을 심어 준 교회 목사를 만나고 싶다는 생각이 들었습니다. 그 교회 목사가 존 기포드라는 것을 알게 된 그는 자기 발로 그를 찾아가 신앙 상담을 청합니다.

그때부터 그는 존 기포드 목사에게서 시시때때로 영적 도움을 구하게 됩니다. 존 기포드 목사는 자신의 목사관에서 언제든지 친절하게 존 번연의 물음을 듣고 성경을 펴서 대답하며 존 번연의 개인 전도자가 되어 주었습니다. 예수님이 요한복음 3장의 니고데모에게, 혹은 4장의 사마리아 여인에게 개인 전도자가 되신 것처럼 말입니다. 사도 바울은 자신의 전도자로서의 사명을 이렇게 고백합니다.

> "우리가 그를 전파하여 각 사람을 권하고 모든 지혜로 각 사람을 가르침은 각 사람을 그리스도 안에서 완전한 자로 세우려 함이니"(골 1:28).

그러면 전도자는 이웃들에게 도대체 무엇을 권하는 사람일까요? 우리는 《천로역정》의 사건 속으로 들어가 그 대답을 찾을 수 있습니다.

전도자란 무엇인가?

첫째, 전도자는 다가올 진노 앞에 회개를 권하는 사람입니다.
크리스천이 성경을 읽고 "도대체 어떻게 해야 한단 말인가!"를 외치는 순간 죄와 구원이라는 두 주제가 그를 무겁게 사로잡게 됩니다. 마침내 그는 빌립보 감옥의 간수처럼 "내가 어떻게 해야 구원을 받으리이까?"라는 구체적인 구도의 질문을 던집니다.

이때 크리스천 앞에 다가온 사람이 전도자였습니다. 전도자가 그에게 묻습니다. "당신은 왜 이렇게 울고 있습니까?" 크리스천은 "지금 제가 들고 있는 이 책을 읽으면서 저는 죄로 말미암아 저주를 받아 죽을 수밖에 없으며, 그 후에 심판을 피할 수 없다는 것을 깨닫게 되었습니다. 그리고 제 등에 짊어진 이 무거운 짐은 결국 저를 지옥에 떨어지게 할 것입니다"라고 대답합니다. 이때 전도자는 그에게 양피지 두루마리 성경을 펴서 마태복음 3장 7절의 말씀을 읽어 줍니다. 거기에는 "임박한 진노를 피하라"고 기록되어 있었습니다. 이것이 바로 기독교 신학이 말하는 '회개'입니다.

회개는 희랍어로 '메타노이아'(metanoia)라고 하는데, '방향을 돌이키라'는 뜻입니다. 그대로 살면 안 된다는 것입니다. 멸망이 기다리고 있다는 것입니다. 죄의 삯은 죽음이요 하나님의 진노요 지옥이기 때문입니다.

제가 한번은 일본 벳푸(別府)에서 일본 목회자들을 위한 컨퍼런스를 인도한 적이 있었습니다. 그때 일본 목회자들의 열띤 토론 주제 중 하나가 '한국 교회는 전도를 열심히 하는데, 왜 일본 교회는 전도를 못하는가'였습니다. 결론은 제가 예상한 대로였습니다. 일본인들은 지나치게 남을 배려하는 체면과 예의 때문에 남들에게 실례가 될까 봐 전도를 못한다는 것이었습니다. 그 이야기를 듣고 저는 마지막 폐회예배에서 일본 목회자들에게 이런 도전을 던졌습니다.

"여기 벳푸에 와 보니 온갖 지옥이 다 있는 것을 보게 됩니다. 산 지옥, 해 지옥, 바다 지옥, 골짜기 지옥(실제로 벳푸는 온천지대로 온 갖 유황천들이 끓어오르는 곳이 많아, 이런 곳에 지옥이란 이름을 붙이고 있다) 등 종류도 다양합니다. 그런데 어떤 취객이 이런 지옥 유황천을 향해 비틀거리며 다가가고 있다고 가정해 봅시다. 우리는 그를 배려한다고 하면서 그냥 가도록 지켜보고만 있을 것입니까? 아니면 실례가 되고, 무례해 보여도 이대로 가면 죽는다고 소리치며 가는 길을 막겠습니까?"

이것이 바로 회개의 메시지입니다. 《천로역정》의 크리스천은 전도자의 말을 듣고 멸망의 도시(세상)를 떠나 하나님 나라를 향해 삶의 방향을 돌이킬 수 있었습니다.

둘째, 전도자는 좁은 문으로 들어갈 것을 권하는 사람입니다.

전도자가 보여 주는 말씀을 함께 읽은 크리스천은 그에게 다시 묻습니다. "그럼 이제부터 나는 어디로 가야 합니까?" 이때 전도자는 넓은 들판을 가리키며 "저 멀리 좁은 문이 서 있는 게 보입니까?"라고 묻습니다. 크리스천이 잘 안 보인다고 대답하자 "그럼 저만치 비치는 환한 빛은 보입니까?"라고 묻습니다. 그러고 나서 "그 빛에서 시선을 떼지 말고 가면 당신은 내가 말한 그 좁은 문에 도달할 것입니다. 그 문을 통과해야 당신은 천성으로 가는 길에 들어설 수 있습니다"라고 말합니다. 그때 전도자가 보여 준 말씀이 바로 마태복음 7장의 말씀이었습니다.

"좁은 문으로 들어가라 멸망으로 인도하는 문은 크고 그 길이 넓어 그리로 들어가는 자가 많고 생명으로 인도하는 문은 좁고 길이 협착하여 찾는 자가 적음이라"(마 7:13-14).

여기서 중요한 포인트는 좁은 문은 단순히 들어가기가 어렵고, 넓은 문은 들어가기가 쉽다는 것이 아닙니다. 들어가기 어려운 좁은 문은 들어가려는 사람이 적고, 쉽게 통과할 수 있는 넓은 문은 들어가려는 사람들이 많다는 것입니다. 이처럼 진리는 반드시 다수의 선택이 아닐 수도 있습니다. 때로는 내 가족, 내 친구들, 내 이웃들이 내가 선택한 진리의 길을 반대할 수 있습니다. 그래도 그 길이 생명의 길이라면 그 길을 선택해야 합니다. 전도자는 궁극적으로 영혼들을 생명의 길, 영생의 길로 안내하는 사람이어야 하기 때문입니다.

그런데 왜 많은 사람들이 좁은 문으로 가는 길을 거부할까요? 그것은 우리가 살아온 삶의 방식과 다른 삶, 세상의 사고와는 다른 유형의 삶을 요구하기 때문일 것입니다. 좁은 문을 통과해 좁은 길을 걷는다는 것은 전도자가 보여 준 불빛, 곧 말씀의 진리를 따라 살아야 하는 것이기 때문입니다.

"주의 말씀은 내 발에 등이요 내 길에 빛이 니이다"(시 119:105).

진리의 말씀을 받은 우리는 더 이상 세상의 도덕이 요구하는 실용적 수준이 아닌, 시대를 초월한 하나님의 말씀의 원리대로 살아야 합니다. 그것이 바로 우리를 영원한 생명으로 인도하는 길입니다. 그래서 그리스도인이 걷는 길은 많은 경우 고독한 길입니다. 가족에게도, 이웃에게도 이해되지 못하는 외로운 길인 것입니다.

《천로역정》의 크리스천도 그가 선택하여 떠나는 구도의 여정을 가족들이 반대합니다. 그의 아내와 아이들이 그에게 어서 돌아오라고 말합니다. 그의 이웃들도 비아냥거리거나 협박하며 돌아오라고 소리칩니다. 그러나 그는 전도자가 보여 준 좁은 문, 좁은 길로 가야만 했습니다. 그것이 그를 영원한 생명으로 인도하는 전도자의 길이었기 때문입니다.

공적 전도자로 사신 예수님

이렇게 길을 잃어버린 사람들을 영원한 생명의 길로 인도하는 전도자의 삶을 산다는 것은 매우 복된 인생입니다. 하나님의 아들 예수님이 사람의 형상으로 이 땅에 오신 것도 바로 이러한 전도자의 사명 때문이었습니다.

"인자가 온 것은 잃어버린 자를 찾아 구원하려 함이니라"(눅 19:10).

예수님이 실제로 전도자의 삶을 어떻게 사셨는지 생각해 보십시오. 물론 그는 기회가 주어질 때마다 많은 무리를 향해 하나님 나라의 복음을 선포하는 '공적 전도자'(Public Evangelist)의 삶을 사셨습니다. 그러나 그는 더 많은 경우 한 사람 한 사람, 한 영혼 한 영혼을 붙들고 시간을 보내며 개인적으로 그들을 영생의 길로 인도하는 '개인 전도자'(Personal Evangelist)의 삶을 사셨습니다. 그 대표적인 경우가 요한복음 3장과 4장이라고 할 수 있습니다.

요한복음 3장에는 한 남자가 출연합니다. 예수님은 이 남자와 장시간 동안 복음에 대해 이야기를 나눕니다. 4장에는 우물가에서 한 여인을 만나 적지 않은 시간 동안 복음을 전합니다. 예수님은 남자에게도 여인에게도 차별 없이 복음을 전했습니다.

3장에 나타난 사람의 이름은 니고데모였습니다. 그는 사회적으로 유력한 공의회 관원의 한 사람이었습니다. 그러나 4장에는 이름조차 알 수 없는 사마리아 여인이 등장합니다. 그녀는 사회적으로 소외되고 누구나 꺼려 하는 부도덕한 인생을 산 여인이었습니다. 예수님은 힘이 있는 사람이든, 힘이 없는 사람이든 가리지 않고 복음을 전했습니다. 3장에서는 니고데모가 밤에 예수님을 만나고 있습니다. 4장에서는 사마리아 여인이 대낮 정오에 예수님을 만나고 있습니다. 예수님은 밤에도 낮에도 시간을 초월하여 영혼들을 만나주시는 분입니다.

3장에서는 주인공 남자 니고데모가 예수님을 만날 의도를 갖고 찾아온 경우였습니다. 그러나 4장에서는 예수님이 먼저 우물가에 도착하여 사마리아 여인을 기다렸습니다. 예수님은 준비된 영혼뿐만 아니라 준비되지 않은 영혼도 기꺼이 만나 복음을 전하셨습니다.

3장의 니고데모가 예수님과 나눈 대화의 주제는 '거듭남'에 대한 것이었습니다. 4장의 사마리아 여인과 예수님의 대화의 주제는 '목마르지 않는 영원한 샘물'에 대한 것이었습니다. 그러나 궁극적으로 이 모든 대화를 통해 예수님이 하신 일은 영원한 생명의 길로 사람들을 안내하는 것이었습니다. 그것이 바로 전도자의 사명입니다.

우리는 흔히 요한복음 4장을 묵상할 때, 여인이 예수님을 그리스도로 발견하게 된 사건을 절정이라고 생각합니다. 그러나 사마리아 여인의 이야기는 거기서 끝나지 않습니다. 요한복음 4장에서 주목해야 할 중요한 말씀은 바로 다음과 같습니다.

> "여자가 물동이를 버려두고 동네로 들어가서 사람들에게 이르되 내가 행한 모든 일을 내게 말한 사람을 와서 보라 이는 그리스도가 아니냐 하니 그들이 동네에서 나와 예수께로 오더라"(요 4:28-30).

무슨 일이 일어났습니까? 목말라 영생의 생수를 구하던 사마리아 여인이 다른 이들을 생명의 길로 이끄는 전도자가 된 것입니다. 이 땅의 모든 그리스도인들이 이 사마리아 여인처럼 전도자의 삶을 살기를 소망합니다.

1. 전도자가 권해야 할 두 가지는 무엇입니까?
1)
2)

2. 전도자의 삶을 살기 위해 오늘 내게 필요한 것은 무엇입니까?

3. 전도자의 사명은 무엇이라고 생각합니까?

4. 존 번연에게 있어서 존 기포드 목사는 개인 전도자였습니다. 나에게 이러한 영적 도움을 구할 수 있는 전도자가 있습니까? 또 나는 다른 이에게 영적 도움을 주는 전도자가 되어 주고 있습니까?

진리의 말씀을 받은 우리는 더 이상 세상의 도덕이
요구하는 실용적 수준이 아닌, 시대를 초월한
하나님의 말씀의 원리대로 살아야 합니다.
그것이 바로 우리를 영원한 생명으로 인도하는 길입니다.

마 13:1-9
그날 예수께서 집에서 나가사 바닷가에 앉으시매 큰 무리가 그에게로 모여들거늘 예수께서 배에 올라가 앉으시고 온 무리는 해변에 서 있더니 예수께서 비유로 여러 가지를 그들에게 말씀하여 이르시되 씨를 뿌리는 자가 뿌리러 나가서 뿌릴 새 더러는 길가에 떨어지매 새들이 와서 먹어 버렸고 더러는 흙이 얕은 돌밭에 떨어지매 흙이 깊지 아니하므로 곧 싹이 나오나 해가 돋은 후에 타서 뿌리가 없으므로 말랐고 더러는 가시떨기 위에 떨어지매 가시가 자라서 기운을 막았고 더러는 좋은 땅에 떨어지매 어떤 것은 백 배, 어떤 것은 육십 배, 어떤 것은 삼십 배의 결실을 하였느니라 귀 있는 자는 들으라 하시니라

구도자의 유형

노래하는 부흥사

1800년대 중엽 미국 오하이오 주에 가난한 농부의 아들로 태어난 노울스 셔(Knowles Shaw)라는 청년이 있었습니다. 그에게는 천부적인 음악적 재능이 있어서 혼자 독학으로 바이올린을 익혀 연주했습니다. 그는 12세에 부친을 여의고 어려서부터 어머니와 형제들을 부양하기 위해 아버지의 가업을 이어받아 새벽부터 들에 나가 씨 뿌리는 일을 해야 했습니다. 하지만 농사짓는 것만으로는 생계가 해결되지 않아 파티가 열리는 곳을 방문하여 부업으로 바이올린 연주를 하곤 했습니다. 그것이 오히려 농사일보다 수입이 좋았습니다.

그렇게 생계를 꾸려가던 소년 가장은 어느새 20세 청년이 되었습니다. 그는 늘 하던 대로 파티에 가서 바이올린을 연주하며 사람들을 즐겁게 해 주었습니다. 그런데 갑자기 돌아가신 아버지의 모습이 떠올랐습니다. 그리고 아버지의 음성이 들리는 듯했습니다.

"아들아, 하나님을 만날 준비를 해야 한다. 난 네 악기와 노래가 하나님을 위해 사용되기를 바란다."

눈물을 흘리며 집에 돌아온 그는 당장 교회에 나가 세례(침례)를 받고, 수년 후 '노래하는 부흥사'가 되어 바이올린을 켜며 하나님의 말씀을 증거하기 시작했습니다. 그는 그의 생애 동안 무려 2만 명 이상의 사람들에게 세례(침례)를 주었습니다. 그가 작사한 대표적인 노래가 바로 〈새벽부터 우리〉(새찬송가 496장)입니다.

"새벽부터 우리 사랑함으로써 저녁까지 씨를 뿌려 봅시다.
열매 차차 익어 곡식 거들 때에 기쁨으로 단을 거두리로다."

노울스 셔의 찬송가 2절에서는 우리에게 "비가 오는 것과 바람 부는 것을 겁을 내지 말고 뿌려 봅시다. 일을 마쳐 놓고 곡식 거둘 때에 기쁨으로 단을 거두리로다"라고 말합니다. 3절에서는 "씨를 뿌릴 때에 나지 아니할까 염려하며 심히 애탈지라도 나중 예수께서 칭찬하시리니 기쁨으로 단을 거두리로다"라고 말합니다. 오늘을 사는 그리스도인들도 이렇게 복음을 들고 나아가 말씀의 씨를 뿌려야 합니다.

복음을 들고 말씀의 씨를 뿌릴 때 우리는 여러 유형의 구도자들을 만나게 됩니다. 본문 말씀을 보면 예수님이 '씨 뿌리는 자의 비유'를 통해 말씀의 씨를 뿌릴 때 반드시 만나게 될 구도자의 네 가지 유형에 대해 이야기하고 있음을 알 수 있습니다. 존 번연도 《천로역정》에서 이런 다양한 구도자의 유형을 등장시키고 있습니다.

구도자의 네 가지 유형

첫째, '길가와 같은 구도자'입니다.

예수님이 씨 뿌리는 자의 비유를 드실 당시 팔레스타인의 길가는 아마도 밭과 밭 사이에 난 길을 의미했을 것입니다. 로마의 영향으로 이미 잘 닦인 큰 도로가 있었지만, 대부분 팔레스타인의 길은 밭과 밭 사이에 난 길이었습니다. 농부들이나 마을 사람들 그리고 여행객들은 보통 이런 길을 밟고 지났습니다. 그들의 통행이 잦다 보면 그런 길은 아주 반질반질해지고 굳은 땅이 됩니다. 여기에 씨가 떨어집니다. 그런데 씨가 떨어지자마자 어떤 일이 일어났습니까?

> "뿌릴 새 더러는 길가에 떨어지매 새들이 와서 먹어 버렸고"(마
> 13:4).

예수님이 나중에 이 말씀을 제자들에게 해석해 주십니다.

"아무나 천국 말씀을 듣고 깨닫지 못할 때는 악한 자가 와서 그 마음에 뿌려진 것을 빼앗나니 이는 곧 길가에 뿌려진 자요"(마 13:19).

이미 그 땅이 굳은 땅이 되어 말씀을 흡수하지 못하자 악한 자, 곧 마귀가 즉시 그 말씀을 빼앗아 결코 말씀의 결실을 기대할 수 없는 사람입니다. 우리는 전도의 현장에서 이런 사람을 만날 수 있다는 것을 각오해야 합니다.

《천로역정》에서 순례자 크리스천이 멸망의 도시를 떠날 때 그를 따라나선 사람 가운데 '고집'(Obstinate)이 있었습니다. 그가 크리스천에게 고향을 떠나는 이유를 물었습니다. 그때 크리스천이 이렇게 대답합니다.

"나는 하늘나라에 간직되어 있는 더러워지지 않고 낡아지지 않는 유산을 찾아갑니다. 당신도 나와 동행함으로써 이 상상할 수 없는 보화를 함께 누리는 축복을 받기를 바랍니다. 여기 그대로 머물러 사는 한 멸망을 피할 수 없습니다. 내가 가진 이 책에 그렇게 쓰여 있습니다."

그러나 '고집'은 크리스천의 말을 끝내 거절하고 멸망의 도시로 돌아갑니다. 그의 마음 밭이 길가였기 때문입니다. 자기의 고집으로만 마음이 굳어 버린 사람, 하나님의 말씀을 향해서는 아예 마음을 닫고 사는 사람이었던 것입니다.

이런 사람들에게는 아무리 말씀을 전해도 그 말씀이 마음에 흡

수되지 못하도록 마귀가 즉시 빼앗아 가 버립니다. 우리가 전도할 때 이런 사람들을 자주 만나게 됩니다. 그러나 그들 역시 우리에게 질문을 하고, 때로는 자신의 의견으로 우리를 설득하고 있다는 면에서 일종의 구도자라 할 수 있습니다.

둘째, '돌밭과 같은 구도자'입니다.
이스라엘을 방문해 보면 실제로 그곳에 돌밭이 많은 것을 알게 됩니다. 특히 라임 스톤(line stone), 즉 석회석이 많아서 그런 곳에 씨를 뿌리면 뿌리를 내리지 못하고, 곧 죽어 버리고 맙니다.

> "더러는 흙이 얕은 돌밭에 떨어지매 흙이 깊지 아니하므로 곧 싹이 나오나 해가 돋은 후에 타서 뿌리가 없으므로 말랐고"(마 13:5-6).

이런 돌밭은 어떤 구도자의 그림일까요? 이제 예수님의 해석을 들어보십시오.

> "돌밭에 뿌려졌다는 것은 말씀을 듣고 즉시 기쁨으로 받되 그 속에 뿌리가 없어 잠시 견디다가 말씀으로 말미암아 환난이나 박해가 일어날 때에는 곧 넘어지는 자요"(마 13:20-21).

이들 돌밭 구도자들은 전해지는 말씀에 일시적으로는 동의도 하고, 말씀을 기뻐하며 함께 웃기도 하고 울기도 합니다. 그런데 이들은 어느 한순간 믿음의 마당에서 사라져 버립니다. 더 이상 신앙이 나를 유익하게 하지 못하고 나를 손해 보게 하고 나를 불편하게 한다는 것입니다. 그래서 작은 환난과 박해조차 견디지 못하고 믿음의 포기를 선언하고 바람같이 사라져 버립니다.

《천로역정》에 고집과 함께 등장하는 '변덕'(Pliable, 또는 '유순')이 그런 사람입니다. 변덕은 멸망의 도시로 돌아가자는 고집의 권고를 물리치고, 순례자 크리스천의 말에 동의하며 "나는 크리스천과 운명을 함께하겠습니다"라고 선언하고 그 길을 함께 떠납니다. 그러나 그의 동행은 오래가지 못했습니다. 그들은 생각 없이 길을 걷다가 들의 한복판에 자리 잡은 '절망의 늪'에 빠집니다. 그는 발버둥을 치며 늪을 빠져 나와 "아니, 당신이 말한 순례자를 위해 약속된 행복한 삶이 겨우 이런 것이었습니까" 하며 소리치고는 뒤도 돌아보지 않고 사라져 버립니다. 그의 이름처럼 그의 구도는 변덕으로 끝나고 말았습니다.

우리는 신앙의 길에서 이탈한 이런 변덕과 같은 이들을 적지 않게 만나게 됩니다. 이 비유는 우리 곁을 지나치는 수많은 사람들의 변덕에도 우리가 흔들리지 말아야 함을 권면합니다. 변덕은 결코 미덕이 아닌 악덕인 것입니다.

셋째, '가시밭과 같은 구도자'입니다.

가시 떨기 밭에 떨어진 씨는 좀 자라는 듯하다가 결국 가시 기운에 막혀 결실을 맺지 못하는 안타까운 모습을 보입니다. 예수님은 이 세 번째 구도자의 유형에서 세속적인 욕망으로 구도의 결실을 맺지 못하는 이들을 경고하고자 했습니다.

> "더러는 가시 떨기 위에 떨어지매 가시가 자라서 기운을 막았고"(마 13:7).

이 가시밭 구도자에 대한 예수님의 해석을 보겠습니다.

> "가시 떨기에 뿌려졌다는 것은 말씀을 들으나 세상의 염려와 재물의 유혹에 말씀이 막혀 결실하지 못하는 자요"(마 13:22).

이들에게 말씀에 대한 관심이 없었던 것은 아닙니다. 말씀에 대한 사모함도 있었고, 말씀에 대한 어느 정도의 열정도 있어 말씀에 귀를 기울였습니다. 그러나 결국 그에게는 말씀보다 더 큰 관심, 더 큰 욕심이 있었습니다. 그것은 세속적인 부의 욕망이었습니다.

예수님을 찾아온 한 청년 부자 관원이 있었습니다. 그에게는 영생에 대한 관심도 있고, 구도의 갈망도 있었습니다. 그러나 결국 예수님을 등지고 떠났습니다. 재물을 잃을 것에 대한 염려, 혹은 재물을 포기할 수 없는 욕망 때문이었습니다. 이것이 바로 가시밭 구도자입니다.

《천로역정》에도 그런 구도자가 등장합니다. 크리스천과 소망은 순례길에서 "은광에 들렀다 가라"고 권하는 '데마'(Demas)를 만납니다. 데마가 누구입니까? 사도 바울의 증언을 들어 보십시오.

> "데마는 이 세상을 사랑하여 나를 버리고 데살로니가로 갔고"(딤후 4:10).

지금도 얼마나 많은 순례자들이 이 은광의 유혹을 이기지 못하고 구도의 길에서 탈선하고 있습니까? 이런 사람들이 자꾸 생기는 이유는 황금과 하나님을 구별하지 못하기 때문입니다. 영어의 'Gold'와 'God'은 'l'이라는 단어 하나 차이입니다. 혹시 황금이 하나님처럼 보입니까? 그렇다면 조심하십시오. 그 길이 데마의 길일 수 있습니다.

넷째, '좋은 땅과 같은 구도자'입니다.
그러나 우리가 노울스 쇼의 찬송 시처럼 씨를 뿌릴 때에 나지 아니할까 염려할 필요가 없습니다. 그 이유는 우리가 반드시 하나님이 예비하신 좋은 땅을 만날 수 있기 때문입니다.

> "더러는 좋은 땅에 떨어지매 어떤 것은 백 배, 어떤 것은 육십 배, 어떤 것은 삼십 배의 결실을 하였느니라"(마 13:8).

이 좋은 땅에 대한 예수님의 해석을 누가의 증언으로도 만날 수 있습니다.

"좋은 땅에 있다는 것은 착하고 좋은 마음으로 말씀을 듣고 지키어 인내로 결실하는 자니라"(눅 8:15).

여기서 누가는 특히 좋은 땅과 같은 구도자는 말씀을 듣고 응답할 뿐 아니라, 그 말씀을 지키고 인내하는 자라고 강조합니다.

《천로역정》의 순례자 크리스천이 바로 이런 좋은 땅과 같은 구도자였습니다. 그는 변덕과 함께 절망의 늪에 빠졌지만 결코 구도를 포기하지 않았습니다. 때마침 '도움'(Help)이 등장하여 손을 내밀어 그를 절망의 늪에서 구해 냈습니다. 그리고 그에게 이 길을 따라 조심히 걸으며 계속해서 좁은 문을 향해 가라고 말합니다. 그는 위험을 견뎌 내고 하나님의 도움을 경험함으로써 그가 스스로 진정한 순례자임을 증명한 것입니다. 크리스천은 이 경험을 통해 더욱 강한 순례자가 되고 이제 그 길에서 만나는 다른 구도자들에게 생명의 길, 구원의 길을 함께 가자고 권하는 자가 될 수 있었습니다.

중국에 문화혁명이 일어나 많은 선교사들이 중국을 떠나게 되었습니다. 그때 한 선교사가 자기로부터 제자훈련을 받고 중국 교회의 좋은 지도자가 된 청년 목사에게 "앞으로 많은 환난이 있을 터인데 그것을 잘 견딜 수 있겠는가?"라고 물었습니다. 그때 청년 목사가 이렇게 대답했다고 합니다.

"선교사님, 이 앞에 뜨거운 찻물과 티백이 있습니다. 이 티백을 뜨거운 물속에 넣습니다. 그렇다고 티백의 맛이 사라집니까? 아닙니다. 오히려 티백의 진정한 맛이 뜨거운 물속에서 우러나지요.

이처럼 중국 교회의 환난은 진짜 신자들의 참 신앙을 증명하는 기회가 될 것입니다. 기도해 주십시오."

실제로 이 환난의 시간은 중국 성도들의 신앙을 연단하는 위대한 기회가 되었습니다.

우리 인생의 정황이 아무리 힘들어도 우리 각자가 좋은 땅과 같은 구도자임을 증명하는 기회가 되었으면 합니다.

"새벽부터 저녁까지 씨를 뿌려 봅시다"라고 노래하던 전도자 노울스 셔는 기차 사고로 44세라는 젊은 나이에 인생을 마감해야 했습니다. 그는 마지막 숨을 거두기 전에 "이 땅에서 사람들을 그리스도의 십자가 앞으로 인도하는 것보다 더 위대한 일은 없다"고 고백했습니다. 이런 고백의 진정성을 경험하는 우리 모두가 되기를 기도합니다.

1. 구도자의 네 가지 유형에 대해서 설명해 보십시오.

1)

2)

3)

4)

2. 좋은 땅과 같은 구도자가 되려면 무엇이 중요합니까?

3. 나는 현재 어떤 땅과 같은 구도자입니까?

4. 고집과 변덕과 욕망을 버리고 끝까지 구도를 포기하지 않기 위해서 내가 할 수 있는 일은 무엇입니까?

마 7:7
구하라 그리하면 너희에게 주실 것이요 찾으라 그리하면
찾아낼 것이요 문을 두드리라 그리하면 너희에게 열릴 것
이니

마 7:13-14
좁은 문으로 들어가라 멸망으로 인도하는 문은 크고 그
길이 넓어 그리로 들어가는 자가 많고 생명으로 인도하는
문은 좁고 길이 협착하여 찾는 자가 적음이라

좁은 문

다수의 선택이 옳다?

근대 인류가 발견한 최선의 정치 체제가 있다면 그것은 아마도 민주주의일 것입니다. 근대 이후를 살아온 우리는 민주주의 원리를 따라 '다수의 선택이 언제나 정의'라는 견해를 아주 자연스럽게 갖게 되었습니다. 그러나 코페르니쿠스(Nicolaus Copernicus)의 '지동설'(地動說)을 생각해 보십시오. 그가 이 이론을 내놓기 전까지 인류의 대다수는 전혀 의심 없이 지구는 편편한 땅이며, 지구 끝까지 가면 낭떠러지로 추락할 것이라고 믿어 왔습니다. 또한 지구를 중심으로 모든 천체들이 움직인다고 믿어 의심치 않았습니다. 그런데 지금은 어떻습니까? 그 당시 대다수가 생각했던 이론은 잘못된 것으로 판명되었습니다. 지구는 둥글며, 태양을 중심으로 돌고 있음이 밝혀진 것입니다.

이처럼 다수의 판단에도 오류가 있다는 것을 경험하게 된 인류는 합의와 토론, 연구를 거친 다수의 찬성과 소수 의견의 존중이야말로 민주주의의 진정한 정신임을 선언할 수 있었습니다. 이미 성경에서는 '다수'에 의한 결론을 경계하며 이렇게 말씀하고 있습니다.

"다수를 따라 악을 행하지 말며 송사에 다수를 따라 부당한 증언을 하지 말며"(출 23:2).

성경은 무엇보다 구원의 길에 있어 다수의 선택을 경계하라고 말씀합니다. 그것이 바로 넓은 문, 넓은 길입니다. 마태복음 7장 13절 말씀을 보면 넓은 문을 "멸망으로 인도하는 문"이라고 이야기합니다. 그리고 그 문이 인도하는 넓은 길이야말로 '파멸의 길'이라고 가르칩니다. 예수님은 그 길을 걷기로 선택하는 사람들이 많을 것(다수)이라고 경고합니다. 반대로 좁은 문은 "생명으로 인도하는 문"이고, 그 길은 협착하지만 '구원의 길'이라고 말합니다. 그런데 그 길을 선택하는 사람들은 의외로 적을 것(소수)이라고 말씀합니다. 구원에 관한 한 다수의 선택이 진리가 아닐 수 있다는 것입니다.

그렇다면 성경이 가르치는 넓은 문과 좁은 문, 넓은 길과 좁은 길은 구원에 있어서 구체적으로 어떤 선택을 뜻하는 것일까요? 우리는 이 질문에 대한 더할 수 없이 탁월하고 분명한 해답을 《천로역정》에서 얻을 수 있습니다.

넓은 문과 좁은 문의 차이

첫째, 넓은 문, 넓은 길은 율법을 따라 사는 길입니다.

절망의 늪에서 도움을 받고 나온 지 얼마 되지 않은 크리스천은 새로운 인물을 만나게 됩니다. 그는 바로 '세속지혜'(Worldly Wiseman)였습니다. 그는 크리스천에게 다가와 묻습니다. "어쩌다가 이렇게 형편없는 몰골로 등에 무거운 짐을 지고 가고 있습니까? 도대체 어디를 가는 거요?" 그러자 크리스천은 "전도자의 말을 듣고 좁은 문을 향해 가고 있습니다"라고 대답했습니다. 세속지혜는 무거운 짐을 내려놓을 수 있는 쉽고 안전한 길로 안내하겠다며 윗마을 언덕 '도덕골'(A village called Morality)을 가리킵니다. 그곳에 가면 '율법'(Legality) 어른을 만날 터인데 그가 크리스천의 어깨에 짊어진 무거운 짐을 덜어 줄 것이라고 말합니다. 혹시 그가 출타 중이면 그의 아들 '예의'(Civility)를 만나라고 친절하게 안내합니다.

이것이 바로 세속지혜가 안내하는 구원의 길을 상징합니다. 그냥 율법을 지키고 예의 바르게 살면 누구나 구원받을 수 있다는 것입니다. 사실 이 땅을 사는 대부분의 사람들이 그렇게 생각하고 있지 않습니까? 율법과 도덕, 혹은 예의를 지켜 구원을 추구하는 상식의 길이 바로 넓은 문, 넓은 길인 것입니다.

그래서 크리스천은 언덕을 오르다 언덕 위 산에서 번갯불이 번쩍이고 뇌성이 울려 퍼지고 불길이 솟는 것을 보고 공포에 사로잡히고 맙니다. 그의 짐은 더 무거워지고 식은땀이 줄줄 흐릅니다. 그가 그리도 힘겹게 오르는 산은 바로 모세가 율법을 받은 시내산이었습니다.

율법이 무엇입니까? 율법은 '하라'와 '하지 말라'는 계명으로 이루어집니다. 우리는 흔히 하나님이, 혹은 양심이 명하는 바를 따라 해야 할 것은 하고, 하지 말아야 할 것은 하지 않으면 하나님 앞에 의롭다 함을 받고 구원 받을 것이라고 생각합니다. 그러나 결국 이 율법이 우리를 어디로 인도할까요? 이 대목에서 존 번연은 갈라디아서 3장 10절을 소개합니다.

> "무릇 율법 행위에 속한 자들은 저주 아래에 있나니 기록된 바 누구든지 율법 책에 기록된 대로 모든 일을 항상 행하지 아니하는 자는 저주 아래에 있는 자라 하였음이라."

율법의 속성은 우리의 최선으로 만족하지 않습니다. 우리가 율법을 지키다가 단 하나의 계명만 어겨도 우리는 죄인이 되고 하나님의 심판과 저주를 피할 수 없습니다. 결국 율법을 지켜 하나님 앞에 의롭다 함을 받을 사람은 아무도 없다는 것입니다. 율법은 우리에게 도덕적인 표준을 제시하는 거룩한 하나님의 원칙이지만 그 주어진 의도와 다르게 우리를 저주의 길로 안내합니다.

이런 율법의 속성을 흥미로운 비유로 이야기한 책이 있습니다.

앤드류 팔리(Andrew Farley)의《복음에 더할 것은 없다(*God without religion*)》(터치북스, 2013)라는 책인데, 저자는 이 책에서 율법을 "만족을 모르는 배우자"에 비유하고 있습니다.

데이비드와 셀리는 결혼한 지 9년째 되는 부부입니다. 처음 몇 년간 데이비드는 완벽한 아내를 만났다는 기쁨으로 천국 생활을 하는 것 같았습니다. 그런데 점점 완벽주의자 아내는 남편인 데이비드 안에서 '작업해야 할 결점'들을 발견하고 그가 고쳐야 할 리스트를 만들기 시작합니다. 그를 변화시킬 완벽한 계획을 세우고 날마다 그가 행할 바를 요구하게 됩니다. 그러나 그가 변화를 보이지 못하자 아내는 결국 이혼을 거론하며 경고합니다. 아내는 배우자의 게으른 습관과 적은 수입까지 불평합니다.

"다른 남자들을 봐요. 그들은 인생 목표가 뚜렷하고 생활도 안정되어 있다고요. 언제까지 이런 불안정한 삶을 살 거예요?"

그는 아내를 만족시키기 위해 최선을 다하겠다고 결심합니다. 주중에는 공사현장 감독으로 일하고, 주말에는 자동차 판매 영업을 하면서 더 많은 수입을 얻고자 부지런히 노력했습니다. 하지만 아내의 높은 욕구를 만족시킬 수는 없었습니다. 그는 아내 앞에서는 언제나 주눅이 들고, 아내의 기준에 미칠 수 없다는 자괴감과 죄책감의 짐을 지고 살아야 했습니다. 결국 아내는 그의 앞에 이혼 서류를 내밀었습니다.

저자는 이 이야기에서 율법에 속한 사람은 마치 완벽주의자인 배우자와 결혼한 사람과 같다고 말합니다. 늘 배우자에게 이혼당할지 모른다는 불안과 두려움으로 살고 있는 것입니다. "나는 예수를 믿지는 않지만 내 양심을 따라 산다"고 말하는 세상 사람들도 결국 양심의 율법에 속한 자로 사는 것입니다. 만약 양심의 요구대로 살지 못한다면 그의 구원은 어디에 있을까요? 이것이 바로 율법이, 혹은 양심과 예의가 구원의 길이 되지 못하는 이유입니다. 여기서 우리는 세속지혜를 따르다 보면 결국 멸망에 이르게 됨을 깨닫게 됩니다.

둘째, 좁은 문과 좁은 길은 믿음을 따라 사는 길입니다.
세속지혜의 미혹으로 길을 잃고 방황하는 크리스천이 다시 정신을 차릴 수 있었던 것은 전도자의 출현 덕분이었습니다. 전도자는 크리스천이 다시 좁은 문으로 향할 것을 권면하면서 다음 말씀을 나눕니다.

> "나의 의인은 믿음으로 말미암아 살리라 또한 뒤로 물러가면 내 마음이 그를 기뻐하지 아니하리라"(히 10:38).

> "우리는 뒤로 물러가 멸망할 자가 아니요 오직 영혼을 구원함에 이르는 믿음을 가진 자니라"(히 10:39).

구원은 율법을 지키는 행함이 아니라, 하나님의 선물로 주어지는 구원을 믿음으로 받아들임에 의존하는 것입니다. 그러기에 좁은 문, 좁은 길은 우리를 믿음의 길로 인도합니다. 전도자의 주의와 격려를 받으며 크리스천은 좁은 문을 향해 다시 길을 재촉하게 됩니다. 얼마나 걸었을까요? 마침내 크리스천은 좁은 문에 도달하게 됩니다. 좁은 문의 문지방에는 마태복음 7장 7절의 말씀이 새겨져 있었습니다.

"구하라 그리하면 너희에게 주실 것이요 찾으라 그리하면 찾아낼 것이요 문을 두드리라 그리하면 너희에게 열릴 것이니."

구원은 우리가 행하는 무엇에 의존하는 것이 아니요 하나님의 선물이라고 했습니다. 그러나 이 구원은 여전히 구원의 길을 찾고 구원의 문을 두드리는 자에게 주어지도록 예비된 하늘의 선물입니다. 문을 두드리는 자체가 바로 믿음의 표현이기 때문입니다.

"너희는 그 은혜에 의하여 믿음으로 말미암아 구원을 받았으니 이 것은 너희에게서 난 것이 아니요 하나님의 선물이라"(엡 2:8).

크리스천이 주저하며 좁은 문을 두드리는 순간 '선의'(Goodwill)가 문을 열며 묻습니다. "누구를 찾아오셨나요?", "예, 저는 멸망의 도시를 떠나 시온 산으로 가는 길입니다. 저 같은 죄인을 받아 주시는가요?"라고 크리스천이 말하자 선의가 온 마음을 다해 환영한다고 말하며 요한복음 6장 37절의 말씀을 들려줍니다.

"아버지께서 내게 주시는 자는 다 내게로 올 것이요 내게 오는 자는 내가 결코 내쫓지 아니하리라."

선의는 다시 그를 문 안으로 잡아당기며 말합니다.

"안으로 더 들어오시지요. 이 문에서 좀 떨어진 곳에 바알세불의 성채가 있는데, 거기서는 이 문을 지나는 순례자들을 막아 보려고 화살을 쏘아댄답니다. 하지만 안심하세요. 이제 저 앞에 보이는, 좁지만 곧은 길로 가시면 됩니다. 우리의 믿음의 선조들이 닦아 놓은 길이지요."

무슨 의미입니까? 마귀는 끊임없이 우리 그리스도인들이 좁은 문을 통과하여 좁은 길로 가는 것을 방해한다는 것입니다. 그 길이 구원의 길, 생명의 길, 영생의 길이기 때문입니다. 이 비유는 구도의 길이 두 가지 문과 두 가지 길로 나뉘고 만다는 것을 보여 줍니다. 넓은 문과 좁은 문, 넓은 길과 좁은 길로 나뉘며, 그 두 갈래의 길 중 하나는 멸망의 길이요, 나머지 하나는 생명의 길인 것입니다.

"좁은 문으로 들어가라 멸망으로 인도하는 문은 크고 그 길이 넓어 그리로 들어가는 자가 많고 생명으로 인도하는 문은 좁고 길이 협착하여 찾는 자가 적음이라"(마 7:13-14).

율법의 길 VS 믿음의 길

《천로역정》의 표현을 빌리면, 넓은 길은 세속지혜가 가르치는 율법의 길이고, 좁은 길은 전도자가 가르치는 믿음의 길이라 할 수 있습니다. 율법은 우리가 인간의 힘으로 법과 양심을 따라 행하면 구원이 있을지도 모른다고 말합니다. 믿음은 우리가 하나님이 이루어 놓으시고 선물로 주시는 은혜를 받아들이기만 하면 확실한 구원이 있다고 말합니다.

율법은 "행하라"(do)고 말하지만, 믿음은 "이루었다"(done)고 말합니다. 율법은 우리를 시내 산으로 인도하지만, 믿음은 우리를 갈보리 산으로 인도합니다. 율법의 구원은 내게 의존하는 것이지만, 믿음으로 말미암은 구원은 구주이신 그가 이루신 것입니다. 율법은 우리를 구속하지만, 믿음은 우리를 해방시킵니다. 그래서 기독교는 하나의 종교가 아닌, 복음인 것입니다.

이러한 복음을 듣고 예수를 만나 구원의 은혜를 누리며 기쁨으로 좁은 길을 가고 있습니까? 아니면 내 행위로 하나님을 기쁘시게 하고자 율법의 짐을 지고 땀을 흘리며 시내 산으로 닦여진 넓은 길, 도덕의 길을 가고 있습니까?

넓은 문, 넓은 길을 가고 있다면 당장 돌이켜 하나님이 준비하신 구원의 좁은 문으로 나오십시오. 망설이지 말고 그 문을 두드리십시오. 구원의 하나님께 나를 구원해 달라고 말하십시오. 그것은 우리의 공로나 행위가 아니라 그의 자비와 긍휼을 믿음으로 구하는 것입니다. 하나님이 죄인된 우리를 구원하시고자 그분의 아들인 예수를 구원자로 보내신 은혜만을 의지하고, 예수의 십자가를 통해 이루신 구원을 받아들이면 됩니다. 로마서 10장 9-10절의 약속의 말씀을 보십시오.

"네가 만일 네 입으로 예수를 주로 시인하며 또 하나님께서 그를 죽은 자 가운데서 살리신 것을 네 마음에 믿으면 구원을 받으리라 사람이 마음으로 믿어 의에 이르고 입으로 시인하여 구원에 이르느니라."

이제 보잘것없는 내 행위를 구원의 근거로 의존하는 자가 아니라, 이 땅에 오신 구원자 하나님의 아들 예수님이 바로 우리의 구원이 되심을 믿고 그를 구주와 주님으로 시인할 때입니다. 그것이 바로 구원의 문을 두드리는 방식입니다. 바로 그 순간 구원의 문이 열리고 우리가 생명의 길, 영생의 길, 구원의 길을 걷는 순례자가 되는 것입니다. 나 혼자 순례길을 걷는 것이 아니라 전도자, 선의와 같은 하나님이 예비하신 도움들을 의지하여 걷는 것입니다. 좁지만 거룩하고 아름다운 순례의 길을 가는 것입니다. 아직 이 문을 두드려 본 일이 없다면 지금 당장 믿음으로 이 구원의 문을 두드리기를 바랍니다.

1. 넓은 문과 좁은 문의 차이를 설명해 보십시오.

2. 나를 계속해서 구속하며 넓은 길로 가게 하는 율법은 무엇입니까?

3. 좁은 문으로 들어서기 위해 우리가 해야 할 일은 무엇입니까?

4. 믿음으로 좁은 문을 두드린다는 것은 무엇입니까?

눅 23:33-34

해골이라 하는 곳에 이르러 거기서 예수를 십자가에 못
박고 두 행악자도 그렇게 하니 하나는 우편에, 하나는 좌
편에 있더라 이에 예수께서 이르시되 아버지 저들을 사하
여 주옵소서 자기들이 하는 것을 알지 못함이니이다 하시
더라 그들이 그의 옷을 나눠 제비 뽑을 새

눅 23:42-43

이르되 예수여 당신의 나라에 임하실 때에 나를 기억하소
서 하니 예수께서 이르시되 내가 진실로 네게 이르노니
오늘 네가 나와 함께 낙원에 있으리라 하시니라

십자가 언덕

참된 자유의 의미

우리 민족은 일본의 식민지 통치로부터 자유를 얻은 역사적 경험을 갖고 있습니다. 자유라는 단어를 이야기할 때 떠오르는 상징적 이미지가 있습니까? 아마도 많은 사람들이 미국 뉴욕에 있는 '자유의 여신상'(Statue of Liberty)을 생각할 것입니다. 미국 독립 100주년을 기념하여 프랑스가 증정한 기념물입니다. 오른손에는 평화의 상징인 햇불을 들고 있고, 왼손에는 미국 독립선언서를 들고 있습니다. 그 주춧돌에는 "고단한 자들이여, 가난한 자들이여, 자유롭게 숨 쉬고자 하는 군중들이여, 내게로 오라"고 쓰여 있습니다. 머리에 씌워진 왕관의 7개 첨단은 세계 7개의 바다로 자유가 퍼져 나가는 것을 상징합니다. 그래서 이 조각상의 공식 명칭은 '세계를 밝히는 자유'(Liberty Enlightening the World)입니다.

한때 흥행 몰이를 한 한국 영화 〈명량〉에서 이순신 장군은 "바다를 포기하는 것은 조선을 포기하는 것이다"라고 말했습니다. 바다는 조선의 현관이면서 조선이 세계로 나아가는 자유의 상징입니다. 그런 바다를 포기하는 것은 자유를 빼앗기고 이 땅에 갇히는 것을 의미하는 것입니다. 이처럼 인류의 역사는 자유를 찾고 누리기 위한 역사라 해도 지나치지 않습니다. 그런데 인류는, 그리고 현재를 사는 우리는 정말 그 자유를 찾아 즐기고 있습니까?

과연 참된 자유의 의미를 어디서 찾고 누릴 수 있을까요? 우리가 자유의 참된 의미를 알기 위해 반드시 방문해야 할 곳은 뉴욕의 자유의 여신상이 아닌 골고다 언덕, 바로 십자가 언덕입니다. 거기서 인류의 진정한 자유가 어떻게 선포되었는가를 《천로역정》은 가장 실감 나게 보여 주고 있습니다. 《천로역정》의 순례자 크리스천이 등에 무거운 짐을 지고 좁은 문을 통과하여 십자가 언덕에 서는 순간 그 짐이 벗겨집니다. 처음으로 그는 죄의 짐을 벗고 진정한 자유를 맛보게 됩니다. 그것은 정치적 자유를 넘어선 영적 자유였습니다.

순례자 크리스천이 십자가 앞에 서는 순간 세 명의 천사가 등장합니다. 그 세 천사가 하는 일들이 바로 우리가 누려야 할 영적 자유의 본질입니다.

크리스천이 만난 세 명의 천사

첫 번째 천사 : 죄 사함의 선포

십자가 언덕에 도착한 순례자 크리스천의 모습을 존 번연이 어떻게 묘사하고 있는지 들어보십시오.

> "언덕을 기어올라 십자가에 이르자 짐 보따리가 등에서 툭 떨어져 나가더니 데굴데굴 굴러서 무덤 속으로 사라져 버리고 말았다. 마침내 자유로워진 크리스천은 더할 나위 없이 즐거워하며 행복에 겨워 소리쳤다. '주님이 고통을 당하신 덕에 내가 쉼을 누리고 그분이 스스로 죽음을 택하신 까닭에 내가 생명을 얻었구나!' 크리스천은 한참 동안 가만히 서서 십자가를 우러러 보았다. 그저 바라보기만 해도 짐이 벗겨진다는 게 너무도 놀라워서 믿어지지 않을 지경이었다. 크리스천은 보고 또 보았다. 어느새 눈물이 솟아 뺨을 타고 흘러내렸다."

바로 그때 첫 번째 천사가 다가와 선포합니다. "당신의 죄가 사함을 받았습니다." 바로 이 대목에서 존 번연은 마가복음 2장 5절을 기록해 놓고 있습니다. 예수님이 중풍 병자에게 "네 죄가 사함을 받았느니라"고 선포하시는 장면입니다. 이어지는 말씀을 보면 서기관들이 예수가 신성 모독을 했다고 수군거리기 시작합니다. 하나님 한 분 외에 누가 감히 죄를 사할 수 있느냐고 말입니다. 그들의 질문과 불평은 잘못된 것이 아니었습니다. 그러나 그들이 몰랐던 진실이 있었습니다. 그것은 바로 예수님이 바로 하나님이셨다는 사실입니다.

하나님으로서의 예수님, 그가 지금 죄 사함을 선포하는 것입니다. 성경은 인간에게 직면해 있는 가장 중요한 실존적 위기를 죄의 문제라고 진단합니다. 우리는 모두 죄를 범했고 그 결과 죄의 종으로 살게 되었다고 말입니다.

> "예수께서 대답하시되 진실로 진실로 너희에게 이르노니 죄를 범하는 자마다 죄의 종이라"(요 8:34).

인간의 무의식을 지배하는 가장 무서운 공포는 바로 죄의식(guilt complex), 혹은 죄책감입니다. 아마도 이런 진리를 가장 잘 보여 준 문학 작품이 유명한 도스토옙스키(Dostoevskiy)의 《죄와 벌(*Prestuplenie i Nakazanie*)》이 아닌가 싶습니다. 주인공 라스콜리니코프는 서구적인 합리주의적 신념을 가진 무신론자였습니다. 그는 인류 사회에 백해무익한 전당포의 노파는 차라리 존재하지 않는 것이 모두를 위해 유익하다는 신념으로 그를 살해하게 됩니다. 그러나 그의 정당한 신념은 죄책감으로 흔들리게 되고, 그 앞에 등장한 성스러운 매춘부 소냐의 권유에 따라 마침내 자수를 하고 시베리아로 떠나게 됩니다. 여기서 소냐는 바로 하나님의 도구였습니다. 그녀를 통해 죄를 인정하고 고백한 주인공은 비로소 죄책감에서 해방되어 자유의 삶을 찾게 됩니다. 죄 사함이 바로 인생의 새 출발의 기점이 된 것입니다.

두 번째 천사 : 새 옷을 입힘

십자가 언덕에 도달한 크리스천 앞에 등장한 두 번째 천사는 그에 게 다가와 더러운 옷을 벗기고 새 옷을 입혀 주었습니다. 이 대목 에서 존 번연은 스가랴 3장의 말씀을 인용합니다.

> "여호와께서 자기 앞에 선 자들에게 명령하사 그 더러운 옷을 벗기 라 하시고 또 여호수아에게 이르시되 내가 네 죄악을 제거하여 버 렸으니 네게 아름다운 옷을 입히리라"(슥 3:4).

이것은 죄 사함이라는 소극적 은혜에서 한 걸음 더 나아간 은혜 의 사역이 아닐 수 없습니다. 이것은 마치 신약성경에서 돌아온 탕자의 더러운 옷을 벗기고 아름다운 새 옷을 입혀 주는 사건을 연상하게 합니다. 사도 바울은 이것을 우리가 옛 사람을 벗어 버 리고 새 사람을 입는 것이라고 말합니다(엡 4:22-24 참조).

옷은 우리의 신분을 나타내 주는 증표이기도 합니다. 군복, 경 찰복, 법관 복을 생각해 보십시오. 그들의 옷이 그들로 하여금 옷 에 걸맞는 행동을 하게 하지 않습니까? 순례자가 지금까지 더러 운 옷을 입고 있었음은 그가 죄인의 신분을 가지고 있었음을 뜻합 니다. 그러나 이제 십자가에서 우리를 위해 죽으시고 사흘 만에 부활하신 그리스도를 영접하는 순간 우리는 그가 흘리신 보혈의 피로 죄 사함을 받을 뿐 아니라 사도 바울의 증언처럼 의롭다 함 을 얻습니다.

"그리스도 예수 안에 있는 속량으로 말미암아 하나님의 은혜로 값 없이 의롭다 하심을 얻은 자가 되었느니라"(롬 3:24).

'의롭다 함'이란 의롭게 되었다는 것이 아니라 의롭게 선언되었다는 것을 의미합니다. 신분의 변화가 일어난 것입니다. 죄인에서 의인으로 변화된 것입니다. 물론 그 신분에 합당한 삶의 변화는 그 후에 따라와야 할 중요한 과정입니다. 그러나 신분의 변화 없이 삶의 변화는 없습니다. 대통령 선거에서 한 사람이 당선되면 당선이 선포되는 그 순간부터 그에게는 대통령 당선자라는 신분이 주어지고, 그 신분에 합당한 예우가 행해집니다. 아마 처음에는 자신도 매우 어색하게 느껴질 것입니다. 그러나 시간이 흐르면서 자신의 신분을 의식하면 의식할수록 신분에 합당한 행동이 자연스럽게 나오는 것을 볼 수 있습니다. 그래서 하나님은 우리에게 먼저 신분을 부여하시고 다음으로 그에 걸맞는 삶의 변화를 촉구하시는 것입니다. 생각해 보십시오. 크리스천이 더러운 옷을 벗고 아름다운 새 옷을 입었을 때 얼마나 당당했을지를 말입니다. 진정한 자유의 새 삶이 시작되는 순간의 가슴 벅참을 그는 결코 잊지 못할 것입니다.

세 번째 천사 : 인침과 두루마리 선물
《천로역정》을 보면 세 번째 천사는 순례자 크리스천에게 다가와 이마에 인을 칩니다. 이 대목에서 존 번연은 에베소서 1장의 말씀을 인용합니다.

"그 안에서 너희도 진리의 말씀 곧 너희의 구원의 복음을 듣고 그 안에서 또한 믿어 약속의 성령으로 인침을 받았으니"(엡 1:13).

인침(Sealing)이란 무엇을 의미하는 것입니까? 소속, 혹은 주권을 나타냅니다. 이제 주인이 분명해졌습니다. 인친 이는 그가 인친 것에 대한 책임을 져야 합니다. 크리스천은 복음을 듣고 복음의 주인된 예수 그리스도를 믿음으로 그리스도에 속한 자, 혹은 하나님의 자녀로 인침을 받게 되었습니다. 성령이 그렇게 인쳐 주신 것입니다.

에베소서 1장에서 사도 바울은 그리스도 안에 있게 된 성도들의 정체성을 성부, 성자, 성령의 삼위일체적 사역으로 설명하고 있습니다. 성부 하나님이 선택하시고, 성자 하나님이 속량하시고, 성령 하나님이 인쳐 주셨다고 말합니다. 어쩌면 존 번연도 같은 방식으로 이 십자가 언덕을 설명하고 싶었는지 모릅니다. 그래서 성경학자 워렌 위어스비(Warren Wiersbe)도 존 번연이 십자가 언덕에 등장시킨 세 천사는 바로 성부, 성자, 성령의 삼위일체적 구원 사역을 설명한다고 말합니다. 성부 하나님이 죄 사함을 선포하시고, 성자 하나님이 의의 옷을 입혀 주시고, 성령 하나님이 인쳐 주신 것이라고 말입니다.

그러나 인치는 것만으로 세 번째 천사의 사역이 끝나지 않습니다. 그는 순례자 크리스천의 이마에 표시를 한 다음 그에게 단단히 봉인된 두루마리 하나를 건넵니다. 그러고는 크리스천에게 길을 가면서 이 두루마리를 자주 펼쳐 보라고 말합니다. 그리고 이 두루마리는 새 예루살렘에 도착하는 날까지 필요할 것이라고 말합니다. 이 두루마리가 무엇을 의미합니까? 말할 것도 없이 성경, 곧 하나님의 말씀입니다. 옛날에 두루마리에 기록되던 하나님의 말씀, 성경이야말로 성령의 감동으로 기록된 하나님의 말씀입니다.

> "먼저 알 것은 성경의 모든 예언은 사사로이 풀 것이 아니니 예언은 언제든지 사람의 뜻으로 낸 것이 아니요 오직 성령의 감동하심을 받은 사람들이 하나님께 받아 말한 것임이라"(벧후 1:20-21).

디모데후서는 성경책의 역할에 대해 다음과 같이 말합니다.

> "모든 성경은 하나님의 감동으로 된 것으로 교훈과 책망과 바르게 함과 의로 교육하기에 유익하니"(딤후 3:16).

십자가 복음으로 십자가 언덕에서 자유를 얻은 사람들이 해야 할 일은 무엇입니까? 이제 믿음의 길을 마음대로 걷는 것이 아니라 하나님의 말씀을 붙들고 그 말씀의 안내를 따라 걸어야 한다는 것입니다. 시편 기자의 고백을 들어보겠습니다.

> "내가 주의 법을 어찌 그리 사랑하는지요 내가 그것을 종일 작은 소리로 읊조리나이다"(시 119:97).

"주의 말씀은 내 발에 등이요 내 길에 빛이니이다"(시 119:105).

이것이 바로 우리가 얻은 영적 자유를 지키며 그 길을 갈 수 있는 비밀입니다.

영적 자유를 지키는 것

우리 민족이 일본으로부터 해방된 지 70년이 넘었습니다. 대한민국이 일제의 식민지 통치하에서 소중한 자유를 얻은 것은 놀라운 은혜입니다. 그러나 우리가 왜 이런 소중한 자유를 잃었는가의 문제는 더 이상 정치적 문제가 아닌, 도덕적이고 영적인 문제로 바라봐야 합니다. 하나님과의 바른 관계라는 영적 자유, 그리고 자신의 양심에 부끄럼이 없는 도덕적 자유의 지킴은 정치적 자유 이상으로 더 중요하고 본질적인 것입니다. 하나님의 말씀이 바로 우리에게 이런 영적, 도덕적 자유를 지키게 하는 무기가 됩니다.

언젠가 폴란드 아우슈비츠 강제 수용소에서 유대인들이 해방된 것을 기념하는 추모 행사가 있었습니다. 그때 한 수용소 수감자가 이런 회상을 했다고 합니다.

"아우슈비츠 같은 지옥은 생기지 말았어야 합니다. 다시는 이런 지옥이 경험되지 않기 위해서라도 우리는 아우슈비츠를 잊지 말아야 합니다. 그때 우리는 우리의 과오로 이 땅에 지옥을 만들었다는 것을 잊지 말아야 합니다. 그리고 이제 우리 모두 다시는 이런 지옥을 만들지 말아야 한다는 약속을 해야 합니다."

그런데 우리는 나약한 존재인지라 이런 인위적 약속만으로 우리의 자유를 제대로 지키지 못합니다.

성경은 말합니다. 인간을 하나님의 형상으로 만드시고 그런 하나님의 형상을 회복시키기 위해 예수님이 이 땅에 오셔서 십자가에 돌아가신 거라고 말입니다. 우리는 그런 하나님의 아들 예수를 모시고 구원받은 존재입니다. 우리에게 주어진 존엄한 자유를 지키고 살 수 있으려면 하나님의 말씀을 붙들어야 합니다. 세 번째 천사가 건네 준 두루마리 말씀을 붙들고 갈 때만이 지옥이 아닌 천성을 향해 갈 수 있습니다.

1.《천로역정》의 크리스천이 십자가 언덕에서 세 천사를 만나 경험한 일들을 요약해 보십시오.
1) 첫 번째 천사 :
2) 두 번째 천사 :
3) 세 번째 천사 :

2. 크리스천이 자유를 계속 지키기 위해 필요한 것은 무엇입니까?

3. 존 번연은《천로역정》의 세 천사를 통해 무엇을 표현하고 싶어 했습니까?

4. 나는 과연 세 천사를 만나 진정한 영적 자유를 누리고 있습니까?

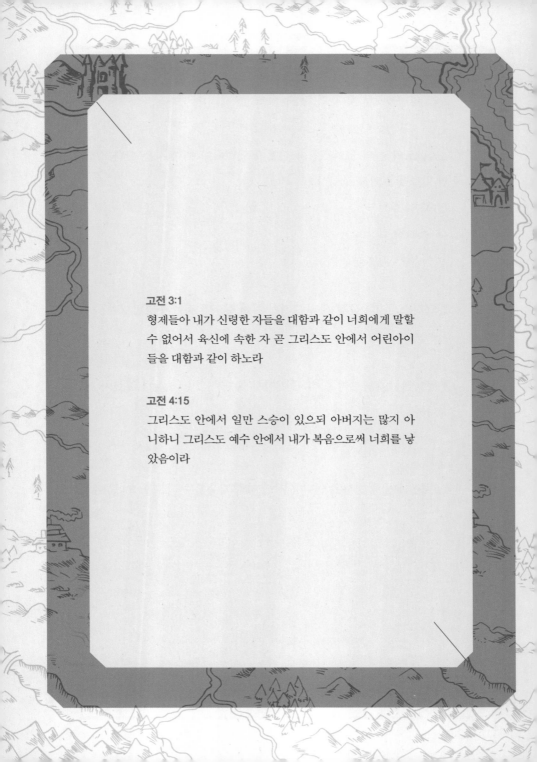

고전 3:1
형제들아 내가 신령한 자들을 대함과 같이 너희에게 말할
수 없어서 육신에 속한 자 곧 그리스도 안에서 어린아이
들을 대함과 같이 하노라

고전 4:15
그리스도 안에서 일만 스승이 있으되 아버지는 많지 아
니하니 그리스도 예수 안에서 내가 복음으로써 너희를 낳
았음이라

해석자

영적 성숙의 길

2014년 한국 사회는 교황 프란치스코(Jorge Mario Bergoglio)의 방문으로 시끌벅적했습니다. 모처럼 우리는 한 존경받는 영적 지도자의 엄청난 영향력을 실감할 수 있었습니다. 가톨릭에서는 교황이나 사제들을 '파파'(공적 칭호로 '신부')라는 애칭으로 부르곤 합니다. 그러나 성경을 읽어 보면 영적 아비의 존재는 단순히 조직 교회의 직제로 결정되지 않음을 알 수 있습니다. 영적 아비는 영적 자녀들을 낳고 키우는 모든 성숙한 자들을 뜻합니다. 우리가 예수 그리스도를 구주와 주님으로 믿으면 그 순간 우리는 그리스도의 새 생명을 선물로 받고 그리스도 안에서 영적 아기로 태어납니다.

> "형제들아 내가 너희를 신령한 자들을 대함과 같이 너희에게 말할 수 없어서 육신에 속한 자 곧 그리스도 안에서 어린아이들을 대함과 같이 하노라"(고전 3:1).

사도 바울의 전도를 받고 시작된 고린도교회(주후 52년경) 내에는 많은 영적 아이들이 존재하고 있었습니다. 그러나 그들은 신령한 성도로 성숙해 가지 못하고 있었습니다. 고린도전후서는 바로 이런 고린도교회 성도들의 영적 성숙을 촉구하기 위해 사도 바울이 에베소에서 쓴 편지(주후 54~55년경)입니다.

성도들의 평생의 숙제는 한마디로 영적 성숙의 길을 걸어야 한다는 것입니다. 영적 성숙의 한 단계에서 우리 모두가 경험해야 할 축복이 있다면, 그것은 영적 아비와 영적 어미로 살아야 한다는 것입니다. 우리는 모두 영적 자녀들을 낳고 키워야 합니다. 사도 바울은 먼저 그가 전도했던 고린도 성도들에게 자신이 바로 그들을 낳은 영적 아비였음을 상기시키고 있습니다.

> "그리스도 안에서 일만 스승이 있으되 아버지는 많지 아니하니 그리스도 예수 안에서 내가 복음으로써 너희를 낳았음이라"(고전 4:15).

고린도교회 성도들에게 영적 영향을 끼친 수많은 스승들이 있었지만 사도 바울은 그들에게 자신이 복음을 전하고 복음으로 양육한 영적 아비였음을 잊지 말라고 말합니다. 그리고 어느 날 사도 바울은 고린도교회 내 성숙한 성도들이 모두 이런 영적 아비가 되는 것을 보고 싶어 했습니다.

《천로역정》을 보면 순례자 크리스천이 좁은 문을 통과한 후 선의의 인도로 도착한 곳은 '해석자의 집'(Interpreter of House)이었습니다. 해석자가 크리스천을 환영하며 방문을 열자 제일 먼저 그를 기다린 것은 기품 있는 인물의 초상화였습니다. 그의 두 눈은 하늘을 바라보고 있었으며, 책 중의 책을 손에 잡고 있었고, 그의 입술에는 진리의 법이 새겨져 있으며 머리에는 황금 면류관이 씌워져 있었습니다. 존 번연은 자신에게 복음을 해석해 주고 자신을 양육한 존 기포드 목사 같은 존재를 이 초상화에 투사하고 있었던 것입니다. 그래서 순례자가 방문한 이 집을 해석자의 집이라고 부른 것입니다.

존 번연은 해석자의 집을 묘사하며 자신을 반갑게 영접하여 복음을 설명하던 존 기포드의 목사관을 생각했을 것입니다. 그러나 이 집 입구의 초상화는 비단 안수받은 사제나 목사만이 아니라 모든 성숙한 영적 아비들의 모습을 상징하는 것입니다. 해석자는 이런 분이 바로 우리를 천국으로 인도하는 안내자라고 말합니다. 이어지는 집 안의 소개는 바로 영적 안내의 책임을 맡은 영적 아비들의 역할을 상징한다고 할 수 있습니다. 그렇다면 영적 아비의 역할은 무엇입니까?

영적 아비의 역할

첫째, 복음의 능력을 가르쳐야 합니다.

해석자가 목자의 초상화를 보여 준 후 순례자를 인도한 곳은 넓은 응접실이었습니다. 청소를 안 한 채로 오랜 시간이 지난 듯 보이는 이곳에 해석자는 먼저 머슴을 불러 청소를 시킵니다. 머슴이 비질을 시작하자 방 안은 먼지가 피어올라 숨 막힐 지경이었습니다. 그러자 이번에는 옆에 있던 하녀에게 물을 가져다가 온 방에 뿌리라고 명합니다. 소녀가 물을 뿌리자 먼지가 잦아들고 이내 방 안은 고요와 평안을 되찾습니다. 그 뜻을 묻는 크리스천에게 해석자는 먼지는 인간의 죄를 의미하는 것이고, 비질하던 머슴은 율법을 가르치는 것이라고 말합니다. 율법은 죄를 일으켜 깨우치기는 하지만 죄 문제를 해결하지는 못한다고 말합니다. 반면 물 뿌리는 하녀는 복음을 의미하는 것이라고 말합니다. 복음만이 인간의 마음속에 있는 죄를 제거하고 그 마음을 왕이 거하시기에 합당한 곳으로 변화시킬 수 있다고 말입니다.

성숙한 영적 아비들이 영적으로 어린 심령들에게 가르쳐야 할 것이 바로 이 복음의 능력입니다. 율법이나 도덕은 이미 인간 변화에 실패한 지 오래되었습니다. 그럼에도 불구하고 기독교를 율법 종교, 혹은 도덕 종교 내지는 윤리적 가치체계 정도로 격하시키는 것은 바로 먼지 가득한 방 안을 청소하기 위해 비질을 시키는 것과 다를 것이 없습니다. 바로 이 대목에서 존 번연이 인용한 말씀이 로마서 7장 6절입니다.

"이제는 우리가 얽매었던 것에 대하여 죽었으므로 율법에서 벗어났으니 이러므로 우리가 영의 새로운 것으로 섬길 것이요 율법 조문의 묵은 것으로 아니할지니라."

그럼에도 불구하고 성경은 율법의 존재 이유를 우리에게 가르칩니다.

"그런즉 우리가 무슨 말을 하리요 율법이 죄냐 그럴 수 없느니라 율법으로 말미암지 않고는 내가 죄를 알지 못하였으니 곧 율법이 탐내지 말라 하지 아니하였더라면 내가 탐심을 알지 못하였으리라"(롬 7:7).

그렇습니다. 율법으로 우리는 율법을 깨트리고 살아온 우리의 죄를 인식하게 되고 하나님 앞에 죽은 자가 됩니다. 그러나 이 죄에서 벗어나려면 비질이 아니라 물을 뿌려야 합니다. 여기서 물은 바로 복음입니다. 우리가 복음이신 예수 그리스도를 받아들이는 순간 우리는 죄 사함을 받고 영혼의 평화를 회복하게 됩니다. 그러므로 이제 우리가 붙들 것은 율법이 아닌 성령의 능력으로 우리에게 전달된 복음입니다. 이러한 복음의 능력만이 사람을 변화시킨다는 확신이 모든 영적 아비들이 가져야 할 확신입니다.

둘째, 인내의 상급을 가르쳐야 합니다.
해석자가 순례자 크리스천을 인도한 다음 장소는 작은 방이었는데 거기에는 어린아이 둘이 의자 하나씩을 차지하고 있었습니다. 한 아이의 모습은 불평으로 가득 차 있었고, 다른 한 아이의 모습은 평온했습니다. 불평으로 가득 찬 아이의 이름은 '정욕'(Passion)이었고, 평온한 모습의 다른 아이의 이름은 '인내'(Patience)였습니다.

크리스천이 해석자에게 묻습니다. "저 정욕이라는 아이가 불평불만으로 가득한 이유가 무엇입니까?" 해석자가 대답하기를 "저기 두 아이의 보호자가 멋진 선물을 준비해 두었으니 내년 봄까지 기다리라고 했는데, 정욕은 당장 그것을 누리지 못해 기다릴 수 없어 그렇게 된 것입니다"라고 말합니다. 이어서 해석자는 정욕은 세상에 속한 사람을 뜻하고, 인내는 하나님 나라의 백성을 뜻하는 것이라고 말합니다.

무슨 의미입니까? 참된 그리스도인이 된 사람들이 평생을 걸고 배워야 할 레슨이 바로 인내의 레슨이라는 것입니다. 하나님의 백성이 된 사람들에게는 많은 복된 약속들이 주어집니다. 그러나 그 많은 약속들은 당장 누릴 수 있는 것이 아니라, 시간을 두고 성숙의 여정을 통해 누릴 수 있는 기업입니다. 이 땅에서가 아닌 영원한 나라에 가서 비로소 누릴 수 있는 기업인 것입니다. 따라서 이런 기업은 인내를 통해서만 누릴 수 있는 상급이라고 할 수 있습니다.

우리가 그리스도인이 된 후 배워야 할 중요한 신앙 훈련의 하나는 보이는 것이 아닌 보이지 않는 세상을 바라보는 훈련입니다. 지금 여기서 당장 누릴 수 있는 행복보다 장차 다가올 소망을 기다릴 줄 아는 사람들에게 주어지는 궁극적인 상급이 바로 천국이라는 것입니다. 바로 이 대목에서 해석자는 크리스천에게 고린도 후서 4장 18절의 말씀을 소개합니다.

> "우리가 주목하는 것은 보이는 것이 아니요 보이지 않는 것이니 보이는 것은 잠깐이요 보이지 않는 것은 영원함이라."

히브리서 기자는 믿음의 본질을 어떻게 설명합니까?

> "믿음은 바라는 것들의 실상이요 보이지 않는 것들의 증거니"(히 11:1).

> "믿음이 없이는 하나님을 기쁘시게 하지 못하나니 하나님께 나아가는 자는 반드시 그가 계신 것과 또한 그가 자기를 찾는 자들에게 상 주시는 이심을 믿어야 할지니라"(히 11:6).

이런 믿음을 가지고 있다면 우리는 인내할 수 있습니다. 그리고 마침내 온전한 상급을 누리게 될 것입니다. 천국의 본질은 인내의 상급입니다. 영적 아비들이 영적 아이들에게 가르쳐야 할 것도 바로 이 인내의 상급입니다. 천국은 인내함으로써만 누릴 수 있는 곳임을 알려주는 것입니다.

셋째, 은혜의 사역을 가르쳐야 합니다.
해석자는 크리스천을 데리고 다시 벽난로가 있는 방으로 안내합니다. 난로의 불길은 뜨겁게 타오르고 있었습니다. 누군가가 이 불을 끄려고 난로에 물을 퍼부었습니다. 그럼에도 불구하고 불길은 사그라지지 않고 계속 타올랐습니다. 그 이유는 벽 뒤에서 웬 남자가 기름통을 들고 눈에 띄지 않게 계속 모닥불 위에 기름을 붓고 있었던 것입니다. 크리스천이 "이것이 무슨 뜻입니까?"라고 묻습니다. 해석자는 불을 끄려고 난로에 물을 붓고 있는 존재는 마귀라고 말합니다. 그리고 이 난로에 기름을 붓고 계신 분은 그리스도라고 대답합니다.

그리스도께서 하시는 중요한 사역 중 하나가 성도들의 마음에 은혜의 기름을 부어 마음에서 시작된 은혜의 사역이 지속되게 하는 것입니다. 그리하여 그리스도라는 뜻도 '기름 부으심'(anointed one)이라는 의미를 갖습니다. 그는 기름 부으심을 받으심으로 메시아로서 구세주의 사역을 감당한 것입니다.

> "하나님이 나사렛 예수에게 성령과 능력을 기름 붓듯 하셨으매 그가 두루 다니며 선한 일을 행하시고 마귀에게 눌린 모든 사람을 고치셨으니 이는 하나님이 함께하셨음이라"(행 10:38).

부활하시고 승천하시고 하나님 우편에 계신 그는 이제 하나님과 함께 하나님의 백성들을 돕고자 기름 붓는 자가 되셨습니다. 존 번연은 이 대목에서 해석자를 통해 고린도후서 12장 9절의 말씀을 인용하고 있습니다.

"나에게 이르시기를 내 은혜가 네게 족하도다 이는 내 능력이 약한 데서 온전하여짐이라 하신지라 그러므로 도리어 크게 기뻐함으로 나의 여러 약한 것들에 대하여 자랑하리니 이는 그리스도의 능력이 내게 머물게 하려 함이라."

사도 바울은 하나님이 귀히 쓰시는 종이었지만 그에게는 육체의 가시가 있어 늘 고통을 안고 살았습니다. 그는 세 번씩이나 하나님 앞에서 육체의 가시를 없애 달라고 진정으로 간구했지만, 그가 기대한 것처럼 육체의 가시는 없어지지 않았습니다. 그럼에도 불구하고 그는 그 고통을 감내하며 세 차례 이상이나 전 세계를 여행하며 복음을 전했고, 도처에 교회를 개척하고 세우는 선교의 사명을 다했습니다. 그 마음에 기름을 붓고 있었던 그리스도의 은혜의 사역 때문이었던 것입니다. 우리는 이런 은혜의 사역을 믿어야 합니다. 우리 안에 시작된 은혜를 보전하게 해주시고 그 은혜를 나누도록 역사하시는 그리스도의 영, 성령의 사역을 믿어야 합니다.

이러한 은혜의 사역이 없다면 복음 증거나 선교는 다 헛된 것이 됩니다. 우리 신앙의 선배들은 이런 은혜의 사역을 '성도의 견인 (perseverance of the saints)의 교리' 혹은 '영원한 안전(eternal security)의 교리'라고 불렀습니다.

디모데후서 1장에서 사도 바울이 영적 아비로서 자신의 영적 아들이었던 디모데에게 주었던 말씀을 상기해 보겠습니다.

"그러므로 내가 나의 안수함으로 네 속에 있는 하나님의 은사를 다시 불일 듯하게 하기 위하여 너로 생각하게 하노니 하나님이 우리에게 주신 것은 두려워하는 마음이 아니요 오직 능력과 사랑과 절제하는 마음이니"(딤후 1:6-7).

오늘날 우리는 우리가 복음을 전하는 모든 곳과 모든 새 생명들 가운데 그리스도의 기름 부으심과 은혜의 사역이 임하기를 기도해야 합니다. 그리고 더 많은 영적 아비와 영적 어미들이 일어나기를 소망해야 합니다. 나 먼저 기꺼이 영적 아비와 영적 어미의 삶을 준비하겠노라고 다짐해야 합니다. 영적 아비와 영적 어미의 수고를 감당하는 모든 이들을 그리스도의 이름으로 축복합니다. 우리 모두가 영적 아비와 영적 어미로 살아갈 수 있기를 기도합니다.

1. 영적 아비의 세 가지 미션은 무엇입니까?

1)

2)

3)

2. 나 자신이 좋은 영적 아비(어미)가 되기 위해 갖춰야 할 것은 무엇입니까?

3. 나의 신앙생활에 있어서 영적 아비가 되어 준 사람이 있습니까? 그에게서 배운 것은 무엇입니까?

4. 《천로역정》에서는 율법과 복음의 차이, 욕망과 인내의 차이를 어떻게 비유적으로 이야기하고 있습니까?

살전 2:7-8

우리는 그리스도의 사도로서 마땅히 권위를 주장할 수 있으나 도리어 너희 가운데서 유순한 자가 되어 유모가 자기 자녀를 기름과 같이 하였으니 우리가 이같이 너희를 사모하여 하나님의 복음뿐 아니라 우리의 목숨까지도 너희에게 주기를 기뻐함은 너희가 우리의 사랑하는 자 됨이라

살전 2:11-12

너희도 아는 바와 같이 우리가 너희 각 사람에게 아버지가 자기 자녀에게 하듯 권면하고 위로하고 경계하노니 이는 너희를 부르사 자기 나라와 영광에 이르게 하시는 하나님께 합당히 행하게 하려 함이라

영적 지도

영적 아비와 영적 어미의 균형

한 광고학 연구자가 이런 질문을 던졌습니다. "마돈나와 조디 포스터의 공통점은 무엇일까요?" 정답은 이들이 홀어머니, 혹은 싱글 페어런트(single parent)라는 것입니다. 미국 가정의 경우 한부모 가정이 56%에 달한다고 합니다. 2013년 OECD 국가의 한부모 가정은 평균 수치가 12.7%였는데, 한국은 그보다 조금 낮은 11.5%였습니다.

한부모 가정이라 하면 보통 한 가정 내에 아이의 어머니, 혹은 아버지가 없는 경우를 말합니다. 이런 한부모 가정이 직면하는 여러 문제들은 심각한 사회 문제가 되고 있지만, 그중에서도 우리는 한부모 가정의 자녀 양육 문제에 주목해야 합니다.

건강한 자녀 양육은 아버지와 어머니의 영향을 균등하게 경험하는 데서 이루어지는데 한부모 가정은 그러기가 쉽지 않습니다. 이것은 우리의 영적 생활에서도 동일하게 적용됩니다. 우리의 건강한 영적 성장 역시 영적 어미와 영적 아비의 균등한 영향으로 이루어지기 때문입니다. 영적 어미, 혹은 영적 아비만 있다면, 이 한 사람이 두 역할을 모두 행해 주어야 합니다.

사도 바울은 제2차 전도여행 기간인 주후 50-53년경 짧은 기간 동안(3주-6개월) 체류하며 전도 개척한 그리스의 데살로니가교회를 향해 교인들의 영적 성장을 독려하기 위한 일종의 양육 편지를 쓸 필요를 느꼈습니다. 그리하여 고린도에서 쓴 편지가 바로 데살로니가서입니다. 이 편지는 일종의 '영적 지도, 혹은 영성 지도'(spiritual direction)의 성격을 갖습니다.

존 번연이 살고 있는 시대만 해도 영적 지도는 중요한 의미를 가졌습니다. 존 번연과 같은 청교도였던 리처드 백스터(Richard Baxter)는 그의 저서 《참된 목자(*The Reformed Paster*)》(크리스천다이제스트, 2011)에서 회심은 했으나, 영적으로 연약하고 미성숙한 이들을 향한 영적 지도를 게을리하지 말아야 한다고 가르칩니다. 존 번연이 《천로역정》에서 좁은 문을 통과한 순례자 크리스천을 해석자의 집으로 초대한 이유도 바로 영적 지도를 위해서였던 것입니다. 해석자의 집에 들어서자마자 방의 벽에 걸려 있던 초상화는 영적 지도자의 모습이었고, 다음에 차례로 방문하는 방들을 통해 영적 지도를 제공하고 있는 것입니다.

그런데 이런 지도의 성격은 크게 두 가지로 나뉩니다. 그것은 격려와 경고입니다. 격려가 영적 어미의 기능이라면, 경고는 영적 아비의 기능이라고 할 수 있습니다. 만일 어린 영혼에게 격려없이 경고만 주어진다면 그는 건강하고 자긍심을 가진 영혼으로 자랄 수 없을 것입니다. 반대로 어린 영혼에게 격려만 있고, 적절한 경고가 주어지지 않는다면 그는 매우 방종한 영혼으로 비뚤어지게 자랄 수 있습니다. 그래서 이 두 가지 형태의 영적 지도가 균형 있게 요구되는 것입니다.

이제 다시 《천로역정》에 등장하는 해석자의 집으로 돌아가 남아 있는 장소들을 통한 영적 지도를 살펴보겠습니다. 여기에 우리가 전도한 모든 영혼들에게 필요한 두 가지 형태의 영적 지도가 묘사되어 있습니다.

영적 지도의 두 가지 형태

첫째, 영적 어미의 사랑을 통한 소망의 공급입니다.

사도 바울은 데살로니가 성도들에게 그리스도의 사도된 영적 권위를 주장하기보다 영적 유모의 심정으로 그들에게 다가서겠다고 고백합니다.

"우리는 그리스도의 사도로서 마땅히 권위를 주장할 수 있으나 도리어 너희 가운데서 유순한 자가 되어 유모가 자기 자녀를 기름같이 하였으나"(살전 2:7).

이어서 유모의 심정으로 그가 베푼 사랑을 상기시키고 있습니다.

"우리가 이같이 너희를 사모하여 하나님의 복음뿐 아니라 우리의
목숨까지도 너희에게 주기를 기뻐함은 너희가 우리의 사랑하는
자 됨이라"(살전 2:8).

복음뿐 아니라 목숨까지 던진 사랑! 바로 우리의 어머니들에게
서 본 사랑이 아닙니까? 그 사랑은 자신의 희생만으로 그친 사랑
이 아니라 자식들의 미래를 열기 위한 사랑임을 잊지 말아야 합니
다. 그래서 사도 바울은 사랑의 수고와 함께 데살로니가 성도들에
게서 보고 싶어 한 것이 소망이었습니다.

"너희의 믿음의 역사와 사랑의 수고와 우리 주 예수 그리스도에 대
한 소망의 인내를 우리 하나님 아버지 앞에서 끊임없이 기억함이
니"(살전 1:3).

그렇습니다. 사랑의 수고가 소망의 인내로 이어질 것을 기대
한 것입니다. 우리는 존 번연이 순례자 크리스천에게 해석자의
집에서 이런 소망의 인내를 공급하고자 한 것을 볼 수 있습니다.
해석자가 벽난로가 있는 방에 이어 크리스천을 인도한 곳은 멋

진 궁궐, 장중하고 아름답고 화려한 궁궐이었습니다. 문제는 궁궐 문 앞에 중무장한 군인들이 그 출입을 막고 있다는 것이었습니다. 그런데 갑자기 한 사나이가 칼과 투구를 쓰고 용감하게 길을 열자 궁궐 문이 열리며 성벽 위로부터 이런 합창이 울려 퍼집니다.

"오라! 어서 오라! 영원한 영광을 얻으리니!"

이 용감한 사나이가 궁궐 문을 통과하자 그에게 금빛 옷이 입혀집니다. 바로 이 대목에서 존 번연은 사도행전 14장 22절의 말씀을 인용하고 있습니다.

> "제자들의 마음을 굳게 하여 이 믿음에 머물러 있으라 권하고 또 우리가 하나님의 나라에 들어가려면 많은 환난을 겪어야 할 것이라."

이는 사랑을 통한 소망의 인내를 공급하는 것입니다. 아마도 이 대목에서 존 번연은 디모데후서 4장의 말씀을 기억해냈을 것입니다.

> "나는 선한 싸움을 싸우고 나의 달려갈 길을 마치고 믿음을 지켰으니 이제 후로는 나를 위하여 의의 면류관이 예비되었으므로 주 곧 의로우신 재판장이 그날에 내게 주실 것이며 내게만 아니라 주의 나타나심을 사모하는 모든 자에게도니라"(딤후 4:7-8).

소망을 바라보며 길을 가라는 격려가 느껴집니까? 크리스천은 이 광경을 보며 어떻게 응답할까요? 그는 빙그레 웃으며 이렇게 말합니다.

"무엇을 의미하는지 알겠습니다. 이제 가던 길을 계속 가겠습니다."

그러자 해석자는 아직 가면 안 된다며 더 보여 줄 것이 있다고 말합니다. 영적 지도가 아직 끝나지 않은 것입니다. 크리스천이 해석자의 집에서 보게 될 나머지 광경은 바로 경고의 메시지였습니다.

둘째, 영적 아비의 훈계를 통한 경계의 교훈입니다.

사도 바울은 데살로니가 성도들에게 영적 어미로만 남기를 원하지 않았습니다. 데살로니가 성도들의 건강한 영적 성장을 위해 영적 아비의 역할을 기꺼이 감당하고자 한 것입니다.

"너희도 아는 바와 같이 우리가 너희 각 사람에게 아버지가 자기 자녀에게 하듯 권면하고 위로하고 경계하노니"(살전 2:11).

여기서 가장 중요한 영적 아비의 역할은 권면과 경계입니다. 위로는 영적 어미에게서도 받을 수 있기 때문입니다. 이렇듯 권면과 경계가 필요한 이유는 무엇일까요?

"이는 너희를 부르사 자기 나라와 영광에 이르게 하시는 하나님께 합당히 행하게 하려 함이라"(살전 2:12).

권면과 경계가 필요한 이유는 마침내 우리가 도달해야 할 하나님 나라에 영광스럽게 입성하기 위해서입니다. 그래서 때로 권면과 경계는 힘들고 아프지만 우리에게 필요한 것입니다. 오늘날 자녀 교육에서 이런 권면과 경계가 사라지는 것은 자녀들의 미래를 위해서도 결코 바람직하지 않습니다.

해석자의 집에서 우리는 두 가지 경계의 그림을 접하게 됩니다. 첫째는 '철창에 갇혀 있는 남자'입니다. 그는 칠흑처럼 캄캄한 방에서 슬픈 얼굴을 하고 고개를 숙인 채 땅만 쳐다보고 있습니다. 그리고 이따금씩 가슴이 무너져 내리듯 깊은 한숨을 몰아쉽니다. 크리스천이 그에게 묻습니다.

"댁은 누구십니까?"

그는 대답합니다.

"지금은 나의 본래의 모습이 아닙니다. 본래 나는 새 예루살렘에 들어가기에 부족함이 없는 모습으로 살았습니다. 그러나 어느 날부터 마귀의 유혹에 넘어가 욕심을 따라 살다 보니 절망의 철창에 갇히고 만 것입니다."

이어서 그는 절규합니다.

"나는 이 두 손으로 그분을 다시 십자가에 못 박았습니다. 그분의 인격을 모독했습니다. 그분의 의로움을 짓밟았고, 은혜의 성령을 욕되게 했습니다. 이제 말씀을 읽어도 믿음이 회복되지 않고 회개하고 싶어도 회개가 되지 않아요."

해석자는 크리스천에게 이렇게 말합니다.

"이분의 비참한 처지를 잊지 마십시오. 때로 크리스천도 이런 자리에 도달할 수 있습니다."

이에 크리스천은 "조심하여 기도하며 살겠습니다"라고 응답합니다. 이때 해석자는 한 가지 더 보고 갈 것이 있다면서 크리스천을 이끕니다.

두 번째 광경은 '침실에서 바들바들 떨고 있는 남자'의 모습이었습니다. 해석자가 이 남자에게 왜 그렇게 떨고 있는지를 이야기해 보라고 말하자 이 남자의 고백이 시작됩니다.

"꿈을 꾸었는데 칠흑처럼 어둡고 불바다로 번진 하늘 구름 위에 앉으신 분이 나팔소리와 함께 '죽은 자들이여, 심판의 자리로 나아오라'고 명하셨습니다. 알곡과 가라지가 구별되고 천국과 지옥이 갈라지는데 나는 갑자기 내가 지은 죄들이 떠올라 내 양심의 고발로 지금까지 이렇게 번민하고 있습니다. 나는 솔직하게 심판대 앞에 설 준비가 되어 있지 못합니다. 나는 진노하시는 심판장의 얼굴을 바라볼 수가 없습니다."

이어서 해석자는 크리스천에게 묻습니다.

"당신은 이런 일들을 생각해 본 일이 있습니까?"

크리스천은 솔직히 대답합니다.

"소망도 생기지만 두렵습니다."

해석자는 진지하게 "그렇습니다. 소망과 두려움은 함께 간직해야 할 선물입니다. 새 예루살렘으로 가는 동안 길에서 이 모든 일들을 명심하며 묵상하십시오. 그 나라의 소망으로 힘을 얻기를 바랍니다. 그러나 동시에 심판의 날에 부끄럼이 없도록 늘 두려워하며 길을 가십시오."

이처럼 해석자가 크리스천에게 당부한 바와 같이 지금 우리에게 필요한 것은 영적 아비의 훈계입니다.

> "지혜로운 아들은 아비의 훈계를 들으나 거만한 자는 꾸지람을 즐겨 듣지 아니하느니라"(잠 13:1).

이 시대에 다시 한 번 영적 지도가 회복된다면, 이 시대의 성도들은 영적 부흥을 경험하게 될 것입니다. 경건한 두려움이야말로 성화를 촉진하기 위한 하나님의 선물임을 기억하십시오. 지금 이 시대는 경건한 두려움을 상실한 시대입니다. 그래서 우리는 회개도, 회복도 없는 영적 철창에 갇혀 살고 있습니다. 참된 영적 자유를 위해서도 우리는 거룩함을 회복해야 합니다. 이 시대의 크리스천이 필요로 하는 것은 행복이 아니라 거룩입니다.

라브리의 기독교 철학자요 전도자였던 프란시스 쉐퍼(Francis A. Schaeffer)는 세상을 떠나기 전 시한부 인생을 살면서 마지막 예언자적 설교를 통해 "우리 시대의 절망은 이 시대의 성도들이 행복을 갈망하지만, 더 이상 거룩을 갈망하지 않는 것이라"고 절규했습니다.

이러한 거룩을 갈망하기 위해 필요한 것이 바로 경건한 두려움입니다. 구원의 확신은 필요한 것이지만, 성도들에게도 삶의 결산으로서의 심판이 기다리고 있다는 사실을 동시에 기억해야 합니다. 사도 바울이 세속화의 덫에서 헤어나지 못하는 고린도교회 성도들에게 주었던 말씀을 잊지 마십시오.

"그런즉 사랑하는 자들아 이 약속을 가진 우리는 하나님을 두려워하는 가운데서 거룩함을 온전히 이루어 육과 영의 온갖 더러운 것에서 자신을 깨끗하게 하자"(고후 7:1).

이러한 영적 아비의 훈계를 기억하면 우리는 살 것입니다. 이 경계의 교훈을 붙잡고 살면 영광의 날을 반드시 맞게 될 것입니다. 우리의 순례길은 승리의 길이 될 것입니다. 그러나 이 경계를 망각하면 부끄러운 자로 철창에 갇힐 수도 있습니다. 죽음의 침상에서 벌벌 떨며 심판의 날을 기다릴 수도 있습니다.

우리의 선택은 무엇입니까? 기쁨으로 영적 지도를 따르고 순종하겠습니까? 동시에 자신도 누군가의 영적 지도자가 되겠습니까? 선택은 우리 자신의 몫입니다. 하지만 어떤 선택을 하느냐에 따라 최후의 삶의 모습은 전혀 달라질 것입니다.

1. 영적 어미로서 자녀에게 공급해야 할 것은 무엇입니까?

2. 영적 아비로서 자녀에게 공급해야 할 것은 무엇입니까?

3. 크리스천은 해석자의 집에서 두 가지의 경계의 그림을 만나게 됩니다. '철창에 갇혀 있는 남자'와 '침실에서 바들바들 떨고 있는 남자'는 각각 무엇을 의미합니까?

4. 참된 영적 자유를 위해 필요한 두 가지는 무엇입니까?

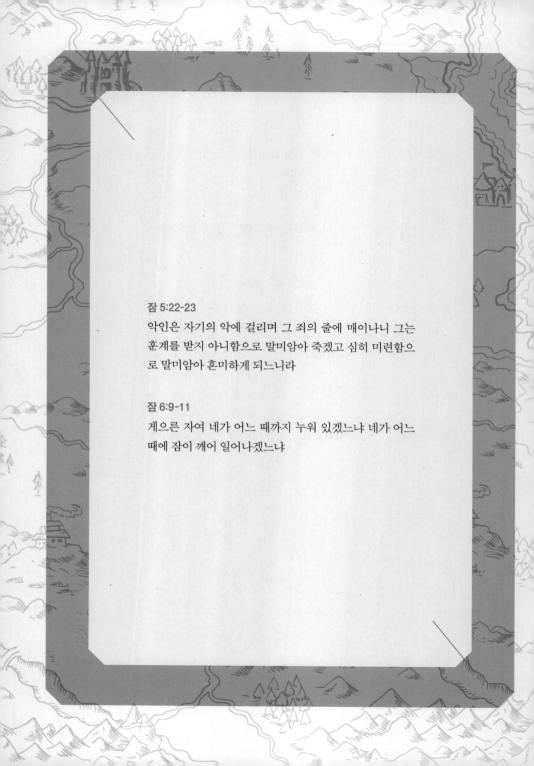

잠 5:22-23

악인은 자기의 악에 걸리며 그 죄의 줄에 매이나니 그는
훈계를 받지 아니함으로 말미암아 죽겠고 심히 미련함으
로 말미암아 혼미하게 되느니라

잠 6:9-11

게으른 자여 네가 어느 때까지 누워 있겠느냐 네가 어느
때에 잠이 깨어 일어나겠느냐

잠든 자

영적 잠의 의미

세상을 살면서 건강에 가장 필요한 중요한 요소가 있다면 쾌면, 곧 잠을 잘 자는 것입니다. 수면은 생명 활동의 근간입니다. 잠 자는 동안 우리는 피로를 풀고 유해 물질을 해독하고 에너지를 얻고 각종 호르몬을 분비하는 유용한 생리 활동을 진행합니다. 그 래서 성경은 "여호와께서 그 사랑하시는 자에게 잠을 주시는도 다"(시 127:2)라고 기록하기도 합니다.

잠을 잘 자지 못한다는 것은 극복하기 어려운 고통입니다. 최고 의 고문은 잠을 안 재우는 것입니다. 그러나 성경에는 이런 육체적 휴식으로서의 잠과 다르게, 영적인 잠은 매우 위험한 것으로 기록하고 있습니다. 주께서 이 땅에 다시 오실 때 "너희가 자는 것을 보지 않도록 하라"(막 13:36)고, "너희가 이 시기를 알거니와 자다가 깰 때가 벌써 되었으니"(롬 13:11)라고 경고합니다. 또한 사도 바울은 고린도전서 11장에서 고린도교회 성도들에게 성찬을 받기에 합당하도록 성별된 삶을 가르치면서 준비되지 못한 성도들에게 경고의 단계로 "그러므로 너희 중에 약한 자와 병든 자와 잠자는 자도 적지 아니하다"(30절)고 말합니다.

영적으로 잠드는 것은 매우 위험한 일입니다. 그것은 곧 죽음으로 가는 길입니다. 십자가를 통과하고 믿음으로 순례의 길을 걷는 성도들에게도 이렇듯 영적 잠에 빠져드는 위기가 존재할 수 있습니다. 존 번연은 이 진리를 설명하기 위해 《천로역정》의 이야기를 계속 들려주고 있습니다.

순례자 크리스천이 십자가 언덕을 떠난 지 얼마 안 되어 쇠사슬에 발목이 묶인 채로 세 남자가 길바닥에 누워서 곤히 잠든 것을 발견하게 됩니다. 존 번연은 그들이 처한 위기를 증언하기 위해 다음의 말씀을 인용합니다.

"너는 바다 가운데에 누운 자 같을 것이요 돛대 위에 누운 자 같을 것이며"(잠 23:34).

자신들은 낭만을 즐기는 것으로 보일지 모르지만 실상은 침몰 직전, 사망 직전의 상태에 있는 것입니다. 그러면 그들은 왜 그 지경에 이르게 되었을까요? 영적으로 성도들이 잠드는 원인을 우리는 발에 족쇄를 차고 졸고 있는 세 사람의 이름에서 찾아볼 수 있습니다. 이 세 사람의 이름이 시사하는 '영적 잠듦'의 원인은 무엇일까요?

영적으로 잠든 자의 세 가지 유형

첫째, '단순함/우매함'이라고 할 수 있습니다.

존 번연은 첫 번째 잠든 사람의 이름을 '단순함/우매함'(Simple)이라고 부릅니다. 영어의 'simple'은 좋은 의미로 쓰일 수도 있고 나쁜 의미로 쓰일 수도 있는데, 여기서는 나쁜 의미로 사용되고 있습니다. 지나치게 단순해서 사물을 분별할 능력을 상실한 채 살아가고 있는 사람을 의미하는 것입니다. 요즈음 유행하는 말로 하면 '단무지 인생'입니다. 단순하고 무지한 인생인 것입니다.

그는 자기 앞에 있는 위험을 보지 못하고 사는 사람입니다. 그는 마치 자각 증상을 인지하지 못하는 환자의 모습과 같습니다. 대부분의 암 치료가 어려운 것은 자각 증상이 별로 없기 때문입니다. 자각 증상을 인지했을 때는 이미 치료 시기를 놓친 경우가 많습니다.

순례자 크리스천이 그를 깨우자 그는 "도대체 무엇이 위험하다고 난리입니까?"라고 말합니다. 영어 표현으로는 "I see no danger"(아무 위험이 없다)입니다.

오늘날 신앙 순례의 여정을 지나는 우리 중에 이런 사람은 없습니까? 내 인생에 분명한 위험 신호가 있어서 누군가가 나를 깨우고 있는데, 그것을 오히려 거추장스럽게 생각하는 사람 말입니다. 대부분 이런 사람들은 평소에 자기 성찰이 없는 일상을 살고 있습니다. 경건의 시간, 혹은 QT가 필요한 이유는 하나님 앞에서 자기 자신을 규칙적으로 돌아보게 하기 때문입니다. 그렇다면 단순함이 길바닥에서 쇠사슬을 하고 잠든 원인은 무엇일까요? 우리는 그 답을 잠언 5장에서 발견할 수 있습니다.

"악인은 자기의 악에 걸리며 그 죄의 줄에 매이나니 그는 훈계를 받지 아니하므로 말미암아 죽겠고 심히 미련함으로 말미암아 혼미하게 되느니라"(잠 5:22-23).

그가 말씀의 훈계를 멀리한 결과, 마침내 그의 영혼은 혼미하여 잠들었고, 이제 자신도 쉽게 벗어나기 어려운 죄의 줄에 매이게 되었습니다. 지금 우리의 영적 상태가 이런 미련함 가운데 처한 것은 아닙니까? 그러면서도 내가 무슨 문제가 있느냐고 말하고 있는 것은 아닙니까? 이것이 바로 오늘을 사는 '단무지 인생'들입니다.

둘째, '게으름/나태함'이라고 할 수 있습니다.
존 번연은 《천로역정》에서 두 번째 잠든 사나이를 '게으름/나태함'(Sloth)이라고 표현하고 있습니다. 존 번연은 이 사람을 묘사하며 틀림없이 잠언 6장의 말씀을 생각했을 것입니다.

"게으른 자여 네가 어느 때까지 누워 있겠느냐 네가 어느 때에 잠
이 깨어 일어나겠느냐 좀 더 자자 좀 더 졸자 손을 모으고 좀 더 누
워 있자"(잠 6:9-10).

실제로 《천로역정》에서 이 대목을 읽어 보면, 두 번째 사나이
를 깨우자 그가 이렇게 응답합니다. "조금만 더 자게 해 다오." 영
어 원문에는 "Yet (Just) a little more sleep!"라고 되어 있습니다.
세상에 무슨 일이 생기든지 상관하지 않고 조금만이라도 더 잘
수 있으면 되는 것입니다. 요즘 유머로 표현하면 이런 인생은 '소
세지 인생'입니다. 소박맞고, 세상 등진, 지긋지긋한 인생인 것입
니다. 왜 인생이 이렇게 되어 버린 것일까요? 미래를, 내일을 포
기했기 때문입니다.

영적 잠을 자는 그리스도인들 중에도 이렇게 내일을 포기해
버린 사람이 적지 않습니다. 그것은 결국 믿음의 결핍, 혹은 작
은 믿음 때문입니다. 그들은 더 이상 하나님을 신뢰하지 않습
니다. 하나님이 나를 위해 더 좋은 미래를 준비했다는 것을 믿
지 않습니다. 그 미래를 위하여 땀 흘려 일할 이유를 찾지 못합
니다. 그냥 지금 당장 조금 더 자고, 조금 더 먹는 것 외에는 딱
히 살아야 할 이유가 없습니다. 이런 인생을 향한 경고가 무엇입
니까?

"네 빈궁이 강도같이 오며 네 곤핍이 군사같이 이르리라"(잠 6:11).

결국 게으름, 곧 나태함은 그가 좀 더 자고 싶은 편안함, 좀 더 먹고 싶은 여유와 자유까지 빼앗아 갈 것입니다. 그래서 잠언 기자는 이런 사람들을 위해 하나님이 보내신 교사 개미를 동원하여 깊은 충고를 합니다.

> "게으른 자여 개미에게 가서 그가 하는 것을 보고 지혜를 얻으라"(잠 6:6).

개미가 가진 지혜의 본질은 무엇입니까?

> "먹을 것을 여름 동안에 예비하며 추수 때에 양식을 모으느니라"(잠 6:8).

개미는 미래 지향적 삶을 사는 존재입니다. 열심히 내일을 바라보고 내일을 준비합니다. 그런 의미에서 내일을 준비 못하는 삶은 개미만도 못한 인생인 것입니다. 그리스도인에게는 단순히 먹을 것을 준비하는 이상의 책임이 있습니다. 하나님 앞에 서야 할 준비를 하고 살아야 한다는 것입니다. 그러나 영적으로 잠든 게으른 인생은 그런 준비를 생각도 하지 않습니다. 그런 사람들에게 성경은 계속해서 "깨어라"고 말합니다. 깨어 준비해야 한다는 것입니다. 하나님의 심판대에서 부끄럽지 않은 인생을 준비해야 한다는 것입니다.

셋째, '자고함/교만함'이라고 할 수 있습니다.

존 번연은 마지막 세 번째 잠든 사내의 이름을 '자고함/교만함'(Presumption)이라고 부릅니다. 순례자 크리스천이 그를 깨웠을 때 그는 이렇게 반응합니다.

"사람마다 생각이 다 다른 거요. 괜히 남의 일에 참견 마시오."

이 대목을 한 현대판 영어본은 이렇게 적고 있습니다.

"I can make it myself without any help from you"(난 네 도움 없이도 나 스스로 살 수 있다).

내 인생 내가 책임질 테니 끼어들지 말라는 것입니다. 이것이야말로 교만한 인생의 모습이 아닐까요? 요즘 유머로 표현하면 이 것이 바로 '오이지 인생', 오만하고, 이기적이고, 지 혼자 잘난 인생입니다.

오늘날 수많은 사람들의 생각을 지배하는 가장 강력한 세계관이 있다면, 그것은 바로 '세속적 인본주의'(secular humanism)일 것입니다. 이런 세속적 인본주의 사상을 고취한 계기를 만든 영국 시인이 있습니다. 그는 윌리엄 어니스트 헨리(William Ernest Henley)입니다. 그의 시의 한 대목이 우리 시대 수많은 사람들을 세속적 인본주의가가 되도록 감동시켰습니다. 놀라운 사실은 교회 내의 사람들도 이 시를 좋아한다는 것입니다.

"I am the master of my fate. I am the captain of my soul"(나는 내 운명의 주인이고, 내 영혼의 선장이다).

이 시의 내용을 잘 보십시오. 우리가 만일 진정한 그리스도인이라면 우리는 절대로 이 시에 동의할 수도 없고, 동의해서도 안됩니다. 왜 그렇습니까? 내가 내 운명의 주인 노릇을 해 보았고, 내 영혼의 선장도 해 보았는데, 그것이 내게 평안도, 해답도 아니었음을 깨달았기 때문입니다. 우리는 어느 날 십자가 위에서 날위해 죽고 날 위해 다시 사신 그리스도 앞에 나아와 예수 그리스도에게 "You, You only the master of my fate. You only the captain of my soul"(예수님, 당신만이 오직 내 운명의 주인이시고, 내 영혼의 선장이십니다)라고 고백한 사람들이기 때문입니다. 사도 바울은 윌리엄 어니스트 헨리의 시와 정반대의 고백을 했습니다.

> "내가 그리스도와 함께 십자가에 못 박혔나니 그런즉 이제는 내가 사는 것이 아니요 오직 내 안에 그리스도께서 사시는 것이라 이제 내가 육체 가운데 사는 것은 나를 사랑하사 나를 위하여 자기 자신을 버리신 하나님의 아들을 믿는 믿음 안에서 사는 것이라"(갈 2:20).

이 고백의 핵심이 무엇입니까? 오직 그리스도만이 내 운명의 주인이시고 내 영혼의 선장이라는 것입니다. 그런데 종종 우리 그리스도인들도 믿음의 여정을 걷다가 어느 순간부터 그리스도의 주인 됨을 망각하고 내 마음과 내 고집대로만 인생을 살고 있는 것을 목격하는 순간들이 있습니다. 그것이 바로 영적으로 잠든 순간입니다. 내 속에 살고 있던 자고함, 교만함이 그리스도를 주인의 자리에서 내려앉게 하고 내가 다시 주인이 되는 반역을 시도한 것입니다. 누가 그렇게 했습니까? 바로 악한 자의 계교입니다.

《천로역정》을 보면 순례자 크리스천이 잠을 자고 있던 교만을 흔들어 깨우며 "근신하라 깨어라 너희 대적 마귀가 우는 사자같이 두루 다니며 삼킬 자를 찾나니"(벧전 5:8)라고 말합니다. 다시 깨어 일어나 주인 되신 그분 앞에 인생의 길을 내어 맡기십시오. 이제 그분의 인도하심을 따라 그분과 함께 길을 걸으십시오.

우리 모두가 잠든 자들을 깨워 순례길에 동참하게 하는 복음 전도 사역을 준비할 수 있기를 바랍니다. 또한 필그림 하우스에 있는 천로역정 순례길이 이 시대 수많은 잠든 자들을 깨우는 영성의 길이 되기를 기도합니다.

1. 영적으로 잠든 자의 세 가지 유형을 들어 보십시오.

1)

2)

3)

2. 나에게도 영적으로 잠든 위기가 있지 않았는지 생각해 보십시오.

3. 영적으로 우매해지지 않으려면 어떻게 해야 할까요?

4. 개미처럼 미래 지향적인 삶을 살며 겸손하게 항상 깨어 있으려면 어떻게 해야 할까요?

개미는 미래 지향적 삶을 사는 존재입니다.
열심히 내일을 바라보고 내일을 준비합니다.
그리스도인에게는 단순히 먹을 것을 준비하는 이상의 책임이 있습니다.
하나님 앞에 서야 할 준비를 하고 살아야 한다는 것입니다.

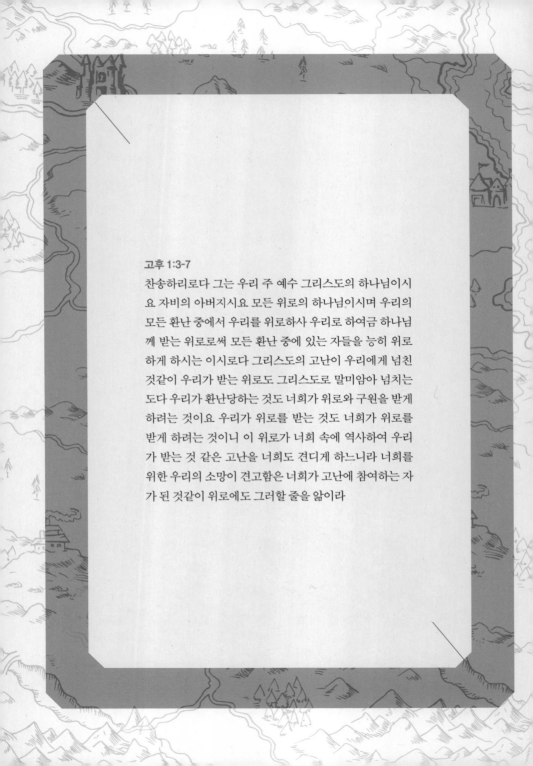

고후 1:3-7

찬송하리로다 그는 우리 주 예수 그리스도의 하나님이시
요 자비의 아버지시요 모든 위로의 하나님이시며 우리의
모든 환난 중에서 우리를 위로하사 우리로 하여금 하나님
께 받는 위로로써 모든 환난 중에 있는 자들을 능히 위로
하게 하시는 이시로다 그리스도의 고난이 우리에게 넘친
것같이 우리가 받는 위로도 그리스도로 말미암아 넘치는
도다 우리가 환난당하는 것도 너희가 위로와 구원을 받게
하려는 것이요 우리가 위로를 받는 것도 너희가 위로를
받게 하려는 것이니 이 위로가 너희 속에 역사하여 우리
가 받는 것 같은 고난을 너희도 견디게 하느니라 너희를
위한 우리의 소망이 견고함은 너희가 고난에 참여하는 자
가 된 것같이 위로에도 그러할 줄을 앎이라

고난의 언덕

십자가의 신학 VS 번영의 신학

복음적 그리스도인들에게 신앙의 유일한 근거는 언제나 성경입니다. 그러나 이 성경을 어떻게 해석하여 성도들에게 실제적 삶의 관점을 제공하느냐에 따라 다양한 신학적 입장들이 탄생합니다. 그중 특히 이 시대를 살아가는 그리스도인들의 신앙의식을 형성하는 데 매우 중요한 영향을 끼친 두 개의 대조적인 신학이 존재합니다. 하나는 '십자가의 신학'(Theology of the Cross)이고, 다른 하나는 '번영의 신학'(Theology of Prosperity)입니다. 이 두 신학적 입장은 삶의 고난에 대한 전혀 상반되는 전망을 갖고 있습니다.

'십자가의 신학'의 대표적 모토는 "No Cross, No Crown"(십자가 없이는 면류관도 없다)입니다. 어느 날 주께서 하사하실 면류관의 주인공이 되기 위해서는 오늘의 십자가, 즉 고난을 기꺼이 감수해야 한다는 것입니다. 특히 이 고백은 과거 청교도 신학의 핵심이었으며,《천로역정》의 신학적 근간이 됩니다.

그런데 최근 우리 시대에 이런 신학적 입장과 정반대의 고백을 하는 신학적 사조가 일어났습니다. 그것을 우리는 '번영의 신학'이라고 합니다. 주로 '과도하게' 은사를 강조하는 그룹에서 시작된 운동입니다. 이 '번영의 신학'의 대표적 모토는 "Nothing is impossible"(불가능은 없다)입니다. 따라서 전능자 하나님을 정말 믿는다면 고난을 수용해서는 안 된다는 것입니다. 예수 믿는 이들이 병들고 가난하게 실패하며 사는 것은 결코 하나님의 뜻이 아니라는 것입니다. 예수 믿는 이들의 정상적인 삶의 모습은 신체적으로 건강하고, 물질적으로 부요하고, 사회적으로 반드시 성공한 인생이어야 한다는 것입니다. 그래서 '번영의 신학'을 다른 말로 '건강과 부요의 복음'(Health-wealth Gospel), 혹은 '번영의 복음', '성공의 복음'이라 일컫기도 합니다.

이런 신학의 영향을 받은 사람들은 병과 싸우고 가난하게 사는 사람들을 보면 마귀의 지배 아래 살기 때문이라는 생각을 자연스럽게 갖게 됩니다. 또한 신앙의 핵심을 지상의 물질적인 축복과 성공을 누리는 데서 찾고자 하는 경향을 보입니다. 대개 그리스도인이면서도 매우 기복적인 신앙을 갖고 있는 이들이 바로 '번영의 신학'의 영향을 받았기 때문입니다. 이런 두 개의 대조적인 신학은 이 땅을 살아가는 정반대 모습의 순례자를 낳습니다.

우리는 《천로역정》을 읽어 나가면서 십자가 언덕을 지나 아름다운 집에 이르기까지의 여정을 지나는 사람들을 만나게 됩니다. 이 순례자들도 대조적인 두 개의 성향으로 나뉩니다. 특히 이 두 개의 그룹은 '고난의 언덕'(The Hill Difficulty) 앞에서 갈라지게 됩니다. 이 두 가지 유형의 순례자들은 누구입니까?

고난의 언덕 앞에서 만난 순례자들

첫째, 편해 보이는 '굽은 길'을 선택한 순례자들입니다.
존 번연은 이 길을 선택한 대표적인 순례자들의 이름을 '허례'(Formalist)와 '위선'(Hypocrisy)이라고 부릅니다. 그들은 순례 길이 고난의 언덕에 다다르자 가파르지만 위로 향하는 곧은 언덕길을 선택하기보다 좌우 쪽의 편한 길을 선택합니다. 이 두 길도 결국은 시온 성으로 통할 것이라고 믿은 것입니다. 그러나 그들이 선택한 길의 이름은 실상은 '위험과 멸망'이었습니다. 그들의 순례는 결국 멸망으로 끝나게 됩니다. 위선은 도중에 편해 보이던 그 길에서 돌부리에 걸려 넘어져 주저앉아 여정을 포기하게 됩니다. 눈에 편하게 보이던 길이 결코 믿음의 정도는 아니라는 것을 보여 주는 대목입니다.

이들은 실상 좁은 문을 통과해 온 순례자들이 아니라 담을 넘어

온 이들이었습니다. 크리스천이 "문으로 들어오지 아니하는 자는 절도요 강도"(요 10:1)라는 말씀을 읽어 보지 못하였느냐고 묻자 그들은 담을 넘으면 쉽게 질러갈 수 있는데 한사코 좁은 문을 통과해야 한다는 것은 소모전일 뿐이라고 대답합니다. 이들의 머릿속에 든 중요한 생각은 편하고 쉽게 인생을 살아야 한다는 것이었습니다.

이 허례와 위선, 두 순례자들은 우리 고향에서는 다들 그렇게 삶을 살아간다고 말합니다. 시온 성만 가면 되지 않느냐고 그들은 말합니다. 그들은 목적이 모든 수단을 정당화한다고 믿었습니다. 그래서 목적을 달성하기 위해선 수단과 방법을 가리지 않고 빨리 쉽게 성공의 길로 가야 한다고 생각했던 것입니다. 그들이 선택한 길은 눈에 편해 보이는 굽은 길이었습니다.

이 굽은 길에서 만나는 또 다른 순례자들이 있습니다. 존 번연은 이들을 '겁쟁이'(Timorous)와 '불신'(Mistrust)이라고 부릅니다. 크리스천이 고난의 언덕을 넘자마자 그는 이 길을 역주행해서 오는 일단의 순례자들을 만나게 됩니다. 그들이 바로 겁쟁이와 불신이었습니다. 겁쟁이는 갈수록 위험한 일들을 만나는데 어떻게 이 길을 전진할 수 있겠느냐고 반문합니다. 그래서 자신은 차라리 출발 지점으로 돌아가겠다고 말합니다. 한편 불신은 이 길로 계속 가다 보면 저 앞 길목에 사자가 있는 것을 보게 될 거라고 말합니다. 이 길을 계속 간다면 결국 사자 밥밖에 더 되겠느냐고 말하는 것입니다. 미래에 직면할지 모르는 고난에 대한 두려움은 이들로 순례의 발걸음을 되돌려 그릇된 길로 가게 했습니다. 천재적인 존 번연이 이 장면에서 사자를 등장시킨 것도 성경에 근거한 것입니다.

> "게으른 자는 길에 사자가 있다 거리에 사자가 있다 하느니라"(잠 26:13).

그들은 너무 게으르고, 용기가 없어 어떤 고난도 직면할 수 없었던 순례자들이었습니다. 편함을 추구한다는 것 그 자체로는 나쁜 것이 아닙니다. 하지만 편함에 대한 이기적 만족이 영적 추구를 포기하게 만든다면, 그것은 결국 신앙이 아닌 불신앙에 이르게 하는 비극적 결말일 수밖에 없습니다. 오늘날 우리 중에도 이런 겁쟁이나 불신의 순례자들이 분명 있을 것입니다. 편한 게 좋고, 게으름에 빠져 편해 보이는 굽은 길로 들어설 수도 있습니다.

둘째, 험하지만 '곧은 길'을 선택한 순례자입니다.
그가 바로 《천로역정》의 주인공 크리스천입니다. 그가 고난의 언덕에 도달했을 때 좁은 문에서부터 이어 온 길은 분명히 가파른 고갯길과 연결되어 있었습니다. 크리스천은 힘들어도 이 길을 가야 한다고 생각했습니다. 그는 묵묵히 험한 길을 선택합니다. 그런데 그가 이 고난의 언덕길을 선택하자마자 고개 자락에 시원하고 맑은 물이 솟아나는 샘물이 있는 것을 발견합니다. 그는 이 샘으로 가서 갈증이 사라질 때까지 물을 마십니다. 바로 이 대목에서 존 번연은 이사야 49장 10절의 말씀을 소개하고 있습니다.

> "그들이 주리거나 목마르지 아니할 것이요 더위와 볕이 그들을 상하지 아니하리니 이는 그들을 긍휼히 여기는 이가 그들을 이끌되 샘물 근원으로 인도할 것임이라."

순례의 길에 고난은 분명히 존재하지만 동시에 순례자들을 보호하는 넉넉한 위로가 존재함을 볼 수 있습니다.

고린도후서 1장에서 사도 바울은 바로 그것에 대해 고백하고 있습니다. 이 짤막한 본문 말씀에서 '고난'과 '환난'이란 단어가 총 6회 등장하는데 '위로'라는 단어는 무려 10회나 등장합니다. 믿음의 순례길에는 고난은 피할 수 없지만 고난을 압도하는 하나님의 위로가 함께한다는 것입니다. 그래서 모든 순례자들이 이 길을 믿음으로 갈 수 있는 것입니다. 본문 말씀에서 사도 바울은 먼저 하나님을 '위로의 하나님'이라고 찬양합니다.

> "찬송하리로다 그는 우리 주 예수 그리스도의 하나님이시오 자비의 아버지시오 모든 위로의 하나님이시며"(고후 1:3).

그다음에는 하나님이 특히 환난 속에 있는 이들을 위로하시는 하나님이시며, 그 결과 이 위로를 경험한 자들이 또한 위로의 삶을 살게 될 것을 기대하신다고 말합니다.

"우리의 모든 환난 중에서 우리를 위로하사 우리로 하여금 하나님께 받는 위로로써 모든 환난 중에 있는 자들을 능히 위로하게 하시는 이시로다"(고후 1:4).

그리고 드디어 5절에서 우리는 사도 바울의 고백의 절정을 만나게 됩니다.

"그리스도의 고난이 우리에게 넘친 것같이 우리가 받는 위로도 그리스도로 말미암아 넘치는도다."

다시 《천로역정》으로 돌아와서, 위로의 샘을 마신 순례자를 만나보겠습니다. 그는 이제 사도 바울처럼 찬양을 부르며 언덕을 올라갑니다.

"고개가 높아도 오르고 말겠어.
역경 따위가 날 막을 수는 없지.
생명으로 가는 길이 여기 있음을 알고 있으니
마음 단단히 먹자.
기죽을 일도, 겁먹을 것도 없다.
쉽지만 끝이 비참한 그릇된 길을 걷기보다
힘들어도 바른 길을 가는 편이 훨씬 나으니."

과연 고난의 언덕은 쉬운 길이 아니었습니다. 그러나 크리스천은 찬양하고 기도하면서 이 길을 달리다가 그다음에는 걷다가 그다음에는 기면서 오르게 됩니다. 이 언덕길의 중간쯤에 도달했을 때 거기에는 다시 휴식정(pleasant arbor)이 기다리고 있었습니다. 여기서 순례의 길에 위로와 함께 안식을 준비하시는 하나님의 은혜를 경험합니다. 이 휴식정에서 크리스천은 품에 간직한 두루마리를 꺼내 읽습니다. 말씀의 힘을 얻는 쉼을 가진 것입니다.

그런데 존 번연은 순례자들이 위로와 안식의 은혜를 경험하는 중에도 방심하지 말아야 할 것이 있음을 경고합니다. 크리스천이 휴식정에서 모처럼의 쉼을 즐기다가 졸음에 빠진 것입니다. 이곳에서 깜박 졸고 만 크리스천은 두루마리를 잃어버리고 맙니다. 순례의 여정에서 잠시의 방심으로 말씀을 잃어버리고 영적인 잠에 드는 것은 크리스천도 예외가 아니었습니다. 결국 이 실수 때문에 크리스천은 한참 언덕길을 가다가 다시 돌아와 두루마리를 찾아야 했습니다. 여기서 존 번연은 독자들에게 다음의 말씀을 소개합니다.

"그러므로 어디서 떨어졌는지를 생각하고 회개하여 처음 행위를 가지라 만일 그리하지 아니하고 회개하지 아니하면 내가 네게 가서 네 촛대를 그 자리에서 옮기리라"(계 2:5).

순례자는 눈물로 회복의 은혜를 체험하게 됩니다. 혹시나 쉬다가 졸다가 말씀을 잃어버린 적이 있습니까? 중요한 것은 언제든 다시 언덕길을 오를 수 있다는 것입니다. 이 고난의 언덕길은 결국 우리를 시온의 영광, 새 예루살렘의 왕의 보좌 앞으로 인도할 것입니다.

한번은 상해 코스타에 갔다가 미국에서 흑인 사역을 하는 젊은 목회자를 만났습니다. 그가 흑인 그리스도인들이 좋아하는 말씀을 들려주었습니다.

"우리는 모두 가시가 있는 방(thorn room)을 지나지 않고는 보좌가 있는 방(throne room)에 도달할 수 없다."

맞습니다. 고난의 언덕길을 지나지 않고는 시온의 보좌에 도달할 수 없습니다. 전도 여행 중 고난의 시간을 지난 후 사도 바울이 동료 사역자들에게 주었던 말씀을 기억하십시오.

"제자들의 마음을 굳게 하여 이 믿음에 머물러 있으라 권하고 또 우리가 하나님의 나라에 들어가려면 많은 환난을 겪어야 할 것이니라"(행 14:22).

결국 이 말씀은 "No cross, No crown"입니다. 이것이 바로 십자가의 신학, 십자가 신앙의 본질입니다. 세상을 이기고 신앙의 길을 완주하는 이들은 결국 고난과 위로를 통해 궁극적인 소망을 붙잡게 될 것입니다. 사도 바울이 본문 말씀에서 증언한 그대로입니다.

"너희를 위한 우리의 소망이 견고함은 너희가 고난에 참여하는 자가 된 것같이 위로에도 그러할 줄을 앎이니라"(고후 1:7).

여러분의 선택은 무엇입니까? 편하게 보이는 굽은 길을 가겠습니까? 아니면 험하더라도 곧은 길을 가겠습니까? 험하지만 곧을 길을 오를 때 진정한 하나님의 위로가 있을 것입니다. 그 위로를 경험할 때, 눈앞의 편한 굽을 길로 가고 싶은 유혹을 물리치고, 험해도 곧은 길로 가는 용기가 생길 것입니다.

1. 고난의 언덕길에서 만나는 두 가지 유형의 대조적인 순례자는 누구입니까?

1)

2)

2. 이 두 가지 유형을 대표하는 신학적 입장은 무엇입니까?

1)

2)

3. 나는 번영의 신학에서 추구하는 기복적 신앙을 갖고 있지 않습니까? 어떤 복을 하나님께 빌고 있습니까?

4. 눈에 띄게 편해 보이는 굽은 길에 현혹되지 않고, 험하지만 곧은 길을 선택하려면 우리는 무엇을 해야 할까요?

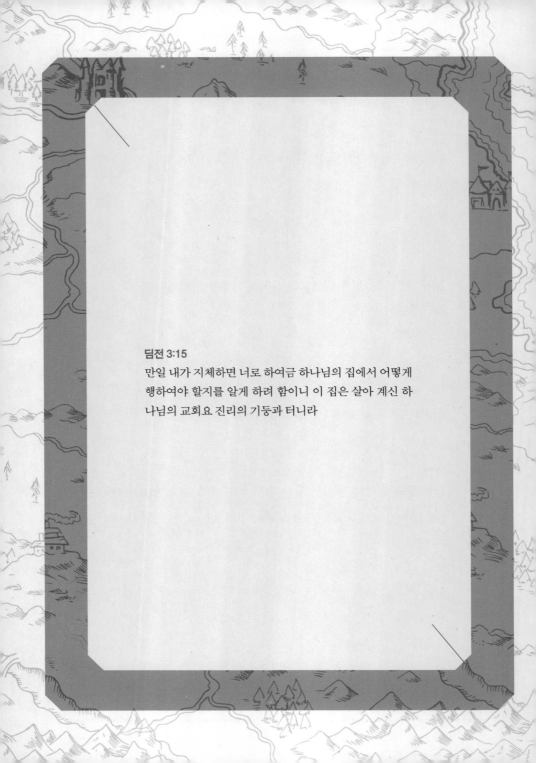

딤전 3:15
만일 내가 지체하면 너로 하여금 하나님의 집에서 어떻게
행하여야 할지를 알게 하려 함이니 이 집은 살아 계신 하
나님의 교회요 진리의 기둥과 터니라

아름다운 집

세계적인 기독교 작가 필립 얀시(Philip Yancey)가 지구촌교회를 위시한 한국 교회를 방문했을 당시, 필그림 하우스에서 '한국 교회 리더들과 함께하는 6시간'을 가졌습니다. 그의 베스트셀러 저작들 중에 《교회, 나의 고민 나의 사랑》(IVP, 2010)이란 책이 있습니다. 아마도 이 제목 자체에 공감하는 이들이 많을 것입니다. 많은 사람들이 갖는 교회에 대한 느낌을 담고 있기 때문입니다. 본래 원제는 《*Church : Why Bother?*》(교회 : 어쩌면 좋을까?)입니다. 이 책의 서문에서 필립 얀시는 한국 교회 독자들에게 이런 마음을 나누고 있습니다.

"전 세계적인 규모와 역동성을 자랑하는 한국 교회에 이와 같은 책이 과연 필요한가 하고 의아해하는 분들이 분명 있을 것입니다. 하지만 제가 보기에 유럽이나 미국의 경우 못지않게 한국에도 교회에 대한 회의에 빠져 있는 젊은이들이 많은 것 같습니다. 굳이 교회라는 조직에 소속될 필요가 있을까? 종교 없이도 영적인 삶을 살 수 있는 것 아닌가? 기독교에서 하나님만 만나면 됐지 굳이 꼴 보기 싫은 다른 그리스도인들과 관계를 맺어야 하나?"

이 책에서 필립 얀시는 자신도 한때 교회에 실망하여 교회를 떠난 적이 있었다고 고백합니다. 그러면서도 다시 교회로 돌아와 교회는 자신의 삶의 절대적인 한 부분, 곧 자신의 사랑이 되었다고 고백합니다. 그리고 이 책에서 교회에 대한 가장 아름다운 비유가 존재한다면 그것은 바로 집, 혹은 가정이라고 말합니다.

그는 시인 로버트 프로스트(Robert Frost)의 말을 인용하며 가정이란 "내가 거기로 가야 할 때 식구들이 나를 받아 주어야 하는 곳"이라고 말합니다.

존 번연도 같은 시각을 가지고 있었습니다. 그는 주인공 순례자 크리스천의 고난의 순례 여정 중에서 새 힘과 안식을 얻는 장소로서 '아름다운 집'을 설정합니다. 이 고난의 여정 중에 뜻밖에도 '궁전 같은 아름다운 집'이 그를 기다리고 있었던 것입니다.

그러면 존 번연은 그가 다니던 교회에서 실망이나 상처를 받은 경험이 없었을까요? 아마도 분명 그런 경험이 있었을 것입니다. 그렇다면 교회에 대한 상처와 실망에도 불구하고 존 번연이 크리스천이 쉬어 가게 될 상징으로서의 교회를 아름다운 집이라고 부른 이유는 무엇일까요? 교회가 아름다운 집일 수 있는 두 가지 이유를 생각해 보겠습니다.

교회가 아름다운 집일 수 있는 이유

첫째, 교회는 아름다운 진리의 기둥과 터이기 때문입니다.
사도 바울은 디모데전서 3장 15절에서 교회를 진리의 기둥과 터라고 증언하고 있습니다.

> "만일 내가 지체하면 너로 하여금 하나님의 집에서 어떻게 행하여야 할지를 알게 하려 함이니 이 집은 살아 계신 하나님의 교회요 진리의 기둥과 터니라."

여기서 사도 바울은 교회를 살아 계신 하나님의 집이라고 부르면서 동시에 진리의 기둥과 터라고 선포합니다. 기둥이 지붕을 떠받치고 터가 전체 건물을 떠받치는 것처럼 교회는 복음의 영광스런 진리를 떠받치고 있는 것입니다.

또한 사도 바울은 "아름답도다 좋은 소식을 전하는 자들의 발이여"(롬 10:15)라고 고백하고 있습니다. 복음을 전하는 행위가 아름다운 행위라면 복음은 더욱 아름다운 진리였던 것입니다. 이 복음을 수호하고 가르치는 곳인 교회를 존 번연은《천로역정》에서 '아름다운 집'이라고 고백합니다. 사도 바울은 이 진리는 어떤 형이상학적인, 혹은 철학적인 진리가 아닌, 예수 그리스도임을 천명하고 있습니다.

> "크도다 경건의 비밀이여, 그렇지 않다 하는 이 없도다 그는 육신으로 나타난 바 되시고 영으로 의롭다 함을 받으시고 천사들에게 보이시고 만국에서 전파되시고 세상에서 믿은 바 되시고 영광 가운데 올리셨느니라"(딤전 3:16).

아름다운 주님을 머리로 한 집이 바로 교회입니다. 그러므로 그리스도의 주님 되심에 대한 고백없이는 아무도 이 집의 진정한 지체나 가족이 될 수 없습니다. 그래서《천로역정》에서 순례자 크리스천이 아름다운 집에 들어가 유숙할 수 있는지를 묻자 이 집 식구들은 여러 가지 질문을 하면서 그가 이 집에 유숙할 자격이 있는지를 시험합니다. 이 시험의 핵심은 이 집의 주인이신 그리스도에 대한 믿음의 고백이 있는가였습니다.

존 번연의 시대에 청교도들은 한 사람이 교회의 가족이 되고 싶어 하면 반드시 먼저 믿은 성도들의 질문을 통과하여 그가 믿음의 사람인가를 확인하는 절차를 가졌습니다. 특히 존 번연이 속한 침례교회의 중요한 교인 자격은 '거듭남의 고백'이었습니다.

크리스천이 아름다운 집에 들어가고자 했을 때 처음에는 겁을 집어먹고 뒷걸음 치려고 했습니다. 왜냐하면 집 앞에 사자 두 마리가 어슬렁거리고 있었기 때문입니다. 이때 아름다운 집의 문지기가 그에게 말합니다.

"사자들을 두려워 마시오. 이 사자들은 사슬로 단단히 묶여 있소. 이 사자들은 순례자들의 믿음을 시험해서 확신이 없는 부류를 가려내고자 매어 두었을 뿐이라오. 길 한복판만 벗어나지 않고 오면 털끝 하나 건드리지 못할 것이오."

먼 훗날 영원한 하나님의 집인 천국에 들어갈 때도 내가 교인이면서 과연 이곳에 들어갈 수 있는지를 두려워하는 사람이 있을 것입니다. 대적 마귀는 우는 사자같이 으르렁거리며 당신 같은 인간은 이 집에 들어올 자격이 없다고 말할 것입니다. 그러나 내게 예수는 그리스도라는 믿음, 예수를 구주와 주님으로 믿고 그 이름으로 구원받은 분명한 확신만 있다면 우리는 아무것도 두려워할 필요가 없이 당당하게 천국에 들어갈 수 있습니다.

왜 그렇습니까? 예수 그리스도가 나의 용서가 되시고, 예수 그리스도가 나의 구원, 나의 영생이 되시기 때문입니다. 교회가 아름다운 집일 수 있는 이유는 이 집의 주인이신 아름다운 주님께서 우리에게 영생의 진리가 되시기 때문입니다. 그가 바로 "내가 곧 길이요 진리요 생명"(요 14:6)이라고 선언하신 분이기 때문입니다.

둘째, 교회는 아름다운 교제의 공동체이기 때문입니다.
《천로역정》을 보면 아름다운 집에서 순례자 크리스천이 만나게 될 사람들의 이름을 '신중', '분별', '경건', '자선'이라고 말합니다. 존 번연은 이들을 '아름다운 숙녀', 즉 아름다운 사람들이라고 부릅니다.

이 집에서 크리스천은 얼마 동안 머물며 아름다운 교제를 갖습니다. 이들은 한동안 순례길에서 겪은 이야기로 꽃을 피웁니다. 이것이 바로 간증입니다. 그리스도인들의 중요한 교제 방식은 피차에 신앙 간증을 나누는 것입니다. 초대 교회 교인들은 만나면 우선 간증부터 나누고 교제를 시작했습니다. 간증이 없이는 어떤 신자도 그 교회의 지체로 영입되지 않았고 성찬에 참여하는 것이 허락되지 않았습니다. 이런 전통은 청교도 시대에 다시 견고하게 회복되었습니다.

그들은 간증을 나눈 후에 식탁이 마련되고 상에 둘러앉아 교제의 식사를 시작합니다. 먹음직스러운 음식을 나누며 이야기꽃을 피웁니다. 이런 공동체의 교제는 성경에서 언제나 아름다움으로 예찬되고 있습니다.

"보라 형제가 연합하여 동거함이 어찌 그리 선하고 아름다운고"(시 133:1).

존 번연은 이때 이들이 나눈 이야기의 핵심이 고난의 고갯길의 주인, 그리고 아름다운 집의 주인에 대한 이야기였다고 증언합니다. 문자 그대로 그것은 아름다운 주님을 칭송하는 교제였으며, 이 교제에 뒤따르는 영적 안식과 영적 무장으로 순례자들은 남은 길을 용기 있게 갈 수 있었던 것입니다. 이것이 바로 교회인 것입니다.

그런데 누군가는 이런 반문을 할 것입니다. "교회에 실제로 이런 아름다운 교제만 있는 것은 아니지 않습니까?" 내게 격려가 아닌 상처와 낙심을 안겨다 준 교회 내의 인간관계들이 바로 생각나기 때문입니다. 그럼에도 불구하고 그리스도의 교회는 정말 아름다운 집이 됩니다.

그 이유에 대해 저는 필립 얀시의 책《교회, 나의 고민 나의 사랑》에서 찾고자 합니다. 이 책에서 필립 얀시는 우리에게 명절날 식탁에 둘러앉은 가족의 교제 장면을 연상해 보라고 권합니다. 식탁에 둘러앉은 사람들 중에는 똑똑한 사람도 있고 우둔한 사람도 있고, 못 생긴 사람도 있고 잘생긴 사람도 있고, 성공한 사람도 있고 실패한 사람도 있고, 건강한 사람이 있는가 하면 장애를 겪고 있는 사람도 있습니다. 그중에는 내 마음을 아프게 하고 힘들게 한 사람들도 있지만 그들은 여전히 내 가족이 아니냐고 묻습니다. 그는 건강한 가정은 강한 식구를 끌어내리지 않으면서 동시에 가장 약한 식구를 세워 줄 수 있어야 한다고 말합니다. 다시 필립 얀시의 책의 한 대목을 읽어 보겠습니다.

"인간의 모든 제도 중에 유일하게 선택권이 없는 것이 바로 가족이다. 출생 자체로 이미 한 식구가 되는 것이다. 그러다 보니 우리는 이상하고 특이하고 별난 사람들과 본의 아니게 하나로 묶이게 된다. 그리고 교회는 본의 아니게 한 걸음 더 나아가기를 요청한다. 다 같이 예수 그리스도 안에 있기 때문에 이 이상하고 별난 사람들과 하나가 되라는 것이다. 내 경험상 그런 공동체는 인간의 다른 어떤 기관보다 가족을 더 닮았다. 헨리 나우웬은 영적 공동체를 정의하며 '함께 더불어 살기 가장 싫은 사람들이 그럼에도 불구하고 반드시 함께 살아야 하는 곳'이라고 정의하였다."

왜 함께하고 싶지 않은 사람들과 함께 지내며 일을 지속해야 하느냐고 반문하는 이들이 있을 것입니다. 바로 그런 연약한 지체들이 함께 모여 용서를 배우고, 사랑을 배우며, 그 속에서 우리를 구원하신 하나님의 영광을 선포하는 공동체를 이룹니다. 이것이야말로 진정한 교제의 아름다움인 것입니다.

어설픈 오케스트라 악단의 연주

필립 얀시는 감동적인 일화 하나를 우리에게 들려줍니다. 그가 살고 있는 미국 콜로라도 주의 산골 마을 에버그린 고등학교에 마을에서 유일한 오케스트라단이 있었습니다. 어느 가을날 이 오케스트라가 베토벤의 9번 교향악을 연주하게 되었습니다. 물론 숙련되지 않은 고등학교 관현악단에게는 매우 어려운 난이도의 곡이었습니다. 무모하기 짝이 없는 연주였던 것입니다. 그렇다고 그들의 연주를 무의미한 것이라고 평가할 수 있을까요? 사실 학생들로 구성된 수준 미달의 오케스트라 악단이 마을 사람들에게는 베토벤의 음악을 들려주는 유일한 통로였음을 잊지 말아야 한다고 필립 얀시는 이야기합니다.

왜 필립 얀시가 이런 이야기를 했을까요? 오늘날의 교회들이 주님이 우리에게 맡겨 주신 복음의 교향악을 연주하기에는 준비가 덜 된 공동체임을 아시면서도 우리를 유일한 통로라고 생각하신다는 것입니다. 교회는 그 연약성에도 불구하고 복음의 교향악을 연주하도록 주께서 위임하신 유일한 공동체입니다. 우리의 악기는 더러는 고장 나 있고, 더러는 제 소리를 내지 못한 채 변질되어 있지만, 그럼에도 불구하고 우리는 여전히 복음의 소리를 내도록 부르심을 받고 있습니다.

"너희들의 연약함을 누구보다 내가 잘 안다. 너희가 더 좋은 악기가 되기를 기도한다. 그러나 잊지 말아라. 너희가 복음의 소리를 내야 할 유일한 공동체라는 것을. 너희가 바로 세상의 유일한 희망의 소리, 세상의 유일한 구원의 소리를 연합해서 들려주어야 할 공동체라는 것을. 그것이 바로 교회, 곧 아름다운 하나님의 집이다."

부족하고 자격 미달인 우리를 통해 오늘도 복음을 들어야 할 이웃들이 있습니다. 그들에게 주님의 복음을 날마다 증거할 준비가 되어 있습니까? 그 순간이 우리가 초대하는 이웃에게는 복음을 들을 수 있는 유일한 기회일지도 모릅니다. 이 기회를 놓치면 그들은 아름다운 집을 경험할 기회가 영영 없을지도 모릅니다. 그래서 우리 모두가 아름다운 집을 소개할 수 있도록 어설프지만 복음을 전하는 유일한 공동체 일원이 되기를 소망합니다.

1. 교회가 '아름다운 집'일 수 있는 두 가지 이유는 무엇입니까?
1)
2)

2. 오늘날의 연약한 공동체로서의 교회를 바라보는 우리의 건강한 시각을 토론해 보십시오.

3. 나는 예수 그리스도에 대한 믿음을 제대로 고백했습니까? 거듭남에 대한 고백의 시간을 가져 보십시오.

4. 교회 공동체는 가족이나 다름없다고 했습니다. 내 눈에 자꾸 거슬리는 지체가 있습니까? 혹은 나를 아프게 하고 힘들게 하는 지체가 있습니까? 그들을 위해 하나님 앞에 기도해 보십시오.

아름다운 주님을 머리로 한 집이 바로 교회인 것입니다.
그러므로 이 그리스도의 주님 되심에 대한 고백이 없이는
아무도 이 집의 진정한 지체나 가족이 될 수 없습니다.

롬 5:1-2

그러므로 우리가 믿음으로 의롭다 함을 받았으니 우리 주 예수 그리스도로 말미암아 하나님과 평화를 누리자 또한 그로 말미암아 우리가 믿음으로 서 있는 이 은혜에 들어감을 얻었으며 하나님의 영광을 바라고 즐거워하느니라

평화의 블레싱

평화를 위협하는 두 가지, 두려움과 불안

미국에서 노년기를 앞둔 중년들에게 자신에게 가장 필요한 것
이 무엇이냐는 설문조사를 했습니다. 압도적인 1위는 '마음의 평
화'였습니다. 저는 한국에서도 동일한 통계가 나올 것이라고 생
각합니다. 전 세계 사람들의 일상 인사 중에 가장 많이 등장하
는 단어는 '평화'입니다. 히브리 사람들은 '샬롬', 히브리 사람
들과 싸우는 아랍 사람들은 '쌀람', 고대 그리스인들은 '에이레
네', 중국인들은 '평안', 우리는 '안녕하십니까? 평안하십니까?'
라고 인사를 건넵니다. 이런 평화의 인사는 역설적으로 우리 인

류가 가장 소중한 내적 평화를 잃어버리고 살고 있다는 증거이기도 합니다.

우리 시대의 탁월한 철학자요 신학자였던 폴 틸리히(Paul Tillich)는 인간의 평화를 근본적으로 위협하는 두 가지 요소는 '두려움'과 '불안'이라고 했습니다. 그런데 그는 우리가 다루기 훨씬 더 힘든 것은 두려움보다는 불안이라고 지적합니다. 왜냐하면 두려움은 두려움의 대상이 인지되지만, 불안은 그 대상이 쉽게 파악되지 않기 때문입니다. 그는 이 불안이 근원적으로 죽음에서 오는 것이라고 말합니다. 결국 불안은 내가 무로 돌아가야 한다는 허무의식 때문에 생기는 것입니다. 그러나 좀 더 이 문제를 성경적으로 풀어 말하면, 인간의 불안은 죽음을 통해 내 인생을 결산해야 할 하나님을 만나야 한다는 불안입니다. 하나님과의 만남이 불안한 이유는 준비가 되어 있지 않기 때문입니다. 혹시 자신이 창조자요 심판자이신 하나님을 만날 준비가 되어 있다고 생각합니까?

하나님을 만날 준비가 필요한 상태를 가리켜 성경은 하나님과 평화해야 한다고 말합니다. 성경은 모든 인간이 하나님과 평화하지 못한 상태에서 태어나 삶을 시작한다고 가르칩니다. 죄가 인간과 하나님을 분리시켰기 때문입니다. 인간이 삶을 살면서 경험하는 모든 불안의 밑바탕에는 반드시 죄가 도사리고 있습니다. 이 죄 문제가 해결되지 않는 한 인간은 누구도 본질적으로 자기 자신과의 평화, 이웃과의 평화 그리고 하나님과의 평화를 제대로 누리며 살아가지 못합니다.

오리를 죽인 소년의 이야기

저도 20대 초에 처음 교회를 나가기 시작했는데 당시 제가 나가던 교회의 목사님이 자주 들려주시던 이야기 하나가 생각납니다. 제가 처음 예수 믿는 데 도움이 되었던 한 소년의 이야기입니다.

한 소년이 여름방학을 맞이하여 여동생과 함께 시골 외할머니 댁에 놀러 가게 되었습니다. 외갓집에 도착한 소년은 심심한 시간을 메우고자 새총을 하나 만들었습니다. 나뭇가지에 고무줄을 끼워 돌멩이를 당겨 새들을 잡고자 한 것입니다. 소년은 신이 나서 새가 보일 때마다 새총을 잡아당겼습니다. 그러나 새들이 얼마나 영악한지 미리 알고 달아나 버려 도무지 잡을 길이 없었습니다. 실망해서 집으로 돌아오는데 집 마당에 할머니가 애지중지 기르는 오리 한 마리가 뒤뚱뒤뚱 걸어가고 있었습니다. 그래서 주머니에 있던 새총을 꺼내 돌멩이를 끼워 잡아당겼습니다. 날아간 돌멩이는 오리 머리를 명중시켰고, 오리는 그 자리에 쓰러졌습니다.

소년이 다가가 보니 오리가 죽어 있었습니다. 오리를 명중시킨 것은 좋았는데 오리를 죽여 놓았으니 할머니에게 죄를 지었다는 생각이 들자 괴로웠습니다. 겁이 난 소년은 여동생에게 일어난 일을 고백하고 비밀을 지켜 달라고 한 후 얼른 오리를 마당 구석에 파묻어 놓고 시치미를 떼었습니다.

저녁시간이 되어 밥을 먹는데 양심이 괴로워 밥맛이 없었습니다. 그는 할머니와 눈도 맞추지 않고 말도 피했습니다. 그럭저럭 식사를 마치자 여동생이 오빠를 부르더니 설거지를 시킵니다. 설거지는 네 담당 아니냐며 따지자 여동생이 오빠에게 협박을 합니다. 오빠가 한 일을 할머니에게 이르겠다고 말입니다. 소년은 설거지를 하며 이러다가 여름 방학 내내 꼼짝없이 여동생의 노예로 살지도 모른다고 생각하니 자신이 한심하게 여겨졌습니다.

이 생각 저 생각 하다가 밤늦게 소년은 할머니의 방을 노크하고 들어갔습니다. 소년이 자초지종을 털어놓자 할머니는 뜻밖에 이런 말씀을 하셨습니다. "걱정 말거라. 내가 아까 2층에서 청소하다가 네가 오리를 쏴서 죽이고, 마당에 파묻는 것까지 다 보았단다. 나는 이미 다 용서했으니 안심하고 자거라." 그러고 나서 할머니는 손자를 가슴에 안고 축복 기도를 해 주었다고 합니다.

소년은 얼마나 기뻤을까요? 홀가분한 마음과 양심의 평화와 자유를 느꼈을 것입니다. 그날 밤 단잠을 자고 이튿날 아침 식사를 맛있게 마친 후 여동생이 설거지를 하라며 협박해도 전혀 두렵지 않았습니다. 어젯밤 이미 평화와 자유를 얻었기 때문입니다.

본문 말씀에서 사도 바울은 이와 비슷한 사건이 우리 그리스도인들에게도 일어난다고 선포합니다. 오리를 죽인 소년이 할머니를 피하고 할머니와 함께하지 않으려 한 것처럼, 죄를 범한 우리는 하나님에게서 도피했습니다. 여동생에게 잠시 동안이지만 노예살이를 한 것처럼, 우리는 사단의 종노릇을 하며 스스로를 정죄하며 살았습니다. 마음의 평화를 잃고 살아온 것입니다. 이것이 바로 죄인의 실존입니다. 무엇을 해도 마음에 기쁨과 평안이 없습니다.

로마서 5장 1절을 보면 예수님을 통해서 우리가 용서를 받았다고 말합니다. 그리고 이제는 하나님과 평화하게 되었다고 말합니다. 이것이야말로 인간이 경험할 수 있는 가장 고귀한 복, 블레싱 (blessing)입니다.

> "그러므로 우리가 믿음으로 의롭다 함을 받았으니 우리 주 예수 그리스도로 말미암아 하나님과 평화를 누리자."

로마서 5장 8절을 보면 우리가 아직 죄인 되었을 때에 우리가 받아 마땅한 죄 값을 예수께서 대신 치르심으로 그의 희생을 통해 우리는 하나님과 평화한 자리에 있게 되었다고 말합니다. 우리가 경험한 축복은 단지 우리의 죄가 용서받은 것뿐 아니라 의롭다 함을 받았다는 것입니다. 여기서 의롭다 함은 한 번도 죄를 범하지 않은 사람처럼 보아 주신다는 것입니다. 이것을 우리는 은혜라고 말합니다. 은혜는 받을 자격이 없는 자들에게 베풀어 주시는 하나님의 사랑입니다. 예수 그리스도의 사랑 때문에 우리는 하나님과 평화하며 살게 되었습니다. 이것이 바로 복음의 본질입니다.

평화의 방에서의 쉼

《천로역정》을 보면 수많은 고난의 길을 걷던 크리스천이 마침내 고난의 언덕을 넘어 아름다운 집에 도달합니다. 이 집에 들어가 제일 먼저 경험하게 되는 것은 평화였습니다. 지금까지 한 번도 경험하지 못했던 쉼을 느끼며 그는 해 뜨는 쪽, 큰 창이 있는 '평화의 방'에서 모처럼 안식을 누리게 됩니다. 방문에는 '평화'라는 명패가 있습니다. 거기서 새벽까지 깊은 안식을 취한 그가 다음날 깨어 일어나 이런 노래를 부릅니다.

"여기가 어디인가?
나같네 같은 인생을 위해 베푸시는
예수님의 사랑과 보살핌이 가득한 곳
주님이 예비하신 이곳
죄를 용서받은 이 몸 이미 천국에 산다네."

이것은 고난의 인생길에서 예수님을 만난 자들이 예수님을 통해서만 누리는 죄 사함의 평화와 영혼의 안식을 그리고 있습니다. 이런 평화가 우리에게도 필요하지 않습니까?

그렇다고 예수 믿는 것이 죄 사함과 마음의 평화로만 그치는 것은 아닙니다. 이제 크리스천은 아름다운 집에서 여러 다른 은혜를 경험하게 됩니다. 하나님과 평화한 우리는 더 나아가 하나님의 은혜를 구체적으로 누리기 시작하는 삶 속으로 들어가야 합니다. 그것이 바로 로마서 5장 2절의 약속입니다.

"또한 그로 말미암아 우리가 믿음으로 서 있는 이 은혜에 들어감을 얻었으며 하나님의 영광을 바라고 즐거워하느니라."

은혜란 받을 자격이 없는 사람들에게 베풀어지는 하나님의 사랑이라고 했습니다. 우리가 하나님과 평화하고 은혜받는 삶을 살도록 외아들까지 주신 하나님이 무엇인들 못 주시겠습니까?

> "자기 아들을 아끼지 아니하시고 우리 모든 사람을 위하여 내주신 이가 어찌 그 아들과 함께 모든 것을 우리에게 주시지 아니하겠느냐"(롬 8:32).

할머니는 자기의 오리를 죽인 손자를 정죄하지 않고 용서했습니다. 그러나 거기서 끝나지 않고 가슴에 안고 축복했습니다. 할머니와의 평화는 모든 축복의 시작이었던 것입니다.

돌아온 탕자를 품에 안은 아버지

모두가 잘 아는 탕자의 비유를 생각해 보십시오. 둘째 아들은 아버지의 가슴에 못을 박고 자기 몫의 재산을 미리 챙겨 먼 나라로 가서 모든 재산을 탕진했습니다. 당시 중동지방의 관습으로는 살아 있는 아버지에게 상속을 요구하는 것은 아버지에게 얼른 죽어버리라는 뜻과 같았다고 합니다. 이런 탕자가 다시 아버지와의 관계를 회복하기 위해서는 무엇보다 죄의 용서가 필요했습니다. 그런데 아버지는 돌아온 아들에게 한마디 야단이나 경책도 없이 아들을 품에 안고 입을 맞춥니다. 조건 없는 용서의 사인이었습니다. 그러나 거기서 끝나지 않고 반지를 끼워 주고, 새 옷을 입혀 주고, 새 신을 신겨 줍니다. 신분의 회복과 함께 새 삶의 출발을 축복하는 것입니다. 그리고 잔치를 열어 선포하기를 "내 아들이 죽었다가 다시 살았고 잃었다가 다시 찾았다"고 말합니다.

아마 이런 탕자에 대한 아버지의 사랑을 가장 잘 묘사한 것이 미술계의 거장 렘브란트(Rembrant Harmenszoon van Rijn)의 명화 〈탕자의 귀향(*The Return of the Prodigal Son*)〉일 것입니다. 렘브란트는 이 그림을 그릴 때 노년이었습니다. 먼저 아들을 잃었고 이어서 큰 딸이 세상을 떠났습니다. 곧 작은 딸도 목숨을 잃었습니다. 이번에는 아내가 숨을 거두었습니다. 다시 결혼했지만 두 번째 아내 역시 곁을 떠났습니다. 재물과 명성을 잃은 그는 빚에 시달렸습니다. 하나밖에 남지 않은 아들 티투스마저 떠나간 절망의 황혼에 홀로 남겨진 그는 비로소 자신이 탕자였음을 깨닫고 이 그림을 그립니다.

삭발하고 돌아온 아들, 그것은 모든 것을 처음부터 다시 시작하는 아기가 되어 창조자의 품으로 돌아오는 자신의 가난한 실존을 보여 줍니다. 속에 받쳐 입은 헐렁한 통옷 한 벌로 가린 수척한 몸과 왼쪽의 맨발, 그리고 오래 신어 못쓰게 된 한쪽 샌들은 그가 살아온 방황의 세월을 보여 줍니다. 그럼에도 불구하고 힘없이 아버지 품에 자신의 존재를 기대는 아들을 아버지는 사랑의 손길로 어루만지고 있습니다. 왼손은 너를 이제 다시는 놓지 않겠다는 의지의 손입니다. 아들의 등을 가볍게 토닥이는 오른손은 부드러운 긍휼의 손입니다. 펼쳐진 아버지의 망토는 자식을 향해 넓게 펴져 있습니다. 아버지의 얼굴에서 나오는 광선은 두 손을 통해 흘러나가 온몸을 감싸고 있습니다. 아버지는 희미한 노안으로 아들의 먼 미래를 바라보며 축복을 건넵니다.

그는 참으로 오랜만에 자신의 영혼의 집, 하나님 아버지의 품으로 돌아왔습니다. 존 번연의 표현을 빌리면 그는 진정한 평화가 기다리는 아름다운 영혼의 집으로 들어온 것입니다. 렘브란트는 비로소 자신의 눈물을 씻겨 주시는 하나님을 참으로 만나고 마지막 인생길을 평화와 안식으로 걸어갈 수 있었습니다.

블레싱은 이런 평화와 안식을 갈망하는 영혼들을 위해 준비된 잔치입니다. 하나님의 아들 예수님의 초청을 들어보십시오.

"수고하고 무거운 짐진 자들아 다 내게로 오라 내가 너희를 쉬게 하리라"(마 11:28).

또 그는 우리의 죄를 짊어지고 십자가로 가시기 전 이렇게 언약하십니다.

"내가 곧 길이요 진리요 생명이니 나로 말미암지 않고는 아버지께로 올 자가 없느니라"(요 14:6).

1. 아름다운 집 '평화의 방'에서 경험하는 평화의 본질은 무엇입니까?

2. 그 평화를 누리기 위해 우리가 할 일은 무엇입니까?

3. 나는 아직 죄의 종노릇을 하며 살고 있지는 않습니까? 죄로부터 벗어나려면 어떻게 해야 합니까?

4. 렘브란트가 그린 〈탕자의 귀향〉이라는 그림을 묵상해 보십시오. 우리의 아버지이신 하나님이 죄로부터 돌아온 우리를 품에 안아 주시는 모습을 상상해 보십시오. 그 축복의 은혜가 느껴집니까?

예수 믿는 것은 죄 사함과 마음의 평화에서만

그치는 것이 아닙니다.

하나님과 평화한 우리는 더 나아가 하나님의 은혜를

구체적으로 누리기 시작하는 삶 속으로 들어가야 합니다.

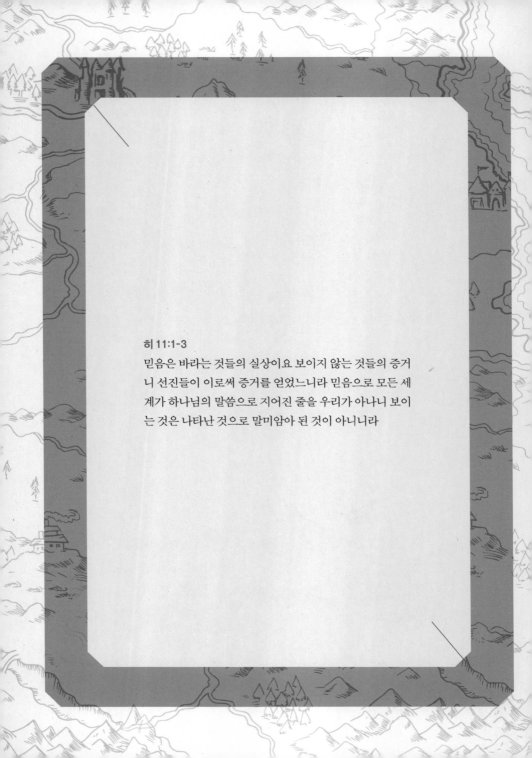

히 11:1-3

믿음은 바라는 것들의 실상이요 보이지 않는 것들의 증거니 선진들이 이로써 증거를 얻었느니라 믿음으로 모든 세계가 하나님의 말씀으로 지어진 줄을 우리가 아나니 보이는 것은 나타난 것으로 말미암아 된 것이 아니니라

믿음의 블레싱

믿음의 장

전도를 해 보면 이렇게 이야기하는 사람들이 적지 않습니다.

"믿고 싶은데요, 믿어지지가 않아요."

그때 우리가 깨닫는 진리는 믿을 수 있다는 것이 축복이라는 것입니다. 그러면 구체적으로 믿음은 우리의 삶에 어떤 축복을 제공할 수 있을까요? 이 물음에 대한 최선의 대답은 먼저 믿은 사람들의 고백을 통해서 알 수 있습니다. 그것을 보여 주는 성경 말씀이 히브리서 11장입니다. 우리는 이 장을 보통 '믿음의 장'이라고 부릅니다. 일종의 믿음의 선배들의 명예의 전당(Hall of Fame) 같은 기록이라고 할 만합니다.

위대한 기독교 고전《천로역정》을 보면 고난의 순례길에서 아름다운 집에 들어간 순례자 크리스천이 평화의 방에서 먼저 평안과 안식을 얻은 후 다음 방으로 안내받아 들어갑니다. 거기서 그는 먼저 믿은 신앙의 선배들의 기록을 접하게 됩니다. 그 대표적인 기록이 바로 히브리서 11장이었습니다. 이 믿음의 장을 통해 우리가 확인하는 놀라운 진실은 믿음이 곧 축복이라는 것입니다. 그러면 믿음이 왜 축복일까요?

믿음이 곧 축복인 이유

첫째, 믿음은 위대한 희망을 낳습니다.
위대한 믿음의 장인 히브리서 11장은 이렇게 시작합니다.

> "믿음은 바라는 것들의 실상이요 보이지 않는 것들의 증거니"
> (히 11:1).

우선 히브리서 기자는 믿음은 바라는 것, 곧 우리가 소망하는 것들의 실상이라고 말합니다. 여기서 '실상'이란 단어는 희랍어로 '휘포스타시스'(upostasis/understand), 곧 무엇인가를 견고하게 받쳐주는 기초와 같은 것입니다. 믿음이 희망의 기초라는 의미입니다. 믿지 않는다면 희망은 실상이 아닌 허상으로 끝납니다. 믿음이 희망의 실상인 것입니다. 동시에 믿음은 보지 못하는 것들의 증거라고 말합니다. 여기 사용된 '증거'라는 단어는 다르게 표현하면 '보증'입니다. 우리가 보지 못하는 확실한 미래를 믿음이 보증해 준다는 것입니다.

그렇다면 우리의 믿음이 그렇게 확실한 희망의 기초요, 미래의 확고한 보증이 될 수 있는 근거는 무엇입니까? 우리의 믿음이 확고한 하나님의 약속의 말씀에 근거하기 때문입니다. 우리의 선진들, 곧 믿음의 선배들이 그것을 경험했고(2절), 다시 우리의 믿음이 하나님의 말씀과 연관되어 있음을 선포하고 있기 때문입니다(3절). 로마서 10장 17절의 약속을 떠올려 보십시오.

"믿음은 들음에서 나며 들음은 그리스도의 말씀으로 말미암았느니라."

이제 구체적으로 히브리서 11장에 나타난 믿음의 선진들의 생애에서 믿음이 어떻게 그런 위대한 희망을 낳았는가를 살펴보겠습니다.

믿음의 조상 아브라함은 본래 우상을 섬기며 희망 없는 하루하루를 살던 사람이었습니다. 그런데 어느 날 여호와 하나님이 그에게 나타나 말씀하셨습니다.

"여호와께서 아브람에게 이르시되 너는 너의 고향과 친척과 아버지의 집을 떠나 내가 네게 보여 줄 땅으로 가라 내가 너로 큰 민족

을 이루고 네게 복을 주어 네 이름을 창대하게 하리니 너는 복이
될지라"(창 12:1-2).

이 말씀이 아브라함에게 얼마나 희망을 주었겠습니까?

"믿음으로 아브라함은 부르심을 받았을 때에 순종하여 장래의
유업으로 받을 땅에 나아갈 새 갈 바를 알지 못하고 나아갔으
며"(히 11:8).

그는 새로운 땅에 대한 지식과 정보가 아무것도 없었지만 하나
님의 약속의 말씀이기에 믿음으로 미지의 땅을 향해 나아갔습니
다. 그로 인해 그는 마침내 믿음의 조상이 되고 선민의 조상이 될
수 있었습니다. 그의 이름은 아브람('존귀한 아버지')에서 아브라함,
곧 '열국, 많은 민족들의 아비'가 되었습니다.

오늘날 전 세계의 믿는 자들은 아브라함을 우리의 영적 아비로 생
각합니다. 그가 약속의 말씀을 받아들이고 믿는 순간 위대한 민족들
의 영적 아비가 된다는 희망이 구체적인 현실로 나타난 것입니다.

아브라함의 아내 사라를 생각해 보십시오. 그녀는 하나님께로
부터 약속의 아들을 얻게 되리라는 말씀을 받았지만, 여인의 생리
가 없어지고 생산능력이 끊어지자 그녀의 희망은 사라졌습니다.
그때 여호와가 다시 그녀에게 나타나 말씀하십니다.

"여호와께 능치 못한 일이 있겠느냐 기한이 이를 때에 내가 네게로

돌아오리니 사라에게 아들이 있으리라"(창 18:14).

바로 이 순간이 위대한 아들의 어미가 되리라는 희망이 부활하는 순간이었습니다.

"믿음으로 사라 자신도 나이가 많아 단산하였으나 잉태할 수 있는 힘을 얻었으니 이는 약속하신 이를 미쁘신 줄 알았음이라"(히 11:11).

이 구절을 연 중요한 단어가 무엇입니까? "믿음으로"입니다. 믿음으로 사라는 다시 희망의 불씨를 되살리고 이삭이라는 약속의 아들을 낳게 됩니다. 그리고 그녀의 이름도 사래('여왕')에서 사라, 곧 '열국들의 여왕'으로 바뀌게 됩니다. 믿음, 특히 하나님의 말씀을 믿는 믿음은 위대한 희망의 기초요 보증입니다. 믿음은 정녕 축복입니다. 믿음만이 위대한 희망을 낳기 때문입니다. 아브라함과 그의 아내 사라처럼 말입니다.

둘째, 믿음은 위대한 행동을 낳습니다.
지금 한국 교회는 믿음과 행동의 이원화로 인한 위기를 경험하고 있습니다. 믿는 사람들의 행동이 세상을 실망시키고 있는 것입니다. '믿음 따로, 행동 따로'인 경우가 많습니다. 교회 안에서만 믿음의 사람이고, 교회 밖을 나가는 순간 우리의 행동이 우리의 믿음을 증명하지 못할 때가 허다합니다. 아니, 우리의 믿음은 예배

시간에만 유효하고, 교회 주차장만 나가도 사라지고 맙니다. 예배 잘 드리고 주차장에 나가서 사소한 일로 다투는 교인들을 본 적이 있습니까? 그리스도인 유머 가운데 은혜가 제일 많은 곳은 교회 주차장이라는 이야기가 있습니다. 주차장에 은혜를 다 쏟아 놓고 가기 때문이랍니다.

그러나 진실은 이것입니다. 진실한 믿음이 진실한 행동을 낳는다는 것입니다. 그의 행동이 바람직하지 못한 진짜 이유는 그의 행동이 믿음에 기초하지 못했기 때문입니다. 진실한 믿음과 행동은 분리되지 않습니다. 믿음이 행동을 낳기 때문입니다.

《천로역정》을 보면 아름다운 집에서 서재로 인도함을 받은 순례자 크리스천이 고색창연한 문서들을 보게 됩니다. 그것은 바로 히브리서 11장의 증언들이었습니다. 여기서 크리스천은 믿음의 선진들이 어떤 삶을 행동으로 남겼는지를 듣게 됩니다. 그때 접한 말씀이 바로 이것이었습니다. 소위 사사들에 대한 믿음의 증언입니다.

> "그들은 믿음으로 나라를 이기기도 하며 의를 행하기도 하며 약속을 받기도 하며 사자들의 입을 막기도 하며 불의 세력을 멸하기도 하며 칼날을 피하기도 하며 연약한 가운데서 강하게 되기도 하며 전쟁에 용맹하게 되어 이방 사람들의 진을 물리치기도 하며"(히 11:33-34).

여기 믿음이 낳은 위대한 행동들을 보십시오. 믿음과 행동은 전혀 모순되지 않습니다. 그들은 믿음으로 용기를 얻어 전선의 승리를 얻었고, 믿음으로 의를 행하기도 했습니다. 믿음이 용기를 낳고, 믿음이 의의 행동을 낳은 것입니다. 만일 어떤 사람들이 믿음의 사람을 자처하면서 행동이 없다면 그의 믿음은 거짓된 믿음이거나 죽은 믿음일 것입니다. 야고보서 2장 26절의 증언을 보십시오.

"영혼 없는 몸이 죽은 것같이 행함이 없는 믿음은 죽은 것이니라."

셋째, 믿음은 위대한 구원을 선물합니다.

우리가 예수 믿고 경험하는 많은 축복들이 있을 수 있습니다. 그러나 구원보다 더 위대한 축복은 없습니다. 예수님이 이 땅에 오신 이유도 이 위대한 구원을 위해서였습니다. 그의 탄생을 예언하던 천사는 마태복음에서 이렇게 예언의 말씀을 전합니다.

"아들을 낳으리니 이름을 예수라 하라 이는 그가 자기 백성을 죄에서 구원할 자이심이라"(마 1:21).

히브리서 기자는 구원의 중요성을 이렇게 강조합니다.

"우리가 이같이 큰 구원을 등한히 여기면 어찌 그 보응을 피하리요 이 구원은 처음에 주로 말씀하신 바요 들은 자들이 우리에게 확증한 바니"(히 2:3).

말씀 가운데 "큰 구원"이란 말이 나옵니다. 영어로는 'Great salvation', 문자 그대로 '위대한 구원'입니다. 우리는 믿음으로 이 위대한 구원을 받는 것입니다. 히브리서 11장에 나타난 믿음의 선배들의 경험이 그것을 증명합니다.

노아의 경우를 보십시오.

> "믿음으로 노아는 아직 보이지 않는 일에 경고하심을 받아 경외함으로 방주를 준비하여 그 집을 구원하였으니 이로 말미암아 세상을 정죄하고 믿음을 따르는 의의 상속자가 되었느니라"(히 11:7).

하나님께서 그 시대의 죄악을 인하여 장차 올 홍수 심판을 예고하시며 노아와 그 세대 사람들에게 방주를 짓고 그 속으로 들어가라고 명하셨을 때, 노아와 그 집 식구들만 하나님의 말씀을 믿고 믿음으로 방주를 준비하여 그 속에 들어가 구원을 얻었다고 말합니다. 노아의 시대에 방주에 들어가 구원을 얻는 것보다 더 중요하고, 더 긴박하고, 더 위대한 사건은 없습니다. 그것은 마치 예수 그리스도가 이 세대의 구원의 방주로 오신 것을 보여 주는 사건이었습니다. 지금도 예수 그리스도가 구원자이심을 믿고 그리스도 안에 들어가 구원을 받는 것보다 더 중요한 일은 없습니다. 그래서 성경은 말합니다.

> "주 예수를 믿으라 그리하면 너와 네 집이 구원을 받으리라"(행 16:31).

유월절 사건을 하나 더 생각해 보겠습니다.

"믿음으로 유월절과 피 뿌리는 예식을 정하였으니 이는 장자를 멸하는 자로 그들을 건드리지 않게 하려 한 것이며"(히 11:28).

하나님께서 애굽의 바로와 그 땅을 심판하시고자 애굽의 장자들의 생명을 거두기로 작정하신 밤에 대속의 제물로 어린 양을 잡고 그 피를 좌우 문설주에 뿌린 집에는 구원을 베풀기로 하셨습니다.

"여호와께서 애굽 사람들에게 재앙을 내리려고 지나가실 때에 문인방과 좌우 문설주의 피를 보시면 여호와께서 그 문을 넘으시고(유월, pass-over) 멸하는 자에게 너희 집에 들어가서 너희를 치지 못하게 하실 것임이니라"(출 12:23).

성경학자 아더 핑크(Arthur Pink)는 그날 밤 애굽 땅에는 세 가지 유형의 사람들이 있었을 것이라고 말합니다.

첫 번째 유형의 사람들은, 그 피가 무엇이 그렇게 중요하냐고 생각하고 피를 바르지 않은 사람들, 다시 말하면 하나님의 구원의 방편을 거절한 불신앙의 사람들입니다. 이튿날 그들을 기다린 것은 장자의 죽음, 곧 심판이었습니다. 지금도 하나님의 구원의 방편인 예수의 십자가와 그의 속죄의 피 흘리심을 믿기를 거절하는 불신앙의 이웃들을 기다리는 것도 역시 동일한 심판과 멸망뿐일 것입니다.

두 번째 유형의 사람들은, 하나님의 말씀을 그대로 믿고 어린 양의 피를 문지방과 좌우 문설주에 바른 사람들입니다. 그들은 심판의 밤에 오히려 믿음으로 구원의 하나님을 찬양하며 새벽을 맞은 사람들입니다. 이 믿음의 사람들은 집안의 장자가 살아 있음을 확인하며 감사와 감격으로 축복의 새 아침을 맞이했을 것입니다.

마지막으로 세 번째 유형의 사람들이 있습니다. 하나님의 말씀대로 피를 발라 놓고도 밤새 걱정하고 불안해하며 뜬 눈으로 밤을 지샌 사람들입니다. 그들은 새벽이 왔을 때 여전히 살아 있는 장자를 보고 비로소 안도의 숨을 내쉴 수 있었을 것입니다.

이 세 번째 유형의 사람들의 문제가 무엇입니까? 그들에게는 하나님의 말씀을 따라 어린 양의 피를 바를 만큼의 믿음은 있었습니다. 그러나 충분히 믿고 잠을 청할 만큼의 믿음은 없었습니다. 그리하여 평안하게 보낼 그 밤을 두려움으로 지샌 것입니다. 믿을 바에는 충분히 온전하게 믿어야 합니다. 믿음은 위대한 구원뿐 아니라 구원의 확신과 평화 그리고 담대한 밤의 안식을 제공하는 축복임을 믿으십시오.

믿음의 축복 속에 들어온 모든 이들의 평화를 빕니다. 믿음의 주요 온전하게 하시는 주 하나님을 찬양합니다.

1. 믿음이 왜 축복인지를 설명해 보십시오.

1)

2)

3)

2. 아브라함과 사라는 하나님의 말씀을 믿고 희망의 존재가 되었습니다. 믿음으로 희망의 불씨를 되살리기 위해 내가 할 수 있는 일은 무엇입니까?

3. 믿음의 장인 히브리서 11장을 통해 나의 믿음을 돌아보고 내 믿음의 상태를 증언해 보십시오.

4. 일상에서 믿음과 행동이 다를 때가 종종 있습니다. 어떤 경우에 그렇습니까? 왜 행동 따로 믿음 따로 보이게 된다고 생각합니까?

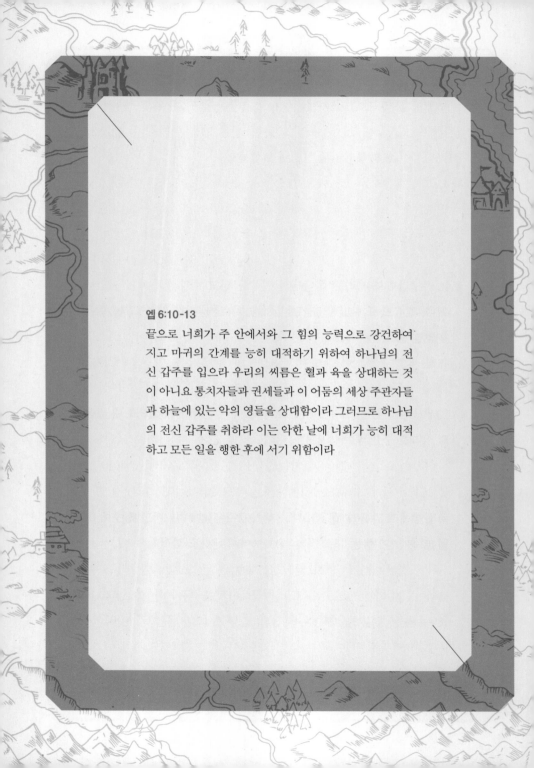

엡 6:10-13

끝으로 너희가 주 안에서와 그 힘의 능력으로 강건하여
지고 마귀의 간계를 능히 대적하기 위하여 하나님의 전
신 갑주를 입으라 우리의 씨름은 혈과 육을 상대하는 것
이 아니요 통치자들과 권세들과 이 어둠의 세상 주관자들
과 하늘에 있는 악의 영들을 상대함이라 그러므로 하나님
의 전신 갑주를 취하라 이는 악한 날에 너희가 능히 대적
하고 모든 일을 행한 후에 서기 위함이라

영적 무장의 블레싱

가정을 지키기 위한 교훈

에베소서 6장 10-13절에 기록된 전신 갑주에 대한 말씀의 시작은 사실상 에베소서 5장 22절부터라고 할 수 있습니다. 그렇다면 에베소서 5장 22절부터 시작되는 교훈의 주제는 무엇입니까? 한마디로 '가정'입니다.

에베소서 5장 22절은 "아내들이여"로 시작해서 25절에서 "남편들아"로 이어집니다(성경은 남편을 부르기 전에 아내를 먼저 불러 교훈합니다). 그리고 6장 1절에서 "자녀들아", 4절에서 "아비들아" 하고 부릅니다. 그리고 5절에서는 당시 가정 사역을 돕고 있던 이들을 향해 "종들아" 하고, 9절에서는 "상전들아" 하고 부릅니다. 이로써 모두가 각자의 위치에서 가정을 지키기 위한 교훈을 전달하고 있습니다.

오늘날 가정이 무너져 내리고 있습니다. 우리가 살고 있는 이 시대를 '포스트모던'(Post-Modern) 시대라고 부릅니다. 포스트모던 시대를 규정하는 두 개의 단어가 있다면 '파괴'와 '해체'입니다. '모던'(Modern) 시대까지 굳게 유지되던 많은 가치와 제도들이 오늘날 파괴되고 해체되고 있습니다. 그중에 가장 주목할 만한 파괴와 해체가 바로 우리 가정에서 일어나고 있습니다.

성경은 가정 파괴와 해체의 원인을 단순히 심리적이고 도덕적인 원인이 아니라, 영적인 원인에서 찾고 있습니다. 에베소서 6장 12절에서 사도 바울은 오래전 이미 일어나기 시작한 가정 파괴와 해체의 근본 원인을 '영적 씨름', 더 정확하게 묘사한다면 '영적 전쟁'에서 찾고 있습니다. "우리의 씨름은 혈과 육을 상대하는 것이 아니요 … 하늘에 있는 악의 영들을 상대함이라." 따라서 이 싸움에서 승리하고 가정을 지켜 내기 위해서는 영적 무장이 필요합니다.

"그러므로 하나님의 전신 갑주를 취하라 이는 악한 날에 너희가 능히 대적하고 모든 일을 행한 후에 서기 위함이라"(엡 6:13).

사도 바울은 14절 이하에서 고대 무사들이 전쟁에서 살아남고 자신을 지키기 위해 필요로 했던 무장들에 대해 구체적으로 열거하고 있습니다.

《천로역정》을 보면 주인공 순례자 크리스천이 고난의 산을 넘어 아름다운 집에 들어가는 장면이 나옵니다. 아름다운 집에는 세 개의 방이 있었습니다. 첫째 방은 평화의 방, 둘째 방은 서재, 셋째 방은 무기고였습니다. 이것은 영적 무장이 없이는 인생 순례길을 갈 수 없다는 교훈을 보여 줍니다. 순례자 크리스천은 아름다운 집에서 머리부터 발끝까지 무장한 후 다시 순례길을 나섰습니다. 그렇다면 인생 순례길에 영적 무장이 필요한 이유는 무엇일까요?

순례길에 영적 무장이 필요한 세 가지 이유

첫째, 마귀의 간계를 능히 대적하기 위해서입니다.

> "마귀의 간계를 능히 대적하기 위하여 하나님의 전신 갑주를 입으라"(엡 6:11).

영적 싸움에서 승리하고 가정을 지키기 위해서는 가정의 파괴와 해체를 노리는 마귀의 존재를 인정해야 합니다. 인류 역사에서 17세기와 18세기를 가리켜 '계몽주의'(Enlightenment) 시대라고 부릅니다. 계몽주의 시대에 들어서서 일어난 현저한 변화 중 하나는 그전까지 인류가 보편적으로 인정하던 초자연적 세상과 초자연적 존재를 부인하게 된 것입니다.

그전까지 사람들은 비록 눈에 보이지는 않지만 초자연적 세상이 존재하고, 그곳에 초자연적 존재들인 신과 천사 및 악마가 존재한다고 믿어 왔습니다. 그러나 계몽주의가 발전시킨 이성과 과학을 근거로, 이성으로 검증되지 않고 과학적으로 성찰되지 않는 세상은 존재하지 않는다고 믿기 시작한 것입니다. 그리고 이성과 과학만으로 인류는 이 땅에 유토피아를 건설할 수 있다고 믿어 왔습니다.

그러나 19세기를 넘어서서 인류는 소위 그들이 발전시킨 이성과 과학으로 제1, 2차 세계 대전을 일으켜 지구를 재앙의 땅으로 만들었습니다. 그 후에야 비로소 이성과 과학이 전부가 아님을 깨닫고 세계관에 변화를 갖기 시작했습니다. 그 변화 중 하나가 20세기에 들어서면서 많은 사람들이 보이지 않는 신과 악마의 존재를 다시 인정하게 된 것입니다. 결국 우리 안에 있는 악마성을 극복하지 않고는 더 나은 세상을 만들 수 없음을 깨닫게 된 것입니다. 이것이 19세기 말에 시작되어 20세기 그리고 21세기까지 지속되고 있는 세계적인 영적 부흥의 원인입니다.

에베소서 6장 11절에서 '마귀'라는 단어는 본래 희랍어 원문에 보면 '디아볼루스'(Diabolos)라고 나와 있습니다. 디아볼루스는 'dia'(between, 사이에)와 'bolos'(throw, 던지다)라는 두 단어의 합성어로, '관계 사이를 파고들어가 파괴시킨다'는 뜻('참소자'로 번역되기도 함)입니다.

누가 부부 사이를 파괴하고, 부모와 자녀 사이를 해체시키고 있습니까? 마귀가 그렇게 하고 있습니다. 마귀는 우리 안에 내재한 부패성을 이용하여 우리 삶의 근간을 파괴하고 있습니다. 영적 존재인 마귀의 간계를 대적하기 위해서는 단순히 심리적이거나 도덕적인 무장만으로는 어렵습니다. 이것이 우리에게 영적 무장이 필요한 이유입니다.

둘째, 주의 힘으로만 마귀를 대적할 수 있기 때문입니다.

"끝으로 너희가 주 안에서와 그 힘의 능력으로 강건하여지고"(엡 6:10).

영적 존재인 마귀를 대적하기 위해서 우리에게 필요한 준비는 무엇일까요? 사도 바울은 우리가 주 안에 굳게 서서 주의 힘의 능력으로 먼저 강건해져야 한다고 말합니다.

마귀는 적어도 여러 면에서 인간을 능가하는 존재입니다. 과거에 어떤 신학자는 "마귀에게는 여러 박사 학위를 수여할 만하다"고 말하기도 했습니다. 마귀는 인간의 심리를 간파하고 우리 마음속에 교묘하게 역사합니다. 그는 심리학 박사입니다. 마귀는 인간의 생각의 흐름을 간파하고 사상의 역전을 시도합니다. 그는 철학 박사입니다. 마귀는 인간의 제도 안에 들어와 제도를 부패시키고 무력화시킵니다. 그는 정치학 박사입니다. 마귀는 인간의 권력욕을 이용하여 군사 무장을 촉발시키고 세상을 전쟁판으로 몰아갑니다. 그는 군사 전략가입니다. 마귀는 인간의 돈에 대한 욕구를 이용해서 무한 경쟁을 유도하여 욕망의 포로가 되게 합니다. 그는 경제학 박사입니다.

이 구절에서 마귀의 '간계'라는 용어를 사용하고 있는 점을 주목하십시오. '간계'란 본래 '메소도이아'(methodoia)로서, 여기서 영어 단어 '메소드'(method)가 나온 것입니다. 마귀는 온갖 방법들을 자유자재로 사용하며 우리 인생에 개입하는 간계를 사용합니다. 창세기의 증언에 의하면, 마귀는 처음부터 '간교한 자'였습니다. 뿐만 아니라 에베소서 6장 12절에서 볼 수 있듯이 마귀는 잘 조직된 거대하고 체계적인 질서를 가지고 움직입니다.

> "우리의 씨름은 혈과 육을 상대하는 것이 아니요 통치자들과 권세들과 이 어둠의 세상 주관자들과 하늘에 있는 악의 영들을 상대함이라."

여기서 '통치자들과 권세들', '어둠의 세상 주관자들과 하늘에 있는 악의 영들'은 모두 마귀의 지배를 받아 다른 영역들에서 일하고 있는 악령들의 집단성을 보여 줍니다. 세상 통치에 관여하며 일하는 영들, 거대한 자연적 권세들의 배후에서 일하는 영들, 세상에서 벌어지는 온갖 지배자들을 선동하여 어둠에 속한 일들을 일으키는 영들, 그리고 세상을 벗어나 하늘의 영역에서 일하는 영들을 가리키는 것입니다.

그들은 일종의 거대한 군대 조직처럼 하늘과 땅에서 움직이고 있습니다. 그런 영들의 조직을 일개 신자가 스스로의 힘으로 싸워 이기기란 불가능합니다. 에베소서 6장 12절 이하를 유진 피터슨의 《메시지(*Message*)》(복있는사람, 2015)는 이렇게 적고 있습니다.

"이 싸움은 지구전 곧 마귀와 그 수하들을 상대로 끝까지 싸우는 사느냐 죽느냐의 싸움입니다. 단단히 준비하십시오. 여러분은 지금 혼자 힘으로 다루기에는 벅찬 상대를 마주하고 있습니다."

그럼에도 불구하고 우리가 기억해야 할 좋은 소식이 있습니다. 마귀는 많은 정보를 가지고 활동하고 있지만 결코 전지한 존재는 아니라는 것입니다. 마귀는 인간보다 더 큰 능력을 가지고 활동하고 있지만 결코 전능한 존재는 아닌 것입니다.

오직 우리 주 하나님과 그분의 아들 예수 그리스도만이 전지전능하십니다. 그러므로 우리가 주님 안에만 거한다면, 그리고 주님의 능력을 의지한다면 마귀나 마귀가 부리는 악의 영들을 두려워할 필요가 전혀 없습니다. 성경은 "주 안에서와 그 힘의 능력으로 강건하여지고"라고 말합니다.

셋째, 영적 무장은 영적 전쟁을 준비하는 첫 단계이기 때문입니다.
준비되지 않거나 무장하지 않은 군사들로는 전쟁에서 승전을 기대할 수 없습니다. 그래서 사도 바울은 이제부터 펼쳐지는 영적 전쟁에서 승리하기 위해 먼저 영적 무장을 지시합니다. "하나님의 전신 갑주를 취하라"(13절). 그리고 이어서 14절 이하에서 영적 무장의 실제를 제시합니다. 이 내용을 잘 살펴보면, 방어 무기가 다섯 개, 공격 무기가 두 개입니다.

첫째 방어 무기는, '진리의 허리띠'입니다. 허리띠는 자세를 잡아 줍니다. 허리띠가 제대로 되어야 힘을 받습니다. "서서 진리로 너희 허리띠를 띠고"(14절). 진리를 믿고 진실한 자세로 서는 것이 우선입니다.

둘째 방어 무기는, '의의 흉배 혹은 호심경'입니다. 우리의 가슴을 보호하기 위해서는 그리스도의 의로 무장해야 합니다.

셋째 방어 무기는, '평안의 복음의 신'입니다. 신발이 평안해야 잘 걷고 뛸 수 있습니다. 평안의 복음의 신을 신고 언제 어디든 갈 준비가 되어 있어야 합니다.

넷째 방어 무기는, '믿음의 방패'입니다. 하나님을 향한 굳건한 신뢰만이 악한 자가 쏘는 불화살을 막아 낼 수 있습니다.

다섯째 방어 무기는, '구원의 투구'입니다. 이는 우리의 생존에 치명적인 두뇌를 보호하기 위한 것입니다. 구원의 확신과 소망이야말로 우리를 지키는 가장 강력한 무장입니다.

이어서 사도 바울은 두 개의 중요한 공격 무기를 열거합니다. 그것은 한마디로 말하면, '말씀'과 '기도'입니다. 영적 전쟁은 말씀과 기도 없이는 결코 승산없는 싸움입니다. 사도 바울은 말씀을 가리켜 '성령의 검'이라고 말합니다. 우리가 하나님의 말씀을 가까이하고, 말씀을 묵상하고, 말씀으로 무장하고 있을 때 성령께서 내 안에 있는 말씀으로 마귀를 제압하고 승리하게 하십니다. 그러나 말씀만으로는 아직 무장이 끝난 것이 아닙니다. 모든 기도가 필요합니다.

"모든 기도와 간구를 하되 항상 성령 안에서 기도하고 이를 위하여 깨어 구하기를 항상 힘쓰며 여러 성도를 위하여 구하라"(엡 6:18).

한 구절에 영어로는 'All', 희랍어로는 'pas', 'panta'라는 단어가 무려 다섯 번이나 나옵니다. '모든 기도', '모든 간구', '항상'(모든 때), '모든 성도'가 그것입니다. 기도는 마귀를 제압하는 '전방위 압박'(all court pressing) 무기입니다. 유진 피터슨은 이 구절을 《메시지》에서 다음과 같이 적고 있습니다.

> "하나님의 말씀이야말로 없어서는 안 될 무기입니다. 마찬가지로 계속되는 이 전쟁에서 기도는 필수입니다. 열심히 오래 기도하십시오. 형제자매들을 위해 기도하십시오. 끊임없이 주의를 기울이십시오. 서로 기운을 북돋아 주어 아무도 뒤처지거나 낙오하는 사람이 없게 하십시오."

《천로역정》을 보면 아름다운 집의 무기고에서 하나님의 전신갑주로 무장한 순례자 크리스천은 보무당당하게 새 힘을 얻고 순례의 길로 나아갔습니다.

우리의 지상 순례 여정에는 두 개의 아름다운 집이 있습니다. '교회'와 '가정'입니다. 교회를 통해 영적 무장을 제대로 한 가정만이 마귀의 공격을 견뎌 낼 수 있습니다. 교회가 베푸는 가장 큰 축복은 영적 무장을 제공해 주는 것입니다. 우리 모두가 이 혜택을 제대로 누리기를 기도합니다. 주일 예배만으로는 부족합니다. 교회의 각종 교육과 훈련, 제자 훈련 과정들은 영적 무장의 기회들입니다.

이제 영적 무장을 통해 그리스도의 강한 군사로 일어나십시오.

예수의 이름으로 일어서십시오. 주가 주신 능력으로 무장하고 우리를 기다리고 있는 골짜기로 나아가십시오. 원수가 다가와도 결코 쓰러지지 않을 것입니다.

1. 성경은 가정 파괴와 해체의 근본 원인이 무엇이라고 이야기합니까? 가정을 지키기 위해 필요한 것은 무엇입니까?

2. 성도에게 영적 무장이 필요한 세 가지 이유를 열거하십시오.

1)

2)

3)

3. 오늘을 사는 나에게 특별히 필요한 영적 무장은 무엇입니까?

4. 전신 갑주는 모두 다섯 개의 방어 무기와 두 개의 중요한 공격 무기로 구성되어 있습니다. 각각에 대해 설명하고 의미를 되새겨 보십시오.

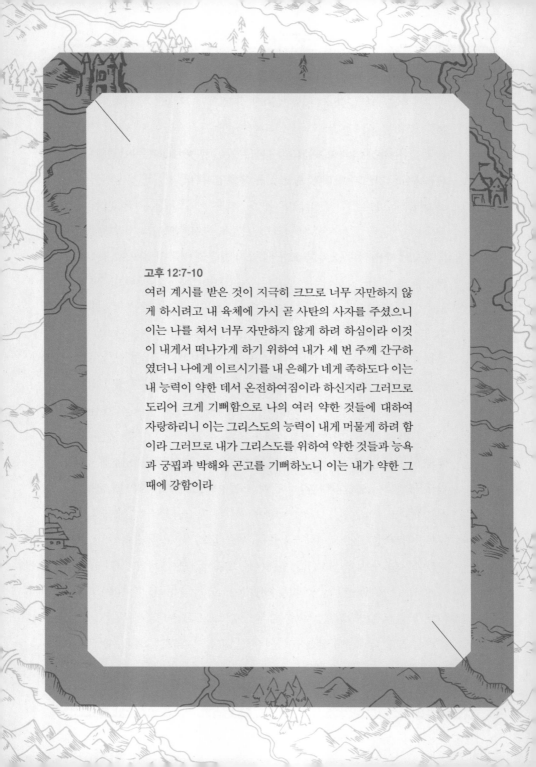

고후 12:7-10

여러 계시를 받은 것이 지극히 크므로 너무 자만하지 않게 하시려고 내 육체에 가시 곧 사탄의 사자를 주셨으니 이는 나를 쳐서 너무 자만하지 않게 하려 하심이라 이것이 내게서 떠나가게 하기 위하여 내가 세 번 주께 간구하였더니 나에게 이르시기를 내 은혜가 네게 족하도다 이는 내 능력이 약한 데서 온전하여짐이라 하신지라 그러므로 도리어 크게 기뻐함으로 나의 여러 약한 것들에 대하여 자랑하리니 이는 그리스도의 능력이 내게 머물게 하려 함이라 그러므로 내가 그리스도를 위하여 약한 것들과 능욕과 궁핍과 박해와 곤고를 기뻐하노니 이는 내가 약한 그 때에 강함이라

겸손의 골짜기

인생의 골짜기를 만날 때

제인 이글스톤(Jane Eggleston)이라는 한 신자가 〈골짜기(*valley*)〉라는 제목의 시를 썼습니다.

> 삶은 때로 견디기 힘들어 보이기만 한다네.
> 슬픔과 고통, 재앙만 가득하고.
> 그런데 그때 난 기억할 것이 있다네.
> 그건 그 골짜기에서 내가 자란다는 것일세.
> 내가 만일 산의 정상에만 머물러 있고

고통을 전혀 경험하지 않는다면
난 하나님의 사랑을 감사할 줄 모르는
헛된 인생을 산 것이 아닐까.
내 비록 배울 것이 아직 많이 남아 있고
내 자람은 너무 더디기만 하고
내가 도달할 산의 정상을 포기하지는 못하지만
그 골짜기에서 난 자라고 있다네.

인생의 지나간 시간들을 되돌아볼 때 마치 골짜기를 통과한 듯한 느낌이 들 때가 있습니다.《천로역정》에서 순례자 크리스천은 아름다운 집에서 평화와 안식을 체험하고, 신앙의 선배들에게서 믿음을 배우고, 영적 무장을 했습니다. 그러고 나서 아름다운 집 식구들의 배웅을 받으며 빵 한 덩어리, 포도주 한 병, 건포도 한 줌을 선물로 받아 다시 길을 떠납니다.

그런데 얼마 안 되어 크리스천을 기다리고 있는 것은 내리막길 골짜기였습니다. 골짜기에 들어서기가 무섭게 그는 '아볼루온'(Apollyon)이란 괴물과 맞닥뜨리게 됩니다. 아볼루온은 요한계시록 9장 11절에 증거된 존재입니다.

"그들에게 왕이 있으니 무저갱의 사자라 히브리어로는 그 이름이 아바돈이요 헬라어로는 그 이름이 아볼루온이더라."

존 번연은 아볼루온의 모습을 물고기처럼 온몸을 비늘로 덮었고, 용처럼 날개가 달린 존재로 묘사합니다. 괴물, 곧 마귀는 우박을 쏟아내듯 불화살을 크리스천을 향해 쏘아 댔습니다. 크리스천은 방패를 사용하여 있는 힘을 다해 막아 냈지만 결국 머리와 손발에 상처를 입고 말았습니다.

고린도후서에서 사도 바울은 인생 순례길에서 자신이 이처럼 사탄의 불화살 공격으로 인하여 상처를 입었음을 고백합니다.

"여러 계시를 받은 것이 지극히 크므로 너무 자만하지 않게 하시려고 내 육체에 가시 곧 사탄의 사자를 주셨으니 이는 나를 쳐서 너무 자만하지 않게 하려 하심이라"(고후 12:7).

사도 바울은 사탄이 자신을 쳤고, 그 결과 자신을 찌르는 육체의 가시, 고통을 경험하고 있다고 말합니다. 마치 가시에 찔리는 것 같은 아픔을 경험하고 있다는 말입니다. 사도 바울은 그 아픔이 사탄의 사자로 말미암은 것이라고 말합니다.

우리는 구체적으로 이 가시가 무엇인지는 알 수 없습니다. 어떤 학자들은 사도 바울이 안질이나 간질 같은 난치의 질병을 경험하고 있었다고 추정합니다. 또 어떤 학자들은 사도 바울이 회심하고 선교사의 삶을 살아갈 때, 그를 중상하고 박해하던 율법주의자들이 실제로 사탄의 사자 노릇을 하며 평생 그를 괴롭혔다는 뜻이라고 말합니다. 질병이든 사람이든 어떤 경우든 간에 사탄의 공격으로 사도 바울에게는 아픈 가시가 있었던 것입니다.

사도 바울은 삶에서 만난 가시를 어떻게 대했을까요? 하나님이 의

도하신 인생 순례길을 걸어가기 위해서는 가시가 우리에게 주어진 진정한 의미를 깨닫고, 이에 대한 태도를 분명히 해야 할 것입니다.

삶의 가시를 대하는 태도

첫째, 삶의 가시는 하나님의 선물입니다.

사도 바울은 놀랍게도 가시에 대해서 불평하기보다 기뻐하며 감사했습니다.

> "그러므로 내가 그리스도를 위하여 약한 것들과 능욕과 궁핍과 박해와 곤고를 기뻐하노니 이는 내가 약한 그때에 강함이라"(고후 12:10).

기쁨과 감사의 찬양입니다. 어떻게 이런 일이 가능합니까? 물론 사도 바울도 인간이기에 일단 이 가시가 자신에게서 떠나가도록 기도했다고 8절에서 고백했습니다. 세 번씩이나 간절히 치열하게 기도했습니다. 그런데 9절에서 그가 받은 응답은 가시의 떠남이 아닌 "내 은혜가 네게 족하도다 이는 내 능력이 약한 데서 온전하여짐이라"라는 말씀이었습니다.

이 말씀을 받자 그는 도리어 크게 기뻐했습니다. 그리고 자신의 약한 것들에 대하여 이제부터 자랑하겠다고 말합니다. 감사하겠다는 뜻입니다. 이것이 유명한 사도 바울의 '가시 감사'요, 그가 삶의 골짜기에서 배운 감사입니다.

《천로역정》의 크리스천도 같은 감사를 드리고 있습니다. 그는 파괴자 마귀 아볼루온에게 부상을 입었습니다. 하지만 결정적인 위기의 순간에 주의 도우심을 구했고, 하늘의 능력을 힘입어 칼을 휘둘렀습니다. 그리고 마침내 아볼루온을 물리칠 수 있었습니다. 다음 순간 크리스천은 기쁨에 넘쳐 찬송을 드렸습니다. 그것은 바로 감사의 찬송이었습니다.

> "거대한 바알세붑 마귀의 대장,
> 날 죽일 작정을 하고
> 갖가지 무기와 몸서리쳐지는 분노를 쏟아 가며
> 나와 격렬한 싸움을 벌였네.
> 하지만 하나님의 천사 미카엘이 날 도왔네.
> 단칼에 원수를 날려 보냈네.
> 그러므로 하나님을 영원히 찬양하리라.
> 그분의 거룩한 이름을 감사하며 송축하리라."

크리스천이 감사를 드린 곳은 골짜기였습니다. 바로 '겸손의 골짜기'였습니다. 그는 이곳에서 자신의 힘이 아닌 주님의 능력을 의지하는 것이 승리임을 배울 수 있었습니다.

둘째, 모든 신자는 겸손의 골짜기를 지나야 합니다.
다시 사도 바울의 가시 감사를 묵상해 봅시다. 그가 감사할 수 있었던 가장 큰 동기는 가시를 통해 겸손을 배웠기 때문입니다. 사

도 바울은 7절에서 두 번씩이나 '자만하지 않게 하시려고' 하나님
이 그 가시를 두신 것이라고 말합니다.

　가시 때문에 못할 일은 없었습니다. 기도로 가시가 떠난 것은
아니었지만 그는 약한 중에 힘을 얻었습니다. 그는 자신을 붙드
시는 주님의 능력으로 그에게 알려진 온 세상을 세 번에 걸쳐 순
회하며 복음을 전하고, 교회를 개척하고, 세상을 변혁하는 놀라운
일에 쓰임을 받았습니다. 그는 가시 때문에 더 많이 기도했고, 가
시 때문에 주님의 능력을 더 많이 의지했습니다. 가시를 제압하는
그리스도의 은혜가 발걸음마다 함께함으로 사도 바울은 복음의
용사로 살아갈 수 있었습니다. 그가 통과한 골짜기가 하나님의 은
혜를 경험하게 하는 겸손의 골짜기였던 것입니다.

　만일 사도 바울에게 이 가시가 없었다면 어떻게 되었을까요?
그는 여러 계시를 받은 것이 너무 많아 자신을 하나님으로 높이고
자 하는 교만의 유혹을 받았을 것입니다. 그리고 만약 그가 교만
해졌다면 그 순간부터 사탄의 종이 되고 말았을 것입니다. 왜냐하
면 사탄은 본래 아름다운 천사였지만["네가 아름다우므로 마음이 교만
하였으며"(겔 28:17)] 교만함으로 하늘에서 쫓겨난 존재이기 때문입
니다. 이 아름다운 천사장이 타락하게 된 동기를 지적하는 이사야
14장 13-14절 보십시오.

　　"네가 네 마음에 이르기를 내가 하늘에 올라 하나님의 뭇별 위에
　　내 자리를 높이리라 내가 북극 집회의 산 위에 앉으리라 가장 높은
　　구름에 올라가 지극히 높은 이와 같아지리라 하는도다"

여기 타락한 자가 반복해서 주문처럼 강조하는 단어가 있습니다. "내가"입니다. 다섯 번이나 '내가'를 반복합니다. 우리 입술에서 '내가'라는 단어가 반복되면 나는 더 이상 하나님의 종이 아니라 사탄의 종이라는 사실을 기억하십시오. 반면에 우리 입술에서 '내가'가 아니라 '하나님'이나 '그리스도'라는 단어가 계속해서 나온다면 그것은 우리가 하나님의 종이요, 그리스도의 종임을 증명하는 것입니다.

하나님은 때로 우리로 하여금 인생의 순례길에서 내리막길의 낮은 골짜기를 지나게 하십니다. 그곳에서 치명적이지는 않지만 주의 도우심을 부르짖게 할 만큼의 상처를 입히십니다. 겸손을 배우도록 말입니다. 그래서 인생의 고난은 우리에게 은혜를 경험하게 하는 겸손의 골짜기입니다. 우리는 겸손의 골짜기를 지나며 비로소 장미뿐 아니라 장미꽃 가시도 감사하는 자가 됩니다.

셋째, 골짜기에서도 우리는 자랄 수 있습니다.

어거스트 스톰(August Ludvig Storm)은 29세에 구세군 모임에 나갔다가 예수님을 믿고 구원을 받았습니다. 구원의 은혜에 감격한 그는 집에 돌아와 시를 한 편 써 두었습니다. 그리고 8년 후 37세 되던 해에 등에 통증을 느끼기 시작했고, 곧 반신불수가 되고 말았습니다. 그는 불편한 몸이지만 평생을 복음 사역자로 헌신하고 구세군 사역자가 되었습니다. 이후 15년을 더 살며 능력 있는 설교자로 많은 영혼들을 주께로 인도했습니다.

그는 자신이 처음 예수를 믿고 쓴 시가 바로 자기 인생의 예언

적 증거가 되었다고 말했습니다. 그 시가 바로 복음성가 "날 구원
하신 주 감사"입니다.

> "날 구원하신 주 감사 모든 것 주심 감사 / 지난 추억 인해 감사
> 주 내 곁에 계시네 / 향기론 봄철에 감사 외론 가을 날 감사 / 사
> 라진 눈물도 감사 나의 영혼 평안해(1절).
> 응답하신 기도 감사 거절하신 것 감사 / 헤쳐 나온 풍랑 감사
> 모든 것 채우시네 / 슬픔과 기쁨도 감사 절망 중 위로 감사 / 측
> 량 못할 은혜 감사 크신 사랑 감사해(2절).
> 길가에 장미꽃 감사 장미 가시도 감사 / 따스한 따스한 가정
> 희망 주신 것 감사 / 기쁨과 슬픔도 감사 / 하늘 평안을 감사 / 내
> 일의 희망을 감사 영원토록 감사해(3절)."

이 찬양의 작시자는 성령의 인도하심을 따라 참뜻을 알지 못한
채 이 시를 지었습니다. 그러고는 가사의 참된 의미와 진정한 감
사를 인생의 골짜기, 겸손의 골짜기를 지나며 배웠습니다.

서두에서 제인 이글스톤의 시 〈골짜기〉의 첫 부분을 인용했습
니다. 다음은 그 시의 마지막 부분입니다.

> "주여, 제가 너무 좌절을 느껴
> 불평한 것을 용서하소서.
> 저를 부드럽게 일깨워 주소서.
> 그 골짜기에서 제가 자란다는 것을.

주여, 저에게 힘을 공급하시고
날마다 저를 사용해 주시어
다른 이들과 사랑을 나누게 하사
저들의 길 찾는 일에 도움이 되게 하소서.

주님, 이제 골짜기를 인해 당신께 감사하겠사오니
한 가지만 제가 부디 알게 하소서.
산의 정상이 영광스럽기는 하지만
그러나 골짜기에서 제가 자랄 수 있다는 것을."

인생의 골짜기, 나를 찌르는 상처를 입힌 골짜기에서도 감사를 배우기를 기도해야 합니다. 《천로역정》을 보면 크리스천이 감사하는 순간, 하나님의 천사가 하늘의 잎사귀를 갖고 와서 그의 환부에 붙여 주었습니다. 그러자 모든 상처가 아물었습니다. 크리스천은 다시 감사하며 빵과 포도주를 마셨습니다. 우리의 감사의 근원은 십자가에서 희생하신 예수 그리스도의 몸과 피임을 기억하고자 한 것입니다. 우리 역시 진정한 감사를 배우는 하루하루가 되기를 축복합니다.

1. 우리 삶의 겸손의 골짜기에서 우리가 배워야 할 가장 큰 교훈은 무엇입니까?

2. 하나님이 내게 가시를 허락하시는 이유는 무엇입니까?

3. 오늘 나를 겸손하게 하는 삶의 가시에 대하여 나누고 기도하십시오.

4. 그럼에도 불구하고 하나님께 감사드리는 나만의 찬양 시를 써 보십시오.

하나님은 때로 우리로 하여금 인생의 순례길에서
내리막길의 낮은 골짜기를 지나게 하십니다.
그곳에서 치명적이지는 않지만 주의 도우심을
부르짖게 할 만큼의 상처를 입히십니다.
겸손을 배우도록 말입니다.

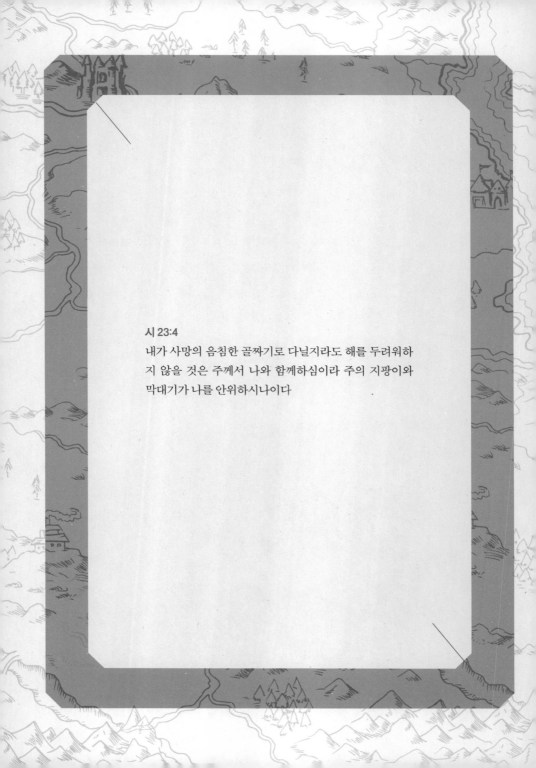

시 23:4

내가 사망의 음침한 골짜기로 다닐지라도 해를 두려워하지 않을 것은 주께서 나와 함께하심이라 주의 지팡이와 막대기가 나를 안위하시나이다

사망의 음침한 골짜기

인생에서 죽음의 그늘을 만나거든

한 대학생이 시험을 치렀는데 F학점을 받았습니다. 당황한 그는 교수님을 찾아가 말했습니다.

"교수님, 저는 이번 시험을 잘 보았다고 생각하지는 않지만 나름대로 최선을 다했습니다. 제 답안지가 F학점은 아니라고 생각합니다."

그러자 교수님이 빙그레 웃으며 이렇게 답했다고 합니다.

"나도 자네 점수가 F학점짜리는 아니라고 생각하네. 그런데 F학점이 내가 줄 수 있는 최저 점수야. 더 낮게 주고 싶어도 줄

수가 없었다네."

이런 경우를 고사성어로 어떻게 표현하면 좋을까요? '설상가상'(雪上加霜)이라고 해야 할까요? 설상가상이란 본래 '눈 위에 또 서리까지 내린다'는 뜻입니다. 나쁜 일이 연거푸 생긴다는 의미입니다.

《천로역정》을 보면 겸손의 골짜기에서 마귀 아볼루온을 물리치며 상처까지 입은 순례자 크리스천은 가까스로 골짜기를 벗어났습니다. 그러나 곧 또 다른 골짜기가 그를 기다리고 있었습니다. 그것은 바로 '사망의 음침한 골짜기'였습니다.

골짜기 어귀에서 그는 두 사내와 마주치게 되었습니다. 그들은 크리스천에게 이 길을 지나갈 생각은 하지 말라고 권고했습니다. 골짜기 자체가 칠흑 같은 어둠이며, 거기에는 구덩이에 사는 용과 괴물이 득실거리고 있고, 울부짖는 신음 소리로 가득하다면서 목숨을 보전하려면 자기들처럼 돌아가라고 말했습니다.

이것이 바로 설상가상의 상황이 아니겠습니까? 인생의 순례길에서는 이처럼 고통스런 상황이 지속적으로 우리를 괴롭힐 수 있습니다. 하나의 문제를 해결하고 살 만했는데 훨씬 더 어려운 문제가 우리를 기다리고 있는 것입니다. 이런 어려움은 모두 사망 자체는 아닐지라도 사망을 느끼게 하는 사망의 그림자들입니다. 시편 23편 본문에 인용된 '사망의 음침함'의 원어는 본래 'tzalamut'인데 'tzal'과 'mavet'이 합쳐진 단어로 '죽음의 그늘(그림자)'이란 의미입니다. KJV 성경은 영어로 'shadow of death'라고 옮겼습니다. 우리말 번역도 그것을 따른 것입니다.

우리는 인생을 살면서 죽음 자체는 아니더라도 죽음의 그늘 혹은 그림자들을 경험하게 됩니다. 가까운 이웃들의 죽음 및 뜻하지 않은 질병과 사고를 겪으면서 내게도 서서히 다가오는 죽음의 그늘을 느끼곤 하지 않습니까? '아, 다행스럽게 난 살았구나'보다 '아, 나도 이렇게 죽을 수 있겠구나'라는 느낌 말입니다. 그렇습니다. 우리는 모두 예외 없이 사망의 음침한 골짜기를 통과해야 합니다. 이 골짜기를 벗어나 천국으로 가는 다른 길은 없습니다.

그런데 여기 복음이 있습니다. 우리는 순례자 크리스천으로 하여금 마침내 사망의 음침한 골짜기를 돌파하게 만든 세 가지 무기가 있었다는 사실을 기억해야 합니다.

사망의 골짜기에서 필요한 무기들

첫째, '모든 기도'입니다.
《천로역정》을 보면 사망의 음침한 골짜기 어귀에는 엄청난 불꽃과 연기가 쏟아져 나오고 있었습니다. 순례자 크리스천은 겸손의 골짜기에서 상대한 아볼루온처럼 칼로만 대결할 상황이 아니라는 것을 깨달았습니다. 그는 곰곰이 생각하다가 칼을 칼집에 도로 꽂고, 다른 무기를 꺼내 들기로 했습니다. 그것은 바로 '모든 기도'(All Prayer)라는 신무기였습니다. 그는 이 무기를 꺼내 들고 "주께 구하오니 내 영혼을 건지소서!"라고 부르짖기 시작했습니다. 이것은 바로 사도 바울이 에베소서 6장에서 언급한 영적 무장의 궁극적인 공격 무기인 '모든 기도'였습니다.

"모든 기도와 간구를 하되 항상 성령 안에서 기도하고 이를 위하
여 깨어 구하기를 항상 힘쓰며 여러 성도를 위하여 구하라"(엡 6:18).

순례자 크리스천은 기도하며 불꽃과 연기가 자욱한 골짜기로
들어섰습니다. 그러고는 두려움이 엄습할 때마다 기도하며 부르
짖었습니다. "나는 주님의 능력만 의지하고 걸어가리라!" 그러자
귀신들이 사라졌습니다.

기도한다는 것은 무엇을 의미합니까? 내 힘을 의지할 수 없어
서 전능자를 의지한다는 것입니다. 기도는 나와 전능자를 연결시
킵니다. 그렇다면 '모든 기도'란 무슨 뜻입니까? 할 수 있는 모든
유형의 기도로 하나님께 나아가라는 의미입니다. 공적으로 기도
하십시오. 사적으로도 기도하십시오. 소리 내어 기도하십시오. 침
묵으로도 기도하십시오. 길게 기도하십시오. 짧게도 기도하십시
오. 새벽에 기도하십시오. 낮에도 저녁에도 밤에도 기도하십시오.
가정에서 기도하십시오. 일터에서도 거리에서도 기도하십시오.
항상 기도하십시오. 탄원하며 기도하십시오. 자백하며 기도하십
시오. 감사하며 기도하십시오. 찬양하며 기도하십시오.

기도할 때 무엇보다 중요한 것은 성령 안에서 기도하는 것입니
다. 성령께서 기도를 이끄시게 하십시오. 어느 때는 기도할 마음
없이 기도를 시작할 수도 있습니다. 그러나 그렇게라도 기도하는
것이 기도하지 않는 것보다 훨씬 낫습니다.

그런데 심령의 밑바닥에서 성령의 도우심을 간절히 구하는 어느 순간, 억지로 기도하는 것이 아니라 성령께서 기도를 이끄시는 것을 경험하게 되는 때가 있습니다. 저는 이런 상태가 성령 안에서 기도하는 것이 아닐까 싶습니다. 그 순간 모든 두려움과 걱정이 사라지지 않습니까? 우리는 마침내 기도의 자리에서 능력을 얻고 주님의 능력에 사로잡힌 자로 일어서게 됩니다. 우리 모두 이런 기도를 경험할 수 있기를 바랍니다. 모든 기도로 사망의 음침한 골짜기를 통과하기를 바랍니다.

둘째, '약속의 말씀'입니다.
크리스천이 아직도 불안을 완전히 떨치지 못한 채 사망의 음침한 골짜기를 걷고 있을 때 앞서 걷는 누군가의 음성이 들려오기 시작했습니다. 그것은 다름 아닌 시편 23편 4절의 말씀이었습니다.

> "내가 사망의 음침한 골짜기로 다닐지라도 해를 두려워하지 않을 것은 주께서 나와 함께하심이라 주의 지팡이와 막대기가 나를 안위하시나이다."

크리스천은 이 말씀을 묵상하고 있는 이를 상상하며 캄캄한 사망의 골짜기에서 앞서 걷는 이를 불렀습니다. 그러나 그는 대답 대신 이 말씀을 계속해서 반복할 따름이었습니다.

순례자 크리스천은 이 말씀을 계속 따라 읊조리며 걸었습니다. 그런데 갑자기 앞서 걷는 순례자와 함께하시는 주님이 자신과도 함께하신다는 느낌이 들었습니다. 그러자 모든 두려움이 사라지고 놀라운 평안이 임했습니다. 어느새 캄캄한 골짜기가 끝나 가고 해가 떠오르고 있었습니다. 크리스천은 행복감에 젖어 외쳤습니다.

"주님이 사망의 그늘을 아침으로 바꾸셨다!"

약속의 말씀은 사망의 음침한 골짜기를 걷는 인생들에게 그 무엇보다 신뢰할 만한 등불과 같습니다. 시편 119편 105절의 약속을 떠올려 보십시오.

> "주의 말씀은 내 발에 등이요 내 길에 빛이니이다."

이제 베드로의 증언을 들어 보겠습니다.

> "또 우리에게는 더 확실한 예언이 있어 어두운 데를 비추는 등불과 같으니 날이 새어 샛별이 너희 마음에 떠오르기까지 너희가 이것[기록된 성경 말씀]을 주의하는 것이 옳으니라"(벧후 1:19).

인생 순례길에는 때로 현자들의 금언도, 성자들의 수행도 도움이 될 수 있습니다. 교회의 전통과 의식도 순례의 걸음에 약간의 도움이 될 수 있을 것입니다. 그러나 종교 개혁자들이 성경을 읽기 시작하면서 깨달은 놀라운 진리가 있습니다. 그것은 성경 말씀보다 더 확실하고, 더 분명한 진리의 빛은 없다는 것입니다. 그래서 터져 나온 종교 개혁의 슬로건 중 하나가 "오직 성경"(Sola Scriptura)입니다.

《천로역정》을 보면 사망의 음침한 골짜기를 벗어날 무렵 순례자 크리스천은 동굴에서 늙은 교황과 죽은 이교도를 발견했습니다. 존 번연 생존 당시(청교도 시대) 교회를 잘못 인도하고 있었던 영적 지도자인 교황의 존재는 이미 늙은 거인이었고, 그의 존재 의미는 죽은 이교도와 다를 바 없다는 것이 존 번연의 결론이었습니다. 우리가 믿을 것은 종교 지도자가 아니라는 것입니다.

오늘날의 개신교 지도자, 목사도 마찬가지입니다. 사람은 누구든지 언제든 부패할 수 있고, 언제든 잘못될 수 있습니다. 이것은 교회에도 해당됩니다. 그러므로 우리는 "오직 성경", 오직 약속의 말씀만 붙들고 순례의 길을 가야 합니다. 그것이 진정한 개혁 정신입니다.

사망의 음침한 골짜기를 흔들리지 않고 통과하게 하는 무기, 그것은 하나님의 약속의 말씀입니다. 그러므로 말씀을 가까이하십시오. 연구하고 묵상하십시오. 그리고 말씀을 따라 순종함으로 인생의 길을 걸으십시오.

셋째, '승리의 찬양'입니다.

《천로역정》을 보면 사망의 음침한 골짜기를 무사히 벗어난 크리스천의 입에서 찬양이 흘러나왔습니다. 그는 다음과 같은 찬양의 가사를 읊조렸습니다.

"오, 이 멋진 경이로운 세상! 달리 어찌 표현하랴.
이곳에서 만난 끔찍한 곤경에서 날 지켜 주셨으니

어려움에서 날 건져 주신 그 손길에 축복이 있으라.
갈수록 에워싸는 어두움과 마귀.
지옥과 죄의 위험.
길마다 널린 올가미와 함정, 덫과 그물들.
걸리고, 매이고, 넘어질 수밖에 없는
쓸모없고 어리석은 나를 살리신
예수님께 면류관을 씌워 드리세."

예부터 우리 신앙의 선배들은 이런 고백을 하곤 했습니다. "기도는 우리를 영적 싸움에서 견디게 하지만, 찬양은 영적 싸움을 끝내게 한다."

사도 바울은 성령의 인도하심으로 아시아에서 유럽 마케도니아로 전도 여행의 방향을 바꾸었습니다. 마케도니아의 첫 도시 빌립보에서 전도하던 사도 바울은 점치는 귀신 들린 여종을 고쳐 주었습니다. 그러자 그 주인들이 수입원을 잃게 되었다며 분노해 사도 바울과 그의 동역자 실라를 고소하였고, 이내 감옥에 갇히게 되었습니다. 감옥에서 매를 맞고 발에 쇠고랑까지 차 꼼짝 못하게 된 사도 바울은 그날 밤 실라와 함께 하나님을 찬양했습니다.

이런 상황에서는 불평이 자연스럽습니다. 어떻게 찬양을 할 수 있단 말입니까? "하나님, 제가 주의 복음을 증거하고자 이 땅에 건너와 주를 위해 고생하는데, 감옥이 웬 말이며, 채찍이 웬 말이며, 차꼬가 웬 말입니까?"라고 해야 정상이 아닙니까? 그런데 사도 바울은 하나님을 찬양했습니다.

그 이유가 무엇입니까? 사도 바울은 하나님의 주권을 믿었기 때문입니다. 복음을 증거할 기회를 갖게 되어 감사하고, 주를 위해 고난을 받게 되어 감사하고, 감옥에서 일어날 일로 인해 감사한 것입니다. 로마서 8장 28절은 "하나님을 사랑하는 자 곧 그의 뜻대로 부르심을 입은 자들에게는 모든 것이 합력하여 선을 이루느니라"라고 말합니다. 사도 바울은 감옥이라는 고난조차 선을 이룰 것을 믿었던 것입니다. 그래서 그는 찬양할 수 있었습니다.

그러자 어떻게 되었습니까? 지진이 나고 감옥 문이 열렸습니다. 사도 바울이 간수에게 복음을 전했습니다. 간수와 그의 온 가족이 구원을 받았습니다. 빌립보 선교의 문이 활짝 열렸습니다. 그래서 성경은 "범사에 감사하라"(살전 5:18)고 말합니다. 이 말씀을 바꾸면 "범사에 찬양하라"가 됩니다.

한평생 "찬양의 능력"이라는 하나의 주제로만 설교하고, 범사에 감사할 것을 증거하여 수많은 영혼들을 치유한 분이 있습니다. 지금은 고인이 된 미 군목으로, 멀린 캐로더스(Merlin R. Carothers)라는 분입니다.

그의 설교를 들은 짐이라는 이름의 젊은이가 자기 아내에게 이야기했습니다.

"우리는 여러 해 동안 알코올중독자인 아버지가 변화되게 해 달라고 기도해 왔어요. 하지만 이런 상황에 대한 하나님의 섭리에 감사하지는 못했던 것 같아요. 이제부터 우리 감사합시다."

그러자 아내는 "어떻게 감사할 수 있어요?"라고 반문했습니다.

짐은 우리는 모든 것을 합력하여 선을 이루실 하나님을 믿는 사람
이 아니냐면서, 멀린 캐로더스 목사님께 들었던 말씀을 나누었습니다. 그리고 그날부터 부부는 아버지가 생각날 때마다 아버지를
주신 것에 감사하고, 아버지께 일하실 하나님께 감사하며 찬양하기 시작했습니다.

그런데 다음 주일 저녁, 느닷없이 아버지가 물었습니다.

"나 같은 사람도 예수 믿으면 알코올중독에서 구원받을 수 있을까?"

몇 주가 안 되어 짐의 아버지는 예수님을 영접하고 알코올중독
에서 해방되었다고 합니다.

이것이 찬양의 능력입니다. 멀린 캐로더스 목사님은 "우리가 참
으로 하나님을 신뢰하고 찬양하고 감사하는 삶을 살기 시작하면
그 순간부터 하나님은 우리를 대신하여 인생의 싸움을 싸워 주십니다"라고 말합니다.

그렇습니다. 주님의 승리를 믿는 찬양, 그것은 사망의 음침한
골짜기를 승리로 지나가게 하는 하늘의 선물입니다. 지금 하나님
을 찬양하십시오.

1. 사망의 음침한 골짜기를 통과하기 위한 세 가지 무기는 무엇입니까?

1)

2)

3)

2. 세 가지 무기 중 나에게 가장 필요한 것은 무엇입니까?

3. 모든 두려움과 걱정을 물리치는 기도는 무엇입니까?

4. 찬양의 능력을 경험해 본 적이 있습니까? 있다면 구체적으로 이야기해 보십시오.

고전 4:15-21

그리스도 안에서 일만 스승이 있으되 아버지는 많지 아니하니 그리스도 예수 안에서 내가 복음으로써 너희를 낳았음이라 그러므로 내가 너희에게 권하노니 너희는 나를 본받는 자가 되라 이로 말미암아 내가 주 안에서 내 사랑하고 신실한 아들 디모데를 너희에게 보내었으니 그가 너희로 하여금 그리스도 예수 안에서 나의 행사 곧 내가 각처 각 교회에서 가르치는 것을 생각나게 하리라 어떤 이들은 내가 너희에게 나아가지 아니할 것같이 스스로 교만하여졌으나 주께서 허락하시면 내가 너희에게 속히 나아가서 교만한 자들의 말이 아니라 오직 그 능력을 알아보겠으니 하나님의 나라는 말에 있지 아니하고 오직 능력에 있음이라 너희가 무엇을 원하느냐 내가 매를 가지고 너희에게 나아가랴 사랑과 온유한 마음으로 나아가랴

신실과 수다쟁이

진정한 일꾼과 말만 하는 말꾼

옛 어른들은 과거 우리나라의 교육 기관이었던 서당에서 아이들이 정상적으로 잘 자라면 '일꾼'이 되고, 잘 자라지 못하면 '말꾼'이 된다고 했습니다. 하나의 교육 마당에 일꾼과 말꾼이 함께 자라고 있었던 것입니다. 이것은 신앙 공동체에도 해당되는 말입니다. 신앙의 길을 가는 사람들 중에 진정한 일꾼이 있는가 하면, 말만 하는 말꾼도 있습니다.

사도 바울은 고린도교회를 향한 서신에서 자신이 만난 사람들 가운데 진정한 일꾼이 있는가 하면, 말만 하는 말꾼이 있다고 말합니다.

먼저, 진정한 일꾼의 모범으로 사도 바울은 그의 제자요 사역의 승계자인 디모데를 꼽았습니다. 고린도전서 4장 17절을 보면, '신실한 아들 디모데'라고 표현되어 있습니다. 그러나 이어지는 말씀에서는 고린도교회 안에 교만한 자들이 있다고 말했습니다. 그들은 말만 하고 말씀에 합당한 능력의 삶이 없는 사람들이었습니다. 그들은 일꾼들이 아니라 말꾼들이었던 것입니다. 사도 바울은 그들을 향해 이렇게 말했습니다.

> "하나님의 나라는 말에 있지 아니하고 오직 능력에 있음이라"(고전 4:20).

존 번연은 이 두 가지 유형의 사람들을 '신실'(Faithful)과 '수다쟁이'(Talkative, 또는 '허풍선')라고 일컫습니다.

사망의 음침한 골짜기를 빠져 나올 무렵 주인공 순례자 크리스천은 흔들리지 않고 일관성 있는 발걸음으로 자신보다 앞장서서 걷고 있는 한 사람을 발견했습니다. 보기만 해도 듬직한 사람, 함께하고 싶은 사람으로, 그의 이름은 '신실'이었습니다.

쉽게 그를 따라잡지 못하자 크리스천은 달려갔습니다. 그리고 마침내 신실과 어깨를 나란히 하고 동행하게 되었습니다. 신실과의 동행, 얼마나 바람직한 삶의 모습입니까? 그가 들려주는 신앙 체험, 간증들은 얼마나 힘이 되는지 모릅니다. '음탕'(Wanton)을 만나 유혹을 극복한 이야기, '첫 사람 아담'(Adam the First)과 그의 세 딸 '육신의 정욕', '안목의 정욕', '이생의 자랑'을 만난 이야기, '불만'(Discomtent)과 '수치심'(Shame)을 만난 이야기, 마침내 모든 미혹을 극복하고 사망의 음침한 골짜기를 벗어나게 된 간증에 귀를 기울이며 크리스천은 큰 힘을 얻습니다. 좋은 신앙의 사귐이 주는 유익한 증언입니다.

그러나 우리는 신앙의 길에서 신실한 성도만을 만나는 것은 아닙니다. 크리스천과 신실은 오래지 않아 훤칠하고 잘나 보이는 한 사람을 만납니다. 그는 바로 '수다쟁이'였습니다.

이는 우리 믿음의 순례길에서 만나게 되는 두 가지 대조적인 순례자의 모습을 보여 줍니다. 내가 누구와 더 많은 시간을 보내느냐에 따라 신앙의 성숙이 크게 달라질 수 있습니다. 그래서 우리는 두 가지 유형의 순례자를 좀 더 주의 깊게 관찰할 필요가 있습니다.

순례길에서 만나게 되는 두 부류의 순례자

첫째, 함께 걸어갈 순례자는 '신실'입니다.

《천로역정》의 저자 존 번연은 신실의 특성을 무엇보다 유혹을 극복하고, 비교적 흔들림 없이 일관적으로 믿음의 길을 걸어가는 사람으로 묘사합니다. 그리고 더 나아가 믿음의 길을 가며 다른 사람들에게 선한 영향력과 유익을 끼치는 사람으로 묘사하고 있습니다.

그렇다면 사도 바울이 '신실한 믿음의 아들'이라고 묘사한 디모데는 어떤 사람이었을까요? 사도 바울에게 디모데라는 제자는 누구보다 믿을 만한 사람으로, 자신을 대신할 수 있는 존재였습니다. 일찍이 그는 디모데에게 다음과 같이 권면했습니다.

> "누구든지 네 연소함을 업신여기지 못하게 하고 오직 말과 행실과
> 사랑과 믿음과 정절에 있어서 믿는 자에게 본이 되어"(딤전 4:12).

다시 말하면, 말이 믿을 만하고, 행실이 믿을 만하고, 사랑이 믿을 만하고, 믿음이 믿을 만하고, 정절이 믿을 만한 사람이 되라는 것입니다. 이것을 한마디로 하면 '신실함'일 것입니다.

사도 바울은 디모데전서 4장 15절에서 "이 모든 일에 전심전력하여 너의 성숙함을 모든 사람에게 나타나게 하라"고 권면했습니다. 디모데는 마침내 성숙함을 이루어 이웃들에게 드러냄으로써 신실한 인격의 진보를 증명했습니다. 그래서 사도 바울이 고린도교회 내에 해결해야 할 문제들이 생겼을 때 누구보다 믿을 만한 디모데를 자신을 대신하여 보내고자 한 것입니다.

그것은 고린도교회의 상황에서만이 아니었습니다. 사도 바울은 빌립보교회 교인들에게 자신의 메시지를 편지로 전달하여 가르치고자 했을 때에도 누구보다 디모데를 먼저 생각했습니다.

> "내가 디모데를 속히 너희에게 보내기를 주 안에서 바람은 너희의
> 사정을 앎으로 안위를 받으려 함이니 이는 뜻을 같이하여 너희 사
> 정을 진실히 생각할 자가 이밖에 내게 없음이라"(빌 2:19-20).

"너희 사정을 진실히 생각할 자"라는 표현에서 우리는 디모데의 신실함을 다시 한 번 엿볼 수 있습니다. 그러나 이런 신실함은 단순한 천성이 아니라 영적 훈련의 산물이었음을 우리는 주목할 필요가 있습니다.

"그들이 다 자기 일을 구하고 그리스도 예수의 일을 구하지 아니하되 디모데의 연단을 너희가 아나니 자식이 아버지에게 함같이 나와 함께 복음을 위하여 수고하였느니라"(빌 2:21-22).

여기서 '연단'이란 단어에 주목하십시오. 디모데의 신실함은 복음을 위해 수고하는 과정에서 연단된 산물이라고 사도 바울은 말합니다. 영어로 'proved himself'입니다. 신실하지 못한 사람들의 입술을 빌려 증거되는 복음을 누가 신뢰하겠습니까? 복음의 증인으로 살고자 하는 사람에게 요구되는 제1의 연단은 바로 신실함입니다.

하나님은 삶의 은총을, 믿는 자들만 아니라 믿지 않는 이들에게도 허락하십니다. 신학자들은 이것을 '일반 은총'(common grace)이라고 부릅니다. 그래서 많은 경우 믿지 않는 이들이 믿는 우리보다 더 탁월한 재능과 은사를 가질 수 있습니다. 그러나 믿는 우리가 믿지 않는 이들에게 절대로 질 수 없는 인격적 특성이 있으니, 그것은 신실성, 혹은 성실성입니다. 신실은 하나님의 가장 중요한 속성이기 때문입니다. 우리가 신실하게 살아야 할 이유는 우리가 믿고 의지하는 하나님이 신실한 분이시기 때문입니다.

"그런즉 너는 알라 오직 네 하나님 여호와는 하나님이시요 신실하신 하나님이시라 그를 사랑하고 그의 계명을 지키는 자에게는 천 대까지 그의 언약을 이행하시며 인애를 베푸시되"(신 7:9).

이것은 신약 시대에도 변함없는 증언입니다.

"너희를 불러 그의 아들 예수 그리스도 우리 주와 더불어 교제하게 하시는 하나님은 미쁘시도다[신실하시다]"(고전 1:9).

신실하신 하나님은 그분이 불러 자기 언약 백성으로 삼으신 이들을 신실한 성도로 삼으사 신실함을 상실한 이 세대의 빛으로 사용되기를 소원하십니다.

둘째, 경계해야 할 순례자는 '수다쟁이'입니다.
우리는 우리와 함께하는 사람들과 영향을 주고받는 존재입니다. 그래서 서양 속담에 "당신이 누구인지 알리고 싶으면 당신의 친구들을 내게 보여 달라"는 말이 있습니다. 이처럼 인생의 동행자는 매우 중요합니다.

순례자 크리스천이 하늘 가는 길에서 만난 수다쟁이는 어떤 사람이었을까요? 크리스천은 신실에게 수다쟁이의 정체를 이렇게 폭로합니다.

"그는 말은 그럴듯 하지만 됨됨이 곧 인격이 따르지 못하는 사람입니다."

한마디로 말과 행실이 다른 사람이라는 것입니다. 영혼과 몸이 각각이듯 믿음과 행동이 따로따로인 사람이라고 말합니다. 기도하지도 않고, 죄를 진지하게 회개한 적도 없는 자가 수다쟁이의 정체라고 말합니다. 울리는 꽹과리처럼 천사의 말을 하지만 사랑이 없는 사람이라고 말합니다. 많은 경우 말만 들으면 신심이 깊은 사람으로 속아 넘어갈 수 있는 사람이라고 말합니다.

이 대목에서 존 번연은 두 개의 성구를 인용합니다.

"그러므로 무엇이든지 그들이 말하는 바는 행하고 지키되 그들이 하는 행위는 본받지 말라 그들은 말만 하고 행하지 아니하며"(마 23:3).

이 말씀에 인용된 대상은 예수님 당시의 바리새인들입니다. 바리새인들은 성경을 잘 인용하고, 토라에 대한 지식을 자랑했습니다. 그러나 그들에게 말씀대로 살아가는 흔적은 보이지 않았습니다.

그리고 다음으로 인용한 말씀을 통해 존 번연은 하나님 나라를 살아가지 못하는 이들에 대해 지적합니다.

"하나님의 나라는 말에 있지 아니하고 오직 능력에 있음이라"
(고전 4:20).

그들은 누구였을까요? 고린도전서 1장부터 읽어 보면, 그들은 고린도교회 내에 파당을 만들고 있었던 사람들, 말만 하고 아무런 헌신도 행함도 없었던 사람들, 사도 바울의 사도권을 의심하도록 하여 교회 공동체의 사랑을 깨뜨리고 있었던 이들이었습니다.

여기서 사도 바울이 말한 '능력'은 초자연적 은사나 표적을 가리키는 것이 아닙니다. 말씀대로 살아가고 실천하는 '삶의 능력'을 뜻합니다. 크리스천이 삶의 능력이 부족하다고 지적하자 수다쟁이는 곧 말을 그치고 성도의 교제에서 이탈했습니다. 그가 사라지자 오히려 신실은 하나님을 찬양했습니다.

"애당초, 수다쟁이는 얼마나 깃털을 곤두세웠던가!
얼마나 당당하게 이야기했는가?
얼마나 건방지게 굴었는가 닥치는 대로 깔보면서!
그러나 신실이 마음의 변화를 이야기하자,
보름 넘긴 달이 이울 듯, 한없이 작아졌네.
마음의 변화를 모르는 이들은 너나없이 그리 되리라."

그들은 마음의 변화를 저항하는 이들입니다. 진리는 그들의 입술에만 있을 뿐 그들의 마음을 다스리지 못합니다. 진리가 손과 발이 되어 헌신하는 진지한 화육(化肉)을 볼 수 없는 사람들입니다. 말씀이 육신이 되지 못한 사람들입니다. 한마디로, 신실하지 못한 사람들인 것입니다.

흥미로운 사실은 '신실'이나 '성실'을 한문으로 표기할 때 '말씀 언'(言) 자가 들어간다는 것입니다. 신실의 '신'(信)은 '사람 인'(人)에 '말씀 언'(言)을 붙인 것입니다. 말의 열매가 신실인 것입니다.

또한 성실의 '성'(誠)은 '말씀 언'(言)과 '이룰 성'(成)이 합해진 것입니다. 말한 바를 그대로 지키는 열매가 바로 성실인 것입니다. 우리 시대는 역경이나 순경이나, 봄이나 여름이나 변함없이 말씀을 붙들고 살아가는 성실한 증인들을 필요로 하고 있습니다.

미국 켄터키 시골 통나무집에서 태어나 교사의 꿈을 키운 사람이 있었습니다. 그는 가정환경이 너무 열악해서 제대로 학교 수업을 받을 수 없었으나, 독학으로 마침내 교사가 되었습니다. 그러나 어려서부터 허약한 체질을 지녔던 그는 건강 문제로 결국 교사직을 그만두게 되었습니다.

그러던 그가 나이 27세 되던 해에 부흥회에 참석하여 은혜를 받고 복음을 전하는 목사의 꿈을 꾸게 되었습니다. 드디어 36세 그는 감리교 목회자가 되었습니다. 그러나 건강 문제가 다시 발목을 잡아 일 년 만에 목회직을 포기하기에 이르렀습니다. 그는 부득이 생존을 위해 정기적으로 일하지 않아도 되는 보험 설계사라는 직업을 갖게 되었습니다.

교사 하다 그만두고, 목사 하다 그만둔 그는 때로 말 많은 친족들과 이웃들의 따가운 시선을 받아야 했습니다. 하지만 그는 어느 날 집에서 예레미야애가의 말씀을 묵상하다가 큰 은혜를 경험하게 되었습니다.

"여호와의 인자와 긍휼이 무궁하시므로 우리가 진멸되지 아니함이니이다 이것들이 아침마다 새로우니 주의 성실하심이 크시도소이다"(애 3:22-23).

비록 건강이 여의치 못해 교사도 목사도 그만두었지만, 보험 설계사로서 건강을 유지하면서 가족과 함께 살아가고 있고, 강단을 통해서는 아니지만 자신이 만나는 사람들에게 복음을 전하며 하루하루를 살아가고 있음이 바로 하나님의 신실한 은혜임을 깨달았습니다.

그는 하나님께 감사한 마음으로 붓을 들어 한 편의 시를 써 내려갔습니다. 그것이 토머스 치솜(Thomas Chishom)이 지은 세기의 찬송 "오 신실하신 주"(새찬송가 393장)입니다.

> "오 신실하신 주 내 아버지여 / 늘 함께 계시니 두렴 없네.
> 그 사랑 변찮고 날 지키시며 / 어제나 오늘이 한결같네(1절).
> 봄철과 또 여름 가을과 겨울 / 해와 달, 별들도 다 주의 것
> 만물이 주 영광 드러내도다. / 신실한 주 사랑 나타나네(2절).
> 오 신실하신 주 오 신실하신 주 / 날마다 자비를 베푸시며
> 일용할 모든 것 내려 주시니 / 오 신실하신 주 나의 구주(후렴)."

우리는 신실하신 주의 은혜로 오늘을 살고 있습니까? 그렇다면 오늘도 신실하신 하나님을 경배하고, 신실한 성도들과 교제를 누리며, 신실한 주의 품성을 이루어 감으로 우리가 신실하신 하나님의 자녀임을 드러내는 삶을 살아갈 수 있기를 기도합니다.

1. 믿음의 순례길에서 만나게 되는 두 부류의 대조적인 순례자는 누구입니까?

1)

2)

2. 두 부류의 순례자를 대표하는 성경 인물은 누구입니까? 각각의 특징에 대해 이야기해 보십시오.

3. 성경적인 '신실'의 본질이 무엇인지 나누어 보십시오.

4. 신실하신 하나님의 자녀임을 드러내며 하루하루 살아가려면 어떻게 해야 할까요?

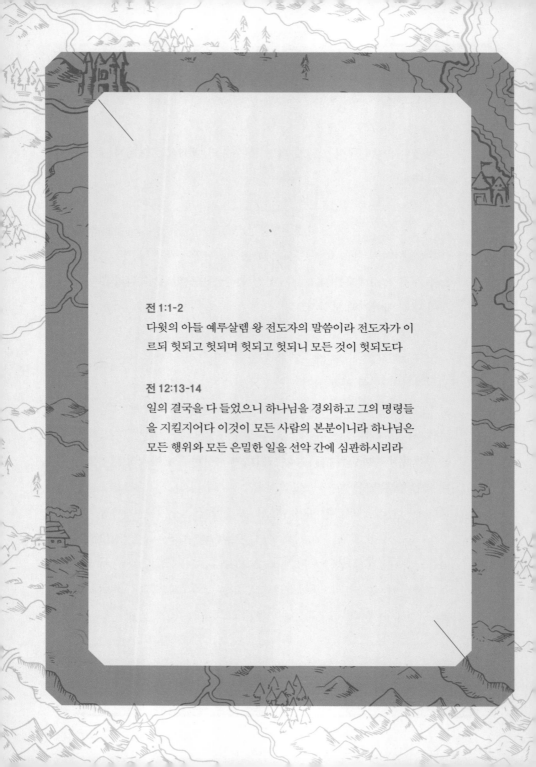

전 1:1-2

다윗의 아들 예루살렘 왕 전도자의 말씀이라 전도자가 이
르되 헛되고 헛되며 헛되고 헛되니 모든 것이 헛되도다

전 12:13-14

일의 결국을 다 들었으니 하나님을 경외하고 그의 명령들
을 지킬지어다 이것이 모든 사람의 본분이니라 하나님은
모든 행위와 모든 은밀한 일을 선악 간에 심판하시리라

허영의 시장

세상살이의 본질은 허영의 시장

인생을 사는 대부분의 사람들이 방황하는 원인은 세상의 본질이 허영의 시장임을 알지 못하기 때문입니다. 그래서《천로역정》의 저자 존 번연은 순례자 크리스천이 반드시 거쳐 가야 할 곳에 허영의 시장을 배치해 놓았습니다. 순례자들은 광야 끝자락에 일 년 내내 시끌벅적하게 장이 열리는 이 마을을 피해 갈 수 없습니다. 여기서 우리는 허영의 시장이 보여 주는 세 가지 교훈에 대해 생각해 보고자 합니다.

허영의 시장이 보여 주는 세 가지 교훈

첫째, 세상의 추구는 다 헛될 뿐입니다.

우리는 이 시장의 이름에 주목할 필요가 있습니다. '허영의 시장'(허망의 시장), 영어로는 'Vanity fair'입니다. 'Vanity'(공허, 헛됨)라는 단어가 나오는 성경의 가장 유명한 대목이 바로 전도서 1장 2절입니다. 이 대목을 KJV 성경은 "Vanity of vanities, vanity of vanities, all is vanity"라고 적고 있습니다. NIV 성경에는 'vanity' 대신 'meaningless'(무의미)라는 단어로 옮기고 있습니다. 개역개정에는 "전도자가 이르되 헛되고 헛되며 헛되고 헛되니 모든 것이 헛되도다"라고 되어 있습니다.

《천로역정》의 저자 존 번연은 허영의 시장에서 팔리는 세상 열방에서 온 화려하고 빛나 보이는 것들이 실상은 다 무가치한 것들이라고 말하고 있습니다. 그런데 세상 사람들은 이런 무가치한 것들이 대단히 가치가 있는 양 속아서 인생을 걸고 몸부림치며 살아가고 있다는 것입니다.

이 모든 것들이 무가치한 이유는 하나님을 떠나게 하고 하나님을 떠나 있는 것들이기 때문입니다. 전도서의 교훈 전체가 바로 이 점을 지적하고 있습니다. 하나님을 떠난 지혜와 지식의 추구가 그렇다고 이야기합니다(전 1:12-18).

> "지혜가 많으면 번뇌도 많으니 지식을 더하는 자는 근심을 더하느니라"(전 1:18).

하나님을 떠난 지성의 허무를 말합니다. 또한 하나님을 떠난 쾌락의 추구 역시 허무하다고 이야기합니다(전 2:1-11).

"나는 내 마음에 이르기를 자, 내가 시험 삼아 너를 즐겁게 하리니 너는 낙을 누리라 하였으나 보라 이것도 헛되도다"(전 2:1).

이는 쾌락에 삶을 걸었던 사람의 증언입니다. 더 나아가 하나님을 떠난 물질의 추구 역시 헛되다고 말합니다(전 2:12-26).

"일평생에 근심하며 수고하는 것이 슬픔뿐이라 그의 마음이 밤에도 쉬지 못하나니 이것도 헛되도다"(전 2:23).

쌓아 둔 물질이 많을수록 관리하는 고통이 많고 마음의 평화를 잃을 것이라는 증언입니다. 얼마나 진실한 말입니까? 이를 증언한 전도서의 기자 솔로몬 왕은 실제로 지식과 쾌락과 물질을 쌓아 두고 누린 왕입니다. 그는 1,400대의 개인적인 병거를 가지고 있었고, 호위 병사를 1만 2천 명이나 두고 있었으며, 후비를 700명, 엑스트라 부인을 300명, 도합 1천 명의 여인들을 거느리며 살았습니다. 또한 애굽에서 수입한 은을 마치 벽돌처럼 궁궐의 재료로 사용했으며, 백향목을 뽕나무처럼 사용했습니다.

그런데 최고의 지식, 최고의 부, 최고의 쾌락을 누린 사람의 마지막 인생의 고백이 무엇입니까? "헛되고 헛되며 헛되고 헛되니 모든 것이 헛되도다"입니다. 여기서 '헛되다'라는 단어 '헤

벨'(hebel)은 본래 추운 겨울에 후 하고 입김을 불면 잠시 포물선을 그리다가 사라지는 것과 같은 것입니다. 야고보의 증언처럼 "잠깐 보이다가 없어지는 안개"(약 4:14) 같은 것이 바로 세상살이, 인생의 실체라는 것입니다.

둘째, 세상에서 추구할 참된 가치는 바로 진리입니다.

참된 가치란 궁극적으로 무엇을 말하는 것일까요? 존 번연은 참된 가치가 바로 '진리'라고 말합니다. 허영의 시장에 놓인 화려한 물건들을 거들떠보지도 않고 통과하는 순례자들에게 한 상인이 물었습니다. "당신은 도대체 무엇을 사려 하는가?" 이때 크리스천과 신실은 함께 단호하게 대답했습니다.

"진리를 사고 싶습니다."

이는 본래 잠언 23장 23절에서 인용한 것입니다.

> "진리를 사되 팔지는 말며 지혜와 훈계와 명철도 그리할지니라."

신약성경에서 예수님은 "내가 곧 길이요 진리요 생명이니" (요 14:6)라고 말씀하심으로 진리가 바로 자신이라고 가르칩니다.

> "진리를 알지니 진리가 너희를 자유롭게 하리라"(요 8:32).

그러나 진리는 추상적이고 형이상학적인 원리가 아닙니다. 요한복음 8장 36절에서 예수님은 "아들이 너희를 자유롭게 하면 너희가 참으로 자유로우리라"고 말씀하십니다. 그리고 이 모든 말씀에 선행하여 요한복음 8장 31절에서 "너희가 내 말에 거하면 참으로 내 제자가 되고"라고 말씀하셨습니다.

우리가 예수 그리스도를 주인으로 삼고 그분의 말씀에 거할 때 우리는 진정한 자유인, 모든 허영에서 자유로운 인생을 살게 됩니다. 그러나 상대적으로 보이는 것이 우리를 미혹하기에 허영의 시장을 통과하는 동안 우리에게는 순례자들이 반복한 기도가 필요합니다.

"내 눈이 헛된 것을 보지 않게 하소서."

그리고 모든 유혹을 극복하기 위해서는 유혹 이상으로 우리를 붙잡는 보다 강력한 영적 갈망이 필요합니다. 이 갈망은 바로 궁극적 진리에의 갈망이어야 합니다. 이것은 세상에서 사라질 어떤 것이 아니라 사라질 수 없는 영원한 것에 대한 갈망이어야 합니다.

"이 세상도, 그 정욕도 지나가되 오직 하나님의 뜻을 행하는 자는 영원히 거하느니라"(요일 2:17).

그래서 전도서 기자는 인생의 궁극적 가치를 '하나님 경외'라고 선언합니다. 사실 전도서는 끝까지 읽지 않으면 허무주의에 빠질 만한 내용으로 가득합니다. 책을 잘 읽으려면 결론에 도달할 때까지의 인내가 필요한데, 특히 전도서가 그렇습니다. 종종 과거에 전도서를 읽다가 허무주의에 빠져 생을 등진 사람이 있다는 말을 들은 적이 있습니다.

전도서의 핵심이 무엇입니까? 지식도 물질도 쾌락도 명성도 다 헛되다는 것입니다. 그러면 살아서 무엇하겠습니까? 그러나 여기 결론이 있습니다.

"일의 결국을 다 들었으니 하나님을 경외하고 그의 명령들을 지킬 지어다 이것이 모든 사람의 본분이니라"(전 12:13).

하나님을 경외하고, 그분의 아들 예수 그리스도를 삶의 주인으로 삼고, 그분의 말씀을 붙들고 사는 것, 이것만이 우리에게 후회 없고 가치 있는 인생을 담보한다는 것입니다.

셋째, 참된 가치는 언제나 계승됩니다.
《천로역정》에서 허영의 시장을 통과하던 순례자들은 그들의 모습이 시장판의 사람들과 너무 다르다는 사실 때문에 핍박과 조롱의 대상이 되고 맙니다. 첫째, 옷차림새가 달랐습니다. 라이프스타일이 달랐다는 뜻입니다. 둘째, 말투가 달랐습니다. "언어는 존재의 집"이라는 말이 있습니다. 우리의 언어는 우리의 영혼을 드러냅니다. 셋째, 허영의 시장에서 파는 상품에 무관심 했습니다. 사실 더 정확하게 말하면, 진리에 대한 관심이 상대적으로 세상 것들에 대한 무관심을 초래한 것입니다.

이런 이유들로 순례자들은 체포되어 재판을 받고 사형 언도를 받았습니다. 의를 위한 핍박이었습니다. 먼저 신실이 끌려 나가 채찍질을 당하고, 칼로 찔림을 받고, 불구덩이에 던져져 한 줌의 재가 되고 말았습니다. 도대체 그들이 무슨 죄를 지었다고 이런 고통을 당해야 합니까? 이것이 바로 인생입니다. 그러나 이렇게 끝나 버린다면 과연 하나님의 공의는 어디에 있는 것입니까?

이렇게 핍박을 받아 죽임을 당하면서도 신앙을 부인하지 않은 신실의 모습을 보고 감동을 받은 사람이 있었습니다. 그는 칼보다 강한 진리의 실존을 신실의 마지막 모습에서 본 것입니다. 그가 바로 '소망'(Hopeful)입니다. 또다시 주님의 보호하심으로 살아남아 시장의 감옥을 벗어난 순례자 크리스천은 소망과 동행을 시작했습니다. 신실이 소망을 남긴 것입니다.

진리는 죽지 않습니다. 진리는 진리를 낳고, 제자는 제자를 낳습니다. 의인은 의인을 일으키고, 가치는 가치를 낳습니다. 가치는 역사 속에 변함없이 계승됩니다. 하나님의 뜻을 행하는 이는 영원히 거한다는 말씀 그대로입니다. 그러므로 우리는 선을 행하되 낙심하지 말아야 합니다. 때가 이르면 거둘 것입니다.

이제 전도서의 마지막인 12장 14절을 보겠습니다.

"하나님은 모든 행위와 모든 은밀한 일을 선악 간에 심판하시리라."

하나님이 마지막 공의로운 재판장이십니다. 심판자가 살아 계시기 때문에 진리는 계승되는 것입니다. 세상에서 우리는 일시적으로 불의가 의를 이기고, 악이 선을 삼키는 모습을 봅니다. 물론 인류 역사의 마지막 심판은 이 모든 역사의 아이러니를 올곧게 할 것입니다. 그러나 세상에서도 전능자의 개입으로 우리는 마침내 진리의 행진을 보게 될 것입니다. 마침내 궁극적인 가치가 계승됨을 볼 것입니다.

우리 시대의 순교자 짐 엘리엇(Jim Eliot)의 이야기입니다. 1950년대 초 명문 기독교 대학인 휘튼 대학을 수석으로 졸업한 그는 친구 4명과 함께 한 번도 복음을 전해 듣지 못한 중남미 에콰도르 아우카 인디언들에게 접근했습니다. 그러나 안타깝게도 강가에서 젊은 목숨을 버리고 말았습니다. 그들은 모두 호신용 권총을 차고 있었지만 아무도 그 권총을 뺀 흔적이 없었습니다. 선교의 대상, 사랑해야 할 대상에게 총을 겨눌 수 없었던 것입니다. 대신 그들에게 생명을 주었습니다.

이 소식이 알려졌을 때 〈라이프(Life)〉지의 한 기자는 이 사건을 취재하며 "이 얼마나 낭비인가"라고 말했습니다. 이때 짐 엘리엇의 아내가 무엇이라고 대답했을까요?

그녀는 "아니요, 낭비가 아닙니다"라고 말했습니다.

그러면서 남편 짐 엘리엇이 대학생 시절 썼던 일기의 한 대목을 공개했습니다. 그곳에 이런 기도문이 적혀 있었습니다.

"주님, 높은 자리에 오름으로 성공하는 사람이 아니라 저의 삶이 하나님의 가치를 드러내는 인생이 되게 하소서."

그리고 이어 유명한 그의 고백이 나옵니다.

"결국 놓치지 말아야 할 것을 위해 결국 붙들 수 없는 것을 버리는 자는 결코 어리석은 사람이 아니라"(He is no fool who gives what he cannot keep to gain what he cannot lose).

그런데 이것이 짐 엘리엇 이야기의 끝이 아닙니다. 그의 아내가 남편이 죽은, 아니 남편을 죽인 마을로 들어간 것입니다. 엘리자베스 엘리엇(Elisabeth Eliot)을 본 인디언 마을 사람들은 그녀를 향해 문을 활짝 열었습니다(여자는 해치지 않는 것이 이 마을의 풍습이었기에 접근이 가능했습니다). 마을은 복음화되었고, 진리가 마침내 승리했습니다. 복음의 가치가 이 원주민들의 새로운 삶의 양식이 된 것입니다.

참된 가치를 위한 우리의 투자는 영원한 가치를 계승한다는 교훈을 기억하기를 바랍니다.

1. 허영의 시장이 보여 주는 세 가지 교훈은 무엇입니까?

1)

2)

3)

2. 허영의 시장에서 순례자들이 다른 사람들과 다른 점이 있다면 무엇입니까?

3. 신실이 처형당한 후 크리스천과 동행한 사람이 있다면 누구이며, 그의 특징은 무엇입니까?

4. 순교자 짐 엘리엇에게서 배울 수 있는 교훈을 함께 나누어 보십시오.

우리가 예수 그리스도를 주인으로 삼고 그분의 말씀에 거할 때
우리는 진정한 자유인, 모든 허영에서 자유로운 인생을 살게 됩니다.
모든 유혹을 극복하기 위해서는 유혹 이상으로 우리를 붙잡는
보다 강력한 영적 갈망이 필요합니다.
이 갈망은 바로 궁극적 진리에의 갈망이어야 합니다.

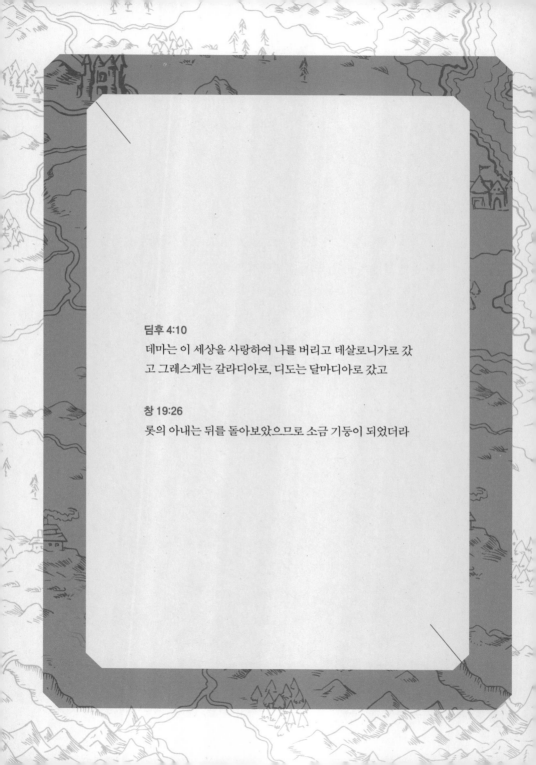

딤후 4:10
데마는 이 세상을 사랑하여 나를 버리고 데살로니가로 갔고 그레스게는 갈라디아로, 디도는 달마디아로 갔고

창 19:26
롯의 아내는 뒤를 돌아보았으므로 소금 기둥이 되었더라

데마의 레슨

순례길의 빨간 신호등

믿음의 여정을 여행하는 순례자들 중에도 앞을 향해 잘 나아가다가 한순간 잘못된 선택으로 갑자기 과거로 돌아가는 어리석고 안타까운 이들이 있습니다. 성경에 나오는 대표적인 인물이 바로 데마입니다.《천로역정》의 저자 존 번연은 바로 그를 순례길에 등장시켜 순례자들에게 중요한 경고의 교훈을 던지고 있습니다.

허영의 시장을 떠난 크리스천과 소망은 장터거리를 빠져나온 지 얼마 안 되어 '두 마음'(By-ends)이란 친구를 만납니다. 그는 순례자를 자처하면서도 현세의 이익에 민감한 기회주의적인 처신으로 인생을 사는 사람이었습니다.

순례자 크리스천과 소망은 두 마음과 함께한 '세상 집착' (Mr. Hold the world), '돈 사랑'(Mr. Money love), '노랭이'(Mr. Save all) 일행의 미혹을 뿌리치고 탁 트인 들판을 지나 어떤 은광 앞에 도달했습니다. 그리고 그곳에서 점잖게 생긴 신사 한 사람을 만났습니다. 그가 바로 데마입니다. 데마가 오늘의 포스트모던 순례자들에게 던져 주는 교훈은 무엇일까요?

순례자들에게 주는 데마의 교훈

첫째, 이 세상 사랑을 경계하라는 것입니다.

데마는 순례자 일행의 발걸음을 멈추게 하고는 그들에게 꼭 보여 주고 싶은 것이 있다고 말합니다. "저쪽에 가면 은광을 파헤쳐 큰돈을 만질 수 있다"라고 하면서 미혹했습니다. 꼭 이 은광을 구경하고 가라면서 말입니다.

이때 크리스천은 단호하게 말했습니다.

"난 당신의 정체를 알고 있오. 당신은 과거에 거룩의 길에서 도망쳐 유죄 판결을 받은 전과가 있는 사람이 아닌가!"

지금 크리스천은 성경 이야기를 하고 있는 것입니다.

> "데마는 이 세상을 사랑하여 나를 버리고 데살로니가로 갔고"(딤후 4:10).

이 구절만으로는 데마가 이 세상을 사랑했다는 말의 의미를 구체적으로 알 길이 없습니다. 그러나 초대 교회의 문서가 증언하듯, 그가 신앙의 배교자가 된 것으로 이 말씀을 이해하면 될 것입니다. 요한일서 2장 15절에서 우리는 "세상을 사랑하지 말라"는 경고를 접합니다. 그런데 바로 다음 구절에서 세상 사랑의 본질이 무엇인지를 가르칩니다.

> "이는 세상에 있는 모든 것이 육신의 정욕과 안목의 정욕과 이생의 자랑이니 다 아버지께로부터 온 것이 아니요 세상으로부터 온 것이라"(요일 2:16).

즉, 여기서 세상 사랑의 본질은 결국 육신의 정욕과 안목의 정욕과 이생의 자랑을 뜻합니다. 아마도 존 번연은 이 말씀에 기초하여 데마의 세상 사랑을 '은광 사랑'으로 설명하고자 한 것 같습니다. 금과 은에 대한 집착이야말로 세상 사랑의 본질입니다. 예수님의 제자로 그분을 따르는 것이 물질적인 이득을 전혀 보장하지 못하자 데마는 은광 개발에 매달리고자 한 것입니다.

만약 데마가 참된 예수님의 제자였다면 이렇게 말했어야 했습니다. "은과 금은 내게 없거니와 내게 있는 것으로 네게 주노니 나사렛 예수 그리스도의 이름이라"(행 3:6 참조). 그러나 불행하게도 데마는 은과 금을 선택했고, 옛날부터 은과 금의 추억이 감미로웠던 데살로니가로 돌아갔습니다. 데살로니가는 데마의 본향인 듯 보입니다. 이제 데마는 과거 고향으로 돌아가 한몫 잡는 세속적

인생으로 회귀하고자 한 것입니다. 그의 시간은 미래로 흐르는 것이 아니라 과거로 흐르고 있었습니다.

둘째, 자기 과신을 경계하라는 것입니다.

《천로역정》을 보면 순례자 크리스천의 동행자 소망은 데마의 미혹에 거의 넘어질 뻔했습니다. 그러자 크리스천은 데마에게 소리쳐 물었습니다.

"정말 이곳 은광은 위험하지 않단 말입니까? 수많은 순례자들이 여기서 발목을 잡혔다고 하던데요?"

그러자 데마가 이렇게 대답합니다.

"아주 부주의한 이들이라면 모를까, 그렇게 위험하지는 않습니다."

다시 말하면, 조금만 조심하면 약간의 욕망은 얼마든지 관리가 가능하다는 것입니다. 그런데 정말 그럴까요? 모든 중독의 유혹은 이와 같은 자신감에서 시작됩니다. '나는 이 정도의 욕망쯤은 얼마든지 극복할 수 있어!' 그러나 야고보의 경고를 들어 보십시오.

> "욕심이 잉태한즉 죄를 낳고 죄가 장성한즉 사망을 낳느니라"(약 1:15).

모든 중독자들의 공통점은 자신의 중독성을 시인하지 않는다는 것입니다. 시인하면 치료될 희망이 있습니다. 그러나 중독자치고 중독의 심각성을 인지하는 사람은 거의 없습니다. 그들은 데마처럼 말합니다. "그렇게 위험한 것은 아니야." 알코올중독자에게 "당신은 알코올중독자인가요?"라고 물어보십시오. 뭐라고 대답할까요? "저는 그냥 술을 좋아할 뿐입니다"라고 말할 것입니다. 도박중독자에게 "당신은 도박중독자인가요?"라고 물어보십시오. 아마 "저는 스포츠처럼 도박을 조금 즐길 뿐입니다"라고 말할 것입니다. 포르노중독자들에게 물어보면 뭐라고 대답할까요? "저는 단지 저의 정신적 이완을 위해 성적 환상을 조금 즐길 뿐입니다"라고 말할 것입니다.

그러나 그들은 일단 중독이 되면 수렁에서 헤어 나오지 못합니다. 그것을 '금단 현상'이라고 합니다. 안 하면 꼭 죽을 것만 같은 강박증이 생기는 것입니다. 그래서 술의 노예가 되고, 도박의 노예가 되고, 포르노의 노예가 되어 평생을 살아가게 됩니다.

돈에 대한, 혹은 물질에 대한 욕망도 마찬가지입니다. "나는 돈이 필요할 뿐이고, 돈을 조금 좋아할 따름이야"라고 우리는 말합니다. 그러나 부주의한 한순간, 우리는 물질의 노예가 될 수 있다는 사실을 기억해야 합니다. 욕망에 관한 한 우리는 아무도 자신감을 가져서는 안 됩니다. 항상 조심하고, 항상 자신을 경계해야 합니다.

그래서 종교 개혁자들은 인간의 타락을 가리켜 '전적 타락'이라고 했고, 인간 실존을 '전적 부패'라고 칭했습니다. 우리의 지성, 감성, 의지 등 타락하지 않은 영역이 없고, 부패하지 않은 영역이 없다는 것입니다. 결코 타락한 자신을 과신해서는 안 됩니다. 자신만만은 믿음의 여정에서는 바람직한 덕목이 못 됩니다. 우리는 자신만만이 아니라 '주(主)신만만'해야 합니다.

그렇습니다. 우리는 성령의 지배, 성령 충만이 없이는 한순간도 방심할 수 없는 인생이며, 주의 도우심을 힘입지 않고는 결코 자신을 거룩의 자리로 인도할 수 없습니다. 이런 경각심이 없었던 두 마음 일행은 데마를 만나자마자 은광으로 들어섰고, 존 번연은 다시는 그들을 순례길에서 볼 수 없었다고 증언합니다. 이 광경을 보며 순례자 크리스천은 다음과 같이 찬양했습니다.

"두 마음과 은광의 데마는 한뜻 한 생각
저편에서 부르니 이쪽도 냉큼 달려가네.
한몫 챙긴들 얼마나 즐거우랴.
세상에 묶여 더 가지 못하는 걸."

셋째, 롯의 처를 기억하라는 것입니다.

데마를 떠난 크리스천과 소망은 길을 떠난 지 얼마 안 되어 오래된 기념물을 발견했습니다. 소망은 기념물 윗부분에 새겨진 낯선 글귀를 보게 됐습니다. 크리스천이 한참 애쓴 끝에 해독한 글귀의 뜻은 "롯의 아내를 기억하라"는 것이었습니다. 그것은 순례의 걸음을 계속하는 순례자들을 향한 또 한 번의 경고였습니다. 사실 이 메시지는 데마의 교훈을 반복한 것입니다. 본래는 창세기 19장 26절을 인용한 것입니다.

"롯의 아내는 뒤를 돌아보았으므로 소금 기둥이 되었더라."

크리스천은 이 메시지를 해독하며 소망에게 말했습니다.

"소망 형제, 이건 아주 시의적절한 장면일세. 데마가 은광에 들어가서 한몫 잡으라고 손짓하던 돈 언덕과 아주 가까운 곳에 이 유적이 서 있다는 점을 곰곰이 생각해 보게. 꼬임에 넘어가서 그 자가 시키는 대로 했더라면, 아마 우리도 저 꼴이 됐을걸세."

그러자 소망도 고백했습니다.

"맞습니다. 나마저도 넘어갈 뻔했다니 부끄럽습니다. 롯의 아내가 지은 죄와 내가 저지른 잘못은 거기서 거기, 별 차이가 없다는 걸 알겠습니다. 그 여인은 그저 뒤를 돌아다보았을 뿐이지만 난 직접 가 보려고 했습니다. 하나님의 은혜가 참으로 큽니다. 한편으로는 잠시나마 그런 생각을 마음에 품었다는 게 창피합니다."

우리는 신앙의 길을 부끄럼 없이 완주한 선배들에게 한 가지 공통분모가 있음을 발견하게 됩니다. 그것은 상급으로서의 면류관에 대한 갈망이자 거룩한 욕심입니다. 사도 바울이 데마에 대한 안타까움을 표현하기에 앞서 디모데후서 4장 7-8절에서 고백한 내용을 기억해 보십시오.

> "나는 선한 싸움을 싸우고 나의 달려갈 길을 마치고 믿음을 지켰으니 이제 후로는 나를 위하여 의의 면류관이 예비되었으므로."

우리 믿음의 선배들, 예수 그리스도를 믿은 모든 성도들은 구원은 잃지 않았지만 한 가지, 부끄러운 구원을 받지 않을까 두려워했습니다. 이에 대해 믿음의 선배들은 남들은 천국에서 황금 면류관을 쓰고 있는데 자신들은 개털 모자를 받을까 두렵다고 표현했습니다.

여러 해 전 아프리카 튀니지를 방문한 적이 있습니다. 옛 수도 카르타고 지역을 안내하던 선교사님이 작은 길의 표기를 보라고 했습니다. 거기에는 '키프리안의 길'(Cyprian Road)이라고 쓰여 있었습니다.

주후 275년경 로마의 발레시안 황제에 의해 기독교 박해가 있었을 때였습니다. 당시 카르타고의 주교였던 키프리안(Cyprian)은 세상의 축복만을 원하고 의를 위해 핍박을 받을 준비가 되어 있지 않은 당시의 그리스도인들을 책망하고 격려하다가 주후 278년 참형으로 순교의 길을 갔습니다. 한 교회사가는 그의 일생을 가리켜 "키프리안은 부끄러움 없이 가야 할 길을 갔다"고 증언했습니다. 그런 까닭에 오늘날 튀니지는 이슬람이 보편화된 나라이지만 키프리안이 걸었던 길만큼은 아직도 남아 있었던 것입니다.

우리가 앞으로 걸어야 할 길은 어떤 길일까요? 사도 바울과 베드로, 키프리안이 걸었던 부끄러움이 없는 믿음의 순례의 길을 선택할지, 데마와 롯의 처가 걸었던 부끄러운 길을 선택할지는 우리의 믿음에 달려 있습니다.

1.《천로역정》에 등장하는 데마가 오늘의 순례자들에게 주는 세 가지 교훈은 무엇입니까?

1)

2)

3)

2. 세 가지 중에 특히 내가 유념해야 할 교훈이 있다면 무엇입니까? 그 이유는 무엇입니까?

3. 내가 과신하고 있는 영역이요, 항상 경계해야 할 부분은 무엇입니까?

4. 신앙의 길을 부끄러움 없이 완주한 선배들의 공통점은 무엇입니까? 우리가 앞으로 걸어야 할 길에 대해 생각해 보고 답해 보십시오.

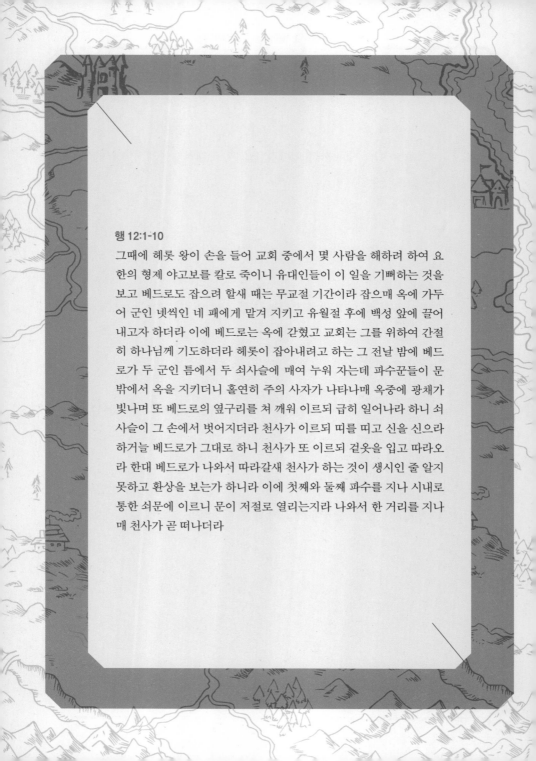

행 12:1-10

그때에 헤롯 왕이 손을 들어 교회 중에서 몇 사람을 해하려 하여 요한의 형제 야고보를 칼로 죽이니 유대인들이 이 일을 기뻐하는 것을 보고 베드로도 잡으려 할새 때는 무교절 기간이라 잡으매 옥에 가두어 군인 넷씩인 네 패에게 맡겨 지키고 유월절 후에 백성 앞에 끌어내고자 하더라 이에 베드로는 옥에 갇혔고 교회는 그를 위하여 간절히 하나님께 기도하더라 헤롯이 잡아내려고 하는 그 전날 밤에 베드로가 두 군인 틈에서 두 쇠사슬에 매여 누워 자는데 파수꾼들이 문 밖에서 옥을 지키더니 홀연히 주의 사자가 나타나매 옥중에 광채가 빛나며 또 베드로의 옆구리를 쳐 깨워 이르되 급히 일어나라 하니 쇠사슬이 그 손에서 벗어지더라 천사가 이르되 띠를 띠고 신을 신으라 하거늘 베드로가 그대로 하니 천사가 또 이르되 겉옷을 입고 따라오라 한대 베드로가 나와서 따라갈새 천사가 하는 것이 생시인 줄 알지 못하고 환상을 보는가 하니라 이에 첫째와 둘째 파수를 지나 시내로 통한 쇠문에 이르니 문이 저절로 열리는지라 나와서 한 거리를 지나매 천사가 곧 떠나더라

절망의 감옥

인생에서 절망의 거인에게 사로잡혔을 때

'사면초가'(四面楚歌)라는 고사성어가 있습니다. 적에게 둘러싸여 꼼짝 못하게 된 절망적 상황을 가리키는 표현입니다. 옛날 중국 초나라 항우와 한나라 유방이 싸울 때의 일입니다. 초나라 항우가 한나라의 명장인 한신에게 포위당하여 곤고한 상황에 처하게 되었습니다. 식량은 바닥났고, 군사들의 사기는 땅에 떨어졌으며, 적은 포위망을 좁혀 오고 있었습니다.

그런데 한밤에 갑자기 초나라의 노랫 소리가 사방에서 들려오기 시작했습니다. 한나라 한신이 초나라 포로들을 시켜 초나라 노래를 부르게 한 것입니다. 일종의 심리작전이었습니다. 그렇지 않아도 지쳐 있던 초나라 병사들은 고향 노래를 듣자 향수병이 발해 전의를 상실하고 무기를 버리기 시작했습니다. 이윽고 병사들은 전투를 포기했고, 초나라 항우가 자살함으로 전쟁은 끝났습니다. 사면초가는 이 고사를 인용한 말입니다.

《천로역정》을 보면 순례자 크리스천에게도 비슷한 사건이 일어났습니다. 순례의 길에서 편해 보이는 샛길로 들어선 지 얼마 되지 않아 구덩이에 빠지고 만 것입니다. 천신만고(千辛萬苦) 끝에 구덩이에서 빠져나온 크리스천은 오두막 하나를 발견하고는 피곤에 지쳐 그곳에서 잠이 들었습니다.

그런데 크리스천은 그곳에서 그만 '절망의 거인'(Giant Despair)에게 붙들려 '의심의 성'(Doubting Castle)이란 지하 감옥에 갇히고 말았습니다. 절망의 거인에게는 아내 '의혹'(Diffidence)이 있었는데, 그녀는 남편을 통해 순례자들인 크리스천과 소망에게 "이 감옥에서 살아 나간 사람은 아무도 없어요. 고통뿐인 이곳에서 절망하고 살기보다 자살을 선택하세요"라고 종용했습니다.

크리스천은 그 말을 따를 수밖에 없겠다고 생각하게 되었습니다. 그러나 소망은 크리스천에게 그들의 말을 따라 죽는 것은 주인의 가르침을 거스르는 것이고, 그렇다고 살인을 할 수도 없으니 참고 기다려 보자고 말했습니다. 살 수도 죽을 수도 없는 상황, 이것이 바로 사면초가, 절망의 감옥이 아니겠습니까? 우리는 종종 인생 순례의 여정에서 이와 같은 상황을 만나곤 합니다.

사도 베드로도 그러했습니다. 헤롯 왕(헤롯 아그립바 1세, 헤롯 대제

의 손자)은 요한의 형제이자 예루살렘 교회의 지도자인 야고보를
죽이고 나서 베드로를 체포했습니다. 야고보를 죽인 그가 야고보
보다 더 영향력 있는 지도자인 베드로를 죽이려는 것은 너무나 당
연한 일이었습니다. 다만 당시는 마침 무교절 기간이어서 재판 과
정과 처형을 잠시 유예해야 했습니다. 헤롯 왕은 베드로를 감옥에
가둔 후 군인들에게 철저한 감시 명령을 내렸습니다.

이제 베드로는 꼼짝없이 죽은 목숨이었습니다. 이때 그가 할 수
있는 일이 무엇이겠습니까? 베드로는 문자 그대로 사면초가, 절
망의 감옥에 처했습니다. 그러나 주님은 그를 긍휼히 여기시고 기
적적으로 감옥에서 해방시키셨습니다.

여기 절망의 인생 감옥에 갇힌 순례자들에게서 배울 수 있는 교
훈이 있습니다. 절망의 감옥에서 해방되기 위해 우리가 할 수 있
는 일은 무엇일까요?

절망의 감옥에서 할 수 있는 일

첫째, 주의 섭리를 믿어야 합니다.

사도행전 12장 2절은 "요한의 형제 야고보를 칼로 죽이니"라고
기록하고 있습니다. 예수님의 열두 제자 중에 요한은 이 땅에서
가장 오래 살았고, 야고보는 이 땅에서 가장 빨리 삶을 마무리했
습니다. 요한은 장수하며 자연적인 죽음을 맞이했고, 그의 형제
야고보는 참수형을 당해 순교했습니다. 같은 형제라도 너무 다

른 삶을 살았습니다. 이것을 가리켜 우리는 '섭리'(Providence)라
고 합니다. 우리는 하나님의 섭리에 따라 하나님이 제자들의 삶을
각각 다른 계획을 가지고 인도하셨음을 보게 됩니다.

　이처럼 야고보가 순교한 후 또다시 예수님의 수제자 베드로가
잡혔습니다. 이제 베드로는 어떻게 될까요? 아무도 모르는 일이
요, 오직 하나님만 아실 일입니다. 그러나 우리가 하나님의 주권
적 섭리를 믿는 주의 백성들이라면 그분의 섭리는 선하시다는 사
실 역시 믿어야 합니다.

> "우리가 알거니와 하나님을 사랑하는 자 곧 그의 뜻대로 부르심을
> 입은 자들에게는 모든 것이 합력하여 선을 이루느니라"(롬 8:28).

　베드로는 하나님의 선하신 섭리를 믿고 있었던 것 같습니다. 그
렇지 않았다면 어떻게 쇠사슬에 매인 상황에서 누워 잠을 잘 수
있었겠습니까? 이 일이 과연 가능하겠습니까? 자포자기했거나,
아니면 주의 섭리를 믿었거나 둘 중 하나였을 것입니다. 저는 후
자라고 믿습니다.

　《천로역정》을 보면 절망의 감옥에 갇힌 상황에서 하나님의 섭
리를 더 견고하게 믿고 있었던 사람은 주인공 크리스천이 아니라
동행자 소망이었습니다. 그는 이 상황이 어떻게 매듭지어질지를
결정하는 것은 절망 거인의 몫이 아니라고 말했습니다. 그것은 하
나님이 하실 일이며, 따라서 그분의 섭리를 믿고 기다려 보자고
말했습니다. 기회가 반드시 올 것이니 자살의 미혹을 거부하고 소

망을 가져야 한다고 말했습니다. 존 번연은 "크리스천이 소망의 말을 듣고 그 마음을 진정시킬 수 있었다"라고 기록합니다.

그렇습니다. 우리가 처한 상황이 절망적일수록 우리는 하나님의 주권적이고 선하신 섭리를 더욱 믿고 기다릴 줄 알아야 합니다. 과거에 이와 같이 참담한 상황에 처해 있을 때 우리 믿음의 선배들이 종종 붙든 말씀이 있습니다.

"그러나 끝까지 견디는 자는 구원을 얻으리라"(마 24:13).

절망의 감옥에 갇혀 있다면, 주의 선하신 섭리를 믿어야 합니다.

둘째, 간절한 기도가 필요합니다.

베드로가 절망의 감옥에 갇힌 것을 보고 초대 교회가 취할 수 있는 몇 가지 계획이 있었을 것입니다. 헤롯 왕이 뇌물을 좋아하니까 그에게 접근하여 돈으로 매수할 수 있는 가능성, 혹은 비상 결사 구조대를 모집하여 감옥을 부수고 베드로를 감옥에서 구출하기 위한 작전을 구사하는 것도 가능한 하나의 방편이었을 것입니다. 그러나 이때 초대 교회가 선택한 방편을 보십시오.

"이에 베드로는 옥에 갇혔고 교회는 그를 위하여 간절히 하나님께 기도하더라"(행 12:5).

초대 교회는 간절한 기도를 선택했습니다. 여기서 '간절히'는 헬라어 'ektenes'인데 영어 단어 'intensely'(강렬하게, 열정적으로), 혹은 'fervently'(열렬하게)에 해당하는 말로, '에너지를 다 소모하다'라는 의미입니다. 단순히 기도가 아니라, 간구한다는 것입니다. 일반적 상황은 일반적 기도를 요구하지만, 비상한 상황은 비상한 기도를 요구합니다. 교회가 모여 드린 간구가 절망의 감옥의 문을 여는 기적을 가져온 것입니다.

다시 《천로역정》으로 돌아가 봅시다. 자살까지 생각했던 절망의 감옥에서 순례자 크리스천과 소망은 자신들이 기도를 잊고 있었다는 사실을 발견했습니다. 존 번연은 이렇게 적고 있습니다.

"순례자들은 자정 무렵부터 기도를 시작해서 새벽이 가까워 올 때까지 계속했다. 그리고 해 뜰 무렵 갑자기 크리스천은 해결책을 생각해 냈다."

그들의 기도와 간구가 문제의 해결책을 찾을 수 있게 한 것입니다. 그렇습니다. 염려나 걱정, 절망은 해결책이 아닙니다. 그래서 우리가 부르는 복음성가는 이렇게 고백하고 있습니다.

"기도할 수 있는데 왜 걱정하십니까? / 기도하면서 왜 염려하십니까? / 기도할 수 있는데 왜 실망하십니까? / 기도하면서 왜 방황하십니까? / 주님 앞에 무릎 꿇고 간구해 보세요. / 마음을 정결하게 뜻을 다하여 / 기도할 수 있는데 왜 걱정하십니까? / 기도하면서 왜 염려하십니까?"

토요일 밤에 시작한 그들의 기도는 주일 새벽까지 계속되었습니다. 그리고 마침내 부활의 아침. 그들은 부활의 기적을 경험하게 되었습니다. 부활이 필요하십니까? 기도하십시오. 아니, 간구하십시오. 기도를 시작한 순간 사도행전 12장 7절 말씀에 의하면, "홀연히 주의 사자가 나타나매 옥중에 광채가" 빛났습니다. 주의 사자, 즉 천사를 통한 주의 개입과 역사가 시작된 것입니다. 이것이 바로 간구의 결과입니다. 절망의 감옥에 갇혀 있습니까? 그렇다면 지금이 바로 간구할 때입니다.

셋째, 말씀을 순종해야 합니다.

초대 교회의 간구와 함께 하나님의 천사의 개입이 시작되었습니다. 이제 베드로를 구출하기 위한 천사의 메시지가 주어집니다. 7절 하반절을 보면, 천사가 "급히 일어나라"고 말합니다. 8절에서는 "띠를 띠고 신을 신으라", "겉옷을 입고 따라오라"고 말합니다. 베드로가 할 일은 그 말에 순종하는 것뿐이었습니다. "베드로가 나와서 따라갈새"(9절). 그 결과는 감옥으로부터의 해방이요 자유였습니다.

> "이에 첫째와 둘째 파수를 지나 시내로 통한 쇠문에 이르니 문이 저절로 열리는지라 나와서 한 거리를 지나매 천사가 곧 떠나더라"(10절).

우리가 성경을 보거나 주의 백성들이 체험한 이야기를 들어보면, 이것은 하나님이 절망의 감옥에 갇힌 그분의 백성들을 위해 일하시는 매우 보편적인 방법입니다. 하나님은 먼저 우리로 절망의 감옥의 차디찬 바닥에 엎드려 기도하게 하십니다. 간구하게 하십니다. 그리고 약속의 말씀을 주십니다. 우리가 약속의 말씀을 붙들고 순종하기 시작하는 순간, 감옥의 문이 열립니다. 자유의 드라마가 시작됩니다.

《천로역정》에서 크리스천은 간구함으로 부활의 동터 오는 새벽을 맞이한 순간, 갑자기 생각난 듯 외쳤습니다.

"언제든지 마음대로 나갈 수 있었는데 이 냄새나는 감방에 처박혀 있었다니, 나 같은 바보 멍청이가 또 있을까! 언약이라는 열쇠를 가슴에 늘 품고 다니면서도 새카맣게 잊었어! 그것만 있으면 의심의 성에 있는 문이란 문은 죄다 다 열 수 있는데 말일세."

소망의 얼굴이 환해졌습니다. "정말 기쁜 소식이군요! 얼른 꺼내서 잘 맞나 확인해 봅시다!" 크리스천은 품에서 열쇠를 꺼내 감옥 문을 열었습니다. 열쇠를 돌리자 빗장이 풀리고 문짝의 돌쩌귀가 스스로 돌아갔습니다. 크리스천과 소망은 죽을 힘을 다하여 절망 거인의 영지를 벗어나 다시 왕의 대로로 되돌아갈 수 있었습니다.

오래전 유대 왕국의 멸망기에 감옥에 갇힌 선지자가 있었습니다. 눈물의 선지자 예레미야입니다. 그는 절망의 감옥에서 벗어나는 비밀을 우리에게 이렇게 전했습니다.

"너는 내게 부르짖으라 내가 네게 응답하겠고 네가 알지 못하는 크고 은밀한 일을 네게 보이리라"(렘 33:3).

그런데 이런 전기를 마련해 준 해답은 이 말씀에 선행한 예레미야 33장 1절에서 발견할 수 있습니다.

> "예레미야가 아직 시위대 뜰에 갇혀 있을 때에 여호와의 말씀이 그에게 두 번째로 임하니라 이르시되."

선지자는 약속의 말씀과 함께 자신과 민족을 살리는 처방을 옥중에서 얻게 된 것입니다. 그러면 이제 우리도 부르짖어 기도해야 하지 않겠습니까? 그리고 약속의 말씀, 소망의 말씀에 귀 기울여야 하지 않겠습니까? 그 희망을 붙들고 일어나지 않겠습니까?

화가가 되고 싶어 수많은 밤을 새워 가며 그림을 그린 청년이 있었습니다. 몇 점의 그림을 들고 돈암동에 있는 여자 중학교와 마로니에 공원, 도서관 앞을 서성거렸지만 아무도 그의 그림을 사 주지 않았습니다. 그는 얼굴을 들 수가 없었습니다. 그러나 기름때가 찌든 작업복을 입고 공돌이로 일하며 지칠 때도, 리어카에 싸구려 사과를 한가득 싣고 배가 고프면 사람들을 피해 골목 안에서 사과 하나를 깨물어야 할 때도 그는 절망하지 않았습니다. 어떻게 그럴 수 있었을까요? 그의 말을 직접 들어 보십시오.

"도스토옙스키, 헤르만 헤세가 있어 나는 절망하지 않았다. 하나님이 계셨기에 나는 절망하지 않았다."

그는 작가로서 한 권의 책을 준비하는 데 7년이 걸렸습니다. 완성한 원고를 들고 다섯 군데 출판사에 갔지만 그는 거절을 당했습니다. 그런데 여섯 번째 출판사가 그의 책을 출판하기로 했습니다. 그리고 그의 두 번째 책은 300만 명이 넘는 사람들이 읽게 되었습니다. 《연탄길》(삼진기획, 2000), 《행복한 고물상》(랜덤하우스, 2005)을 지은 베스트셀러 작가 이철환 씨의 이야기입니다. 《연탄길》에는 그가 밤마다 정성 들여 그린 그림 31컷이 실려 있습니다. 거리에서 거절당한 그의 그림들이 수많은 독자들의 마음에 환한 미소로 부활한 것입니다.

이철환 씨가 처음 그린 그림은 딱따구리였다고 합니다. 그는 절망 중에도 날개를 푸드덕거리며 하늘을 나는 딱따구리를 그리면서 자신의 미래를 꿈꾸고 기도했던 것입니다. 그것이 그가 절망의 감옥을 여는 비밀이었습니다.

1. 우리가 절망의 감옥에서 해방되기 위해 해야 할 일은 무엇입니까?

1)

2)

3)

2. 절망의 거인의 아내 의혹이 부추기는 악한 생각은 무엇입니까?

3. 크리스천이 유혹에 넘어지려 할 때, 소망이 그를 일으켜 세웠습니다. 소망이 격려한 내용은 무엇입니까?

4. 내가 처한 오늘의 감옥에 대해 함께 나누고, 여기서 해방되기 위한 나의 결단을 말해 보십시오.

겔 34:12-16

목자가 양 가운데에 있는 날에 양이 흩어졌으면 그 떼를 찾는 것같이 내가 내 양을 찾아서 흐리고 캄캄한 날에 그 흩어진 모든 곳에서 그것들을 건져 낼지라 내가 그것들을 만민 가운데에서 끌어내며 여러 백성 가운데에서 모아 그 본토로 데리고 가서 이스라엘 산 위에와 시냇가에와 그 땅 모든 거주지에서 먹이되 좋은 꼴을 먹이고 그 우리를 이스라엘 높은 산에 두리니 그것들이 그곳에 있는 좋은 우리에 누워 있으며 이스라엘 산에서 살진 꼴을 먹으리라 내가 친히 내 양의 목자가 되어 그것들을 누워 있게 할지라 주 여호와의 말씀이니라 그 잃어버린 자를 내가 찾으며 쫓기는 자를 내가 돌아오게 하며 상한 자를 내가 싸매 주며 병든 자를 내가 강하게 하려니와 살진 자와 강한 자는 내가 없애고 정의대로 그것들을 먹이리라

기쁨의 산지

참된 목자에 대한 기대

양은 성경에서 인간 실존의 가장 보편적인 비유로 등장합니다.

"우리는 다 양 같아서"(사 53:6).

그리고 성경은 양들을 인도해야 할 정치 지도자, 혹은 종교 지도자들을 '목자'에 비유합니다. 인류 역사는 이들 리더십에 대한 기대와 실망을 반복하는 것이라고 할 수 있습니다. 우리는 정권이 교체될 때마다 새로운 리더십에 대한 희망을 품고, 설렘과 기대를 갖습니다. 그러나 그 기대는 얼마 지나지 않아 처절한 실망으로 끝나고, 우리는 다시 새로운 리더십을 기다립니다.

성경은 그런 기대를 가리켜 거짓된 목자의 경험과 비교해 '참된 목자에 대한 기대'라고 말합니다. 에스겔 34장에는 매우 대조적인 두 개의 구절이 등장합니다. 이들 구절은 거짓된 목자와 참된 목자에 대한 명확한 대조를 보여 주고 있습니다.

> "너희가 그 연약한 자를 강하게 아니하며 병든 자를 고치지 아니하며 상한 자를 싸매 주지 아니하며 쫓기는 자를 돌아오게 하지 아니하며 잃어버린 자를 찾지 아니하고 다만 포악으로 그것들을 다스렸도다"(겔 34:4).

이것이 거짓된 목자들의 초상화입니다.

> "그 잃어버린 자를 내가 찾으며 쫓기는 자를 내가 돌아오게 하며 상한 자를 내가 싸매 주며 병든 자를 내가 강하게 하려니와 살진 자와 강한 자는 내가 없애고 정의대로 그것들을 먹이리라"(겔 34:16).

16절에서는 선한 목자들의 초상화가 나타납니다. 《천로역정》을 보면 순례자 크리스천은 잘못된 목자들을 만나 순례길에서 고난을 당하고 매우 고생을 했습니다. '세속 현자'라든지 '수다쟁이', '두 마음', '데마'는 모두 거짓된 목자들을 대표합니다. 그들 때문에 크리스천은 길을 지체하기도 했고, 옥에 갇히기도 했습니다. 만약 이 같은 고난만 지속된다면 인생의 순례는 불가능할 것입니다.

　그런데《천로역정》을 보면 순례자 크리스천은 수많은 고난의 장애물들을 경험했지만, 때로는 기분 좋은 경험을 통해 새 힘을 얻기도 했습니다. 아름다운 집에서, 또 '기쁨의 산지'(The Delectable Mountains)에서 그러했습니다. 기쁨의 산지에서 크리스천과 소망은 오랜만에 참된 목자들을 만나 새 힘을 얻고 유익한 경고를 귀담아들을 수 있었습니다. 그렇다면 기쁨의 산지에서 우리가 경험하게 되는 목자에 대한 교훈은 무엇일까요?

목자에 대한 교훈

첫째, 주께서 가장 선한 목자가 되심을 믿어야 합니다.
우리가 이 땅에서 순례자의 삶을 살아가며 좋은 정치 지도자를 만나는 것은 분명 축복입니다. 그리고 인생에 있어 신앙적으로 좋은 영적 지도자를 만나는 것은 더더욱 축복입니다. 우리 자녀들이 자라면서 학교와 교회에서 좋은 스승과 좋은 목사를 만나게 해 달라고 기도하기 바랍니다.

　그러나 분명히 알아야 할 사실이 있습니다. 어떤 존경할 만한 지도자도 결코 완벽할 수 없다는 사실입니다. 그래서 성경은 궁극적으로 하나님이 그분의 아들 예수 그리스도를 인류의 참목자, 선한 목자로 보내셨다고 말합니다. 이것이 바로 복음입니다.

"나는 선한 목자라 선한 목자는 양들을 위하여 목숨을 버리거니와"(요 10:11).

그런데 이미 구약성경에서부터 예수님의 아버지이신 하나님은 자신이 선한 목자임을 선포하셨습니다.

"내가 친히 내 양의 목자가 되어 그것들을 누워 있게 할지라 주 여호와의 말씀이니라"(겔 34:15).

목자가 왜 중요할까요? 이것은 양의 속성을 이해할 때 더 분명히 알 수 있습니다. 제가 태어난 곳은 수원 외곽에 있는 오목천의 목장이었습니다. 지금은 화성 축산기술연구소가 된 그곳은 대부분 소와 말을 길렀지만 드물게 양들이 들어오기도 했습니다. 그래서 저는 어려서부터 양을 가까이서 경험할 수 있었습니다.

제가 경험한 양의 속성은 인간의 속성과 정확하게 일치합니다. 양은 깨끗해 보이지만, 사실은 쉽게 오염을 타고 더러워집니다. 그래서 성경은 우리는 다 양과 같다고 말합니다. 양은 방향감각이 없는 동물입니다. 대부분의 동물들은 집을 찾아오는데, 양은 그렇지 못합니다. 무엇보다 양은 자신을 보호할 자구책을 갖고 있지 않습니다. 외부의 공격에 취약하기에 두려움과 겁이 많습니다.

그런데 모든 양의 약점들은 단번에 해결될 수 있습니다. 좋은 목자를 만나면 됩니다. 목자가 깨끗하게 씻겨 줍니다. 목자가 방향을 인도해 줍니다. 목자가 막대기와 지팡이로 보호해 줍니다. 성경은 하나님, 그리고 하나님의 아들이신 예수 그리스도께서 우리의 선한 목자라고 선포합니다. 그러므로 하나님 그리고 하나님의 아들 예수님을 목자로 만나 그분을 믿고 산다는 것은 엄청난 특권입니다. 이것이 바로 우리가 경험한 복음입니다.

둘째, 목자들의 축복을 기뻐해야 합니다.

보이지 않는 하나님의 현존을 믿는 것은 인간에게는 여전히 쉽지 않은 영적 과제입니다. 그래서 하나님은 불완전하기는 하지만 당신을 믿고 따르는 사람들 중에서 인간 목자들을 세우십니다. 성숙한 목자들의 소명은 양과 같은 성도들을 구원의 길로 인도하고, 아름다운 공동체에 속하게 하여 그곳에서 그들을 영적으로 보호하고 꼴을 먹임으로 축복을 누리게 하는 것입니다.

에스겔 34장 12절에는 목자이신 하나님의 소명이 서술되어 있습니다. 그분은 내 양을 찾겠다고, 건져 내리라고 말씀하십니다. 16절에서는 잃어버린 자를 찾으며, 쫓긴 자를 돌아오게 하리라고 선포하십니다. 이것을 기독교 교리(신학)에서는 '구원의 사명'이라고 말합니다.

제가 목회하면서 가장 두려워하는 일은 교회에 출석하면서 구원의 확신을 갖지 못한 채 세상을 떠나는 사람이 있을까 하는 것입니다. 누가복음 15장의 선한 목자의 비유에 의하면, 예수님은 99마리의 양을 두고서라도 잃어버린 한 마리양을 찾아 나서시는 분입니다.

"또 찾아낸즉 즐거워 어깨에 메고"(눅 15:5).

예수님은 또한 잃어버린 양을 찾고 돌아와 잔치를 여는 분입니다. 제가 저희 집 벽에 걸어 놓고 늘 감상하는 성화 하나가 있습니다. 그것은 목자이신 예수님이 양을 찾아 어깨에 메고 계신 장면입니다. '나는 이 양을 결코 놓칠 수 없다'는 마음, 이것이 바로 목자의 심정입니다.

서구 사람들이 많이 사용하는 표현 중에 "양을 세어 보라"(Count the sheep)는 말이 있습니다. 성경에서 유래한 말입니다. 목자들은 양의 수를 세어 본 후 있어야 할 양들이 다 있음을 확인하고 나서야 비로소 단잠을 잘 수 있었습니다. '잠자다'라는 영어 단어 'sleep'은 '양'을 뜻하는 영어 단어 'sheep'와 비슷합니다. 'sheep'를 반복해서 발음하다 보면 'sleep'이 된다는 의미로 이 단어들의 연계성을 설명하기도 합니다. 목자는 찾아야 할 양을 다 찾아야 비로소 잠들 수 있는 자라는 말입니다.

그러나 목자의 소명은 영혼 구원에서 끝나지 않습니다. 구원받은 양들을 살진 꼴로 먹여야 합니다. 그리고 목자와 함께하는 행복한 임재의 축복을 누리게 해야 합니다. 목자가 말씀을 가르치는 이유, 기도를 가르치는 이유, 성령의 임재 안에 머물게 하고자 격려하는 이유는 딱 한 가지입니다. 기쁨의 산지에서 행복해하는 양들의 모습을 보고 싶어서입니다. 이것이 바로 기쁨의 산지 체험입니다. 이 장면을 《천로역정》은 이렇게 묘사하고 있습니다.

> "순례자들은 걷고 또 걸어서 주님이 소유하고 있는 '기쁨의 산지'에 도착했다. 곧장 언덕을 올라가며 정원과 과수원, 포도밭과 샘물들을 두루 구경했다. 우물을 만나면 물을 길어 목을 축이고 몸을 씻었으며 포도원에서는 양껏 열매를 따 먹었다. 산 꼭대기에 오르자 목자들이 풀을 뜯는 양 떼를 지켜보며 큰 길가에 서 있었다."

에스겔 선지자의 증언을 들어 봅시다.

> "좋은 꼴을 먹이고 그 우리를 이스라엘 높은 산에 두리니 그것들이 그곳에 있는 좋은 우리에 누워 있으며 이스라엘 산에서 살진 꼴을 먹으리라"(겔 34:14).

이 말씀은 흩어진 이스라엘이 약속의 땅에 돌아와 누릴 축복의 예언이며, 궁극적으로는 그리스도인들이 교회 공동체를 통해 누리게 될 풍성한 삶의 약속입니다. 주께서 세우신 목자들이 이런 축복을 베풀고 있다면 그 축복을 즐기십시오. 그리고 그 축복의 꼴을 베풀어 주는 착한 목자들을 귀히 여기십시오.

오늘날 이 땅에는 '혹세무민'(惑世誣民)하는 거짓 목자들이 분명 있습니다. 그들을 경계하십시오. 그러나 아직도 이 땅에는 주께서 세우시고 사용하시는 선한 목자들이 있습니다. 그들로 인해 주님을 찬양하십시오. 그리고 그들을 통해 전해지는 축복들을 맘껏 누리고 신앙의 환희를 누리십시오. 우리 순례의 발걸음이 기쁨의 산지로 인도된 것을 기뻐하십시오.

셋째, 목자들의 경계를 경성함으로 받아들여야 합니다.

《천로역정》을 보면, 기쁨의 산지에 도달한 순례자들이 만난 목자들의 이름이 소개되고 있습니다. 그들은 '지식', '경험', '경계', '성실'입니다. 이것은 목자들의 다양한 은사적 역할들을 보여 줍니다. 어떤 목자는 지식을, 어떤 목자는 영적 경험을, 어떤 목자는 경계를, 어떤 목자는 성실한 삶의 본을 각각 보여 줍니다.

그런데 여기서 주목해야 할 것은 목자는 결코 좋은 말만 들려주는 자가 아니라는 사실입니다. 선한 목자의 역할 중에 빼놓을 수 없는 것이 바로 '경계'입니다. 우리의 순례길은 아직 끝나지 않았으며, 최후의 완주를 위해서는 경각심이 반드시 필요합니다.

따라서 우리는 어떤 목자의 메시지에 좋은 말만 있고 경계가 없다면 오히려 그가 진정한 목자인지 의심할 필요가 있습니다. 마치 자녀를 전혀 야단치지 않는 부모가 진짜 부모인지 의심스러운 것처럼 말입니다. 히브리서 기자는 "어찌 아버지가 징계하지 않는 아들이 있으리요"(히 12:7)라고 질문합니다. 그런 의미에서 그는 우리에게 영적으로 책망하는 지도자들을 더 존경하고 신뢰하라고 가르칩니다.

"너희를 인도하는 자들에게 순종하고 복종하라 그들은 너희 영혼을 위하여 경성하기를 자신들이 청산할 자인 것같이 하느니라 그들로 하여금 즐거움으로 이것을 하게 하고 근심으로 하게 하지 말라 그렇지 않으면 너희에게 유익이 없느니라"(히 13:17).

이제 기쁨의 산지에서 목자들이 순례자들에게 보여 주는 광경을 따라가 봅시다. 어떤 일들이 벌어지고 있을까요?

목자들은 순례자들을 '실족'(Error)이라는 봉우리로 이끌었습니다. 신앙의 순례길에는 언제나 실족의 가능성이 있기 마련입니다. 다음에 목자들은 순례자들을 '주의'(Caution)라는 다른 봉우리로 인도했습니다. 조심하지 않으면 의심의 성에 다시 갇힐 수도 있다고 주의를 주었습니다. 그러고는 순례자들을 불길이 타오르는 계곡으로 인도했습니다. 그곳에는 지옥으로 가는 샛길이 있었습니다.

목자들이 마지막으로 순례자들을 인도한 곳은 '선명'(Clear)이라는 봉우리였습니다. 거기서 순례자들은 망원경을 통하여 새 예루살렘 성의 영광을 어렴풋이나마 볼 수 있었습니다. 그렇습니다. 우리는 목자들의 망원경을 통해 보이는 하나님 나라의 마지막 영광에 초점을 맞추고 아직 남아 있는 순례의 여정을 지속해야 합니다.《천로역정》의 순례자들은 기쁨의 산지를 떠나면서 이렇게 노래했습니다.

"목자들이 드러내 보여 주었네.
다른 이들에게는 단단히 감추어진 비밀

목자들에게 가 보라.

오묘한 일, 감추어진 일,

그 신비로운 일을 보고 싶다면."

그렇다면 순례자들이여, 이제 목자들의 축복을 즐기는 동시에 그들의 경고를 경성함으로 받고 조심, 더 조심하여 마지막 남은 순례의 길을 걸어가야 하지 않겠습니까? 그래서 마침내 완주의 영광을 누리는 우리의 순례 여정이 되기를 기도합니다.

1. 기쁨의 산지에서 우리가 경험한 세 가지 목자의 교훈은 무엇입니까?

1)

2)

3)

2. 성경은 우리는 다 양과 같다고 말합니다. 양과 인간의 공통점에 대해 나누어 보십시오.

3. 기쁨의 산지에서 목자들이 순례자들에게 보여 준 광경을 차례대로 이야기해 보십시오. 특히 마지막 장소에 대해 나눠 보십시오.

4. 내 인생 순례길에서 만난 목자들의 도움에 대하여 나누어 보십시오.

갈 2:11-16

게바가 안디옥에 이르렀을 때에 책망받을 일이 있기로 내가 그를 대면하여 책망하였노라 야고보에게서 온 어떤 이들이 이르기 전에 게바가 이방인과 함께 먹다가 그들이 오매 그가 할례자들을 두려워하여 떠나 물러가매 남은 유대인들도 그와 같이 외식하므로 바나바도 그들의 외식에 유혹되었느니라 그러므로 나는 그들이 복음의 진리를 따라 바르게 행하지 아니함을 보고 모든 자 앞에서 게바에게 이르되 네가 유대인으로서 이방인을 따르고 유대인답게 살지 아니하면서 어찌하여 억지로 이방인을 유대인답게 살게 하려느냐 하였노라 우리는 본래 유대인이요 이방 죄인이 아니로되 사람이 의롭게 되는 것은 율법의 행위로 말미암음이 아니요 오직 예수 그리스도를 믿음으로 말미암는 줄 알므로 우리도 그리스도 예수를 믿나니 이는 우리가 율법의 행위로써가 아니고 그리스도를 믿음으로써 의롭다 함을 얻으려 함이라 율법의 행위로써는 의롭다 함을 얻을 육체가 없느니라

갈 3:1-3

어리석도다 갈라디아 사람들아 예수 그리스도께서 십자가에 못 박히신 것이 너희 눈앞에 밝히 보이거늘 누가 너희를 꾀더냐 내가 너희에게서 다만 이것을 알려 하노니 너희가 성령을 받은 것이 율법의 행위로냐 혹은 듣고 믿음으로냐 너희가 이같이 어리석으냐 성령으로 시작하였다가 이제는 육체로 마치겠느냐

천로역정 24

무지와 작은 믿음

유쾌한 믿음의 순례를 위해

우리는 장거리를 혼자 비행기나 기차로 여행할 때면 옆자리에 기분 좋은 파트너가 앉기를 기대합니다. 예컨대 아름다운 여인이나 멋진 남성이 곁으로 다가오면 자기도 모르게 나오는 기도가 있습니다. "주여, 뜻대로 하옵소서." 그러나 우리의 기분을 망칠 징조가 있는 험상궂은 인상을 한 사람이 곁으로 다가오면 "주여, 시험에 들게 하지 마옵시고"라는 기도가 절로 나옵니다.

교회 생활을 할 때도 마찬가지입니다. 우리는 종종 우리를 시험에 들게 하는 바람직하지 못한 교인들을 만나게 됩니다. 우리의 교회 여행, 믿음의 순례가 유쾌하려면 그들을 잘 분별해 그들이 던져 주는 시험을 극복해 낼 수 있어야 합니다. 오늘날 우리의 믿음의 여정에 방해가 되는 구체적인 두 부류의 사람이 있다면, 첫째는 잘못 믿고 있는 사람들과 둘째는 일관성 없게 믿고 있는 사람들이라고 할 수 있습니다.《천로역정》의 저자 존 번연은 이들을 '무지'(Ignorance)와 '작은 믿음'(Little-faith)이라고 부릅니다.

순례자 크리스천 일행은 기쁨의 산지를 떠나 '자만'(Conceit)이라는 동네를 지나면서 먼저 '무지'라는 친구를 만났습니다. 그는 착하게 살며 율법을 지키면 누구나 새 예루살렘 성에 들어갈 수 있다고 믿고 있는 기세당당한 젊은 친구였습니다. 일종의 도덕주의자 혹은 율법주의자라고 할 수 있습니다. 그러나 그는 좁은 문을 통과한 적이 없는 사람이었습니다.

그리고 이어서 만난 또 다른 순례자는 길에서 강도를 맞아 상처를 입고 쩔룩거리는 사내였습니다. 그는 본래 착한 사람이었고 '진실'(Sincere)이라는 도시에 살았습니다. 그런데 그만 길을 잘못 들어선 데다 잠이 들어 버렸고, 세 명의 강도를 만나 협박을 받고 돈 주머니를 빼앗기고 말았습니다. 그러나 그 와중에도 보석만은 잃지 않았고, 천국에 들어가는 증명서만은 빼앗기지 않았습니다. 그의 이름은 '작은 믿음'이었습니다.

그는 믿음은 잃지 않았습니다. 그러나 작은 믿음 때문에 몰골이 말이 아닌 영적 상태를 갖고 있었습니다. 우리는 교회에서 이런 이들을 만날 때마다 영적 시험과 혼란을 경험하게 됩니다.

초대 교회 당시 갈라디아교회가 그러했습니다. 그들은 이런 교인들로 인해 시험과 혼란을 경험했습니다. 당시 갈라디아교회 내에는 상당한 율법주의자들이 있었습니다. 그들은 근본적으로 잘못 믿고 있었던, 그릇된 믿음의 소유자들이었습니다. 그러면서도 바르게 복음을 믿고 있었던 이들을 혼란스럽게 했습니다. 사도 바울은 존 번연과 마찬가지로 이들을 '어리석은 자들', '무지한 자들'이라고 부르고 있습니다.

> "어리석도다 갈라디아 사람들아 예수 그리스도께서 십자가에 못 박히신 것이 너희 눈앞에 밝히 보이거늘 누가 너희를 꾀더냐"(갈 3:1).

사도 바울은 갈라디아서 2장에서 작은 믿음, 혹은 일관성을 잃어버린 성도의 대표적 상징으로 자신이 책망할 수밖에 없었던 사도 베드로를 언급하고 있습니다. 이처럼 교회 내에 적지 않게 출현하여 신자들을 혼란스럽게 하는 첫째 시험의 대상, 작은 믿음에 대해 먼저 생각해 봅시다.

믿음의 여정에 방해가 되는 두 부류의 사람들

첫째, 일관성을 상실한 '작은 믿음'을 조심해야 합니다.
작은 믿음이 강도들의 위협에 굴복한 가장 중요한 이유는 두려움 때문이었습니다. 두려워서 당황해 일관성 있게 행동하지 못한 것입니다. 이런 모습을 베드로에게서 동일하게 관찰할 수 있습니다.

갈라디아서 2장 11절 이하에는 게바, 곧 베드로가 안디옥에서 바울에게 책망받은 사실이 기록되어 있습니다.

"야고보에게서 온 어떤 이들이 이르기 전에 게바가 이방인과 함께 먹다가 그들이 오매 그가 할례자들을 두려워하여 떠나 물러가매"(갈 2:12).

야고보는 당시 예루살렘교회의 지도자였습니다. 어느 날 예루살렘에서 일단의 유대적 그리스도인들이 이방 도시 안디옥에 도착한 것으로 보입니다. 그때까지 이방 선교에 헌신하고 있었던 베드로는 이방인들은 더 이상 더럽거나 기피할 존재가 아니라는 나름의 확신을 따라 이방인과 한 상에서 먹고 교제했습니다. 그런데 유대인과 이방인은 섞여서는 안 된다는 유대적 신념을 가진 율법주의자들이 오자 베드로는 그만 태도를 바꾸어 이방인들과 먹지 않는 척했던 것입니다.

이 구절은 베드로가 보인 행동의 원인이 두려움 때문이라고 적고 있습니다. 아마 예루살렘의 유대인 지도자들에게 왕따를 당하지 않을까 하는 두려움이 그를 사로잡았을지 모릅니다. 그러나 결과적으로 베드로의 일관성 없는 이 행동이 안디옥의 이방인 신자들을 얼마나 실망시켰을까요?

사실 일관성을 상실하고 두려움의 지배를 받는 행동은 베드로의 아킬레스건과도 같은 평생의 약점이었고, 여전히 그는 자신의 약점을 극복하지 못하고 있었던 것입니다. 베드로가 예수님을 모른다고 부인한 이유도 마찬가지였습니다. 자신이 예수의 제자임이 밝혀지면 받게 될 고난과 불이익이 두려웠기 때문이었습니다.

더 옛날로 거슬러 올라가 봅시다. 베드로가 파도치는 갈릴리 바다 위를 걸었을 때입니다. 잠시나마 베드로가 배 밖으로 나와 물 위를 걸을 수 있었던 것은 "내게로 오라"는 주님의 말씀을 믿었기 때문입니다. 그러나 잠시 후 베드로는 바다에 불고 있는 바람을 보고 무서워서 물속에 빠져 가며 "주여, 나를 구원하소서" 하고 소리쳤습니다. 이때 예수님이 하신 말씀을 기억해 보십시오.

> "예수께서 즉시 손을 내밀어 그를 붙잡으시며 이르시되 믿음이 작은 자여 왜 의심하였느냐 하시고"(마 14:31).

여기서 우리는 다시 일관성없는 베드로의 모습, 두려움의 지배를 받은 그의 모습을 관찰할 수 있습니다. 베드로에게 주님이 '믿음이 작은 자'라고 하셨다는 사실을 잊지 마십시오. 베드로는 믿음이 없는 사람은 아니었습니다. 믿음이 전혀 없었다면 배 밖으로 발을 내딛지도 않았을 것입니다. 그러나 그에게는 계속해서 주를 바라보는 믿음, 계속해서 주를 의지하는 일관성 있는 믿음이 결여되어 있었습니다.

교회에서 보이는 얼굴과 가정이나 직장에서 보이는 얼굴이 다른 사람들, 잘나갈 때의 얼굴과 역경 속에서의 얼굴이 전혀 다른 이중성을 보이는 믿음, 이것을 가리켜 주님은 '작은 믿음'이라고 하셨습니다. 《천로역정》의 저자 존 번연도 여기서 힌트를 얻어 '작은 믿음'이라는 사람을 출현시킨 것입니다.

실제로 존 번연은 크리스천의 말을 인용하여 우리가 베드로처럼 두려움에 빠져 주님 곁을 떠나지 않으려면 믿음의 방패로 잘 무장해야 한다고 권면합니다. 그리고 끊임없이 주님의 지켜 주심을 기도하며 순례의 길을 걸어야 한다고 이야기합니다. 이제 크리스천의 노래를 들어 봅시다.

"가련한 작은 믿음!
도적들에게 시달렸는가?
가진 걸 다 빼앗겼는가?
부디 잊지 말기를, 믿고 더 깊이 믿는 이들은
만 명이라도 넉넉히 이기려니와
그렇지 않은 자들은 셋도 감당치 못하리."

둘째, 잘못 믿고 있는 '무지'를 조심해야 합니다.
《천로역정》을 보면 '무지'라는 청년이 처음 크리스천을 만났을 때 "어디로 가고 있느냐?"고 물었습니다. 물론 자신도 새 예루살렘 성으로 가고 있다고 말했습니다. 크리스천이 새 예루살렘 성에 도착했을 때 성문을 열기 위해서는 뭐라고 말할 것이냐고 묻자 무지는 서슴지 않고 이렇게 대답했습니다.

"저는 주님의 뜻을 잘 압니다. 여태 선하게 살았고요. 빌린 돈은 어김없이 갚았어요. 기도와 금식을 빼먹지 않았습니다. 십일조를 꼬박꼬박 바치고 이웃돕기 성금도 냈어요."

무지가 언급한 모든 일은 필요한 것입니다. 그러나 문제는 그것들이 성경이 가르치는 구원의 조건인가 하는 것입니다. 무지라는 청년이 무지라는 이름을 가질 수밖에 없었던 가장 중요한 이유는 성경적 구원의 길에 무지했기 때문입니다. 사도 바울이 선언하는 구원의 길을 다시 들어 봅시다.

> "사람이 의롭게 되는 것은 율법의 행위로 말미암음이 아니요 오직 예수 그리스도를 믿음으로 말미암는 줄 알므로 우리도 그리스도 예수를 믿나니 이는 우리가 율법의 행위로써가 아니고 그리스도를 믿음으로써 의롭다 함을 얻으려 함이라 율법의 행위로써는 의롭다 함을 얻을 육체가 없느니라"(갈 2:16).

《천로역정》의 무지와 동일한 사고를 가진 교인들이 많았던 교회가 바로 갈라디아교회였습니다. 그것은 소위 유대적 전통을 버리지 못하던 유대주의자, 혹은 율법주의자들의 영향으로 말미암은 것이었습니다. 사도 바울은 그들의 영향을 받아 믿음이 흔들리고 있었던 갈라디아 교인들에게 어리석은 자들이라고, 그들이야말로 영적으로 무지한 자들이라고 말한 것입니다.

> "어리석도다 갈라디아 사람들아 예수 그리스도께서 십자가에 못 박히신 것이 너희 눈앞에 밝히 보이거늘 누가 너희를 꾀더냐"(갈 3:1).

여기서 사도 바울이 왜 십자가를 말하고 있습니까? 율법을 지키는

인간의 도덕적 행위만으로 우리가 죄 사함을 받고 의롭다 함을 받을
수 있다면 예수께서 왜 오시고, 왜 십자가로 가셔야만 했겠습니까?

> "내가 하나님의 은혜를 폐하지 아니하노니 만일 의롭게 되는
> 것이 율법으로 말미암으면 그리스도께서 헛되이 죽으셨느니
> 라"(갈 2:21).

크리스천과 소망은 무지를 다시 만났습니다. 그때 무지는 자신
도 의롭다 함을 받기 위해서 그리스도를 믿어야 한다고 대답했습니
다. 자신은 하나님을 믿고 천국도 믿는다고 말했습니다. 그러
나 더 깊은 대화 속에서, 무지는 아무리 예수를 믿어도 그리스도
의 공로 위에 신앙적 의무를 다하는 자신의 노력을 통해서만 하나
님이 자신을 의롭다고 해 주실 것이라고 믿는다고 말했습니다. 결
국 무지의 궁극적인 의는 자기 노력, 자기 행위에 기초하고 있음
을 고백한 것입니다.

마침내 무지는 "인간의 공로 없이 그리스도께서 이루신 역사로
충분하다는 것을 나는 믿을 수 없다!"고 소리쳤습니다. 그것이 무
지의 실체였습니다. 결국 그는 '믿음+행위=구원'이라고 믿고 있
었던 것입니다. 그것이 바로 갈라디아교회 내 율법주의자들의 실
체였습니다. 사도 바울은 그들에게 무엇이라 말합니까?

> "너희가 이같이 어리석으냐 성령으로 시작하였다가 이제는 육체
> 로 마치겠느냐"(갈 3:3).

구원의 궁극적인 근거가 나의 행위에 있다면 나의 구원의 근거는 결국 나의 육체인 것입니다. 예수 그리스도의 십자가 믿음 외에 수많은 종교적 계율로 성도들의 신앙을 억압하고 희석하고 있던 중세기 교회를 향하여 종교 개혁자들은 "오직 은혜", "오직 믿음"이라고 선포했습니다. 지금 역시 "오직 은혜", "오직 믿음"이 필요한 때입니다.

> "너희는 그 은혜에 의하여 믿음으로 말미암아 구원을 받았으니 이것은 너희에게서 난 것이 아니요 하나님의 선물이라 행위에서 난 것이 아니니 이는 누구든지 자랑하지 못하게 함이라"(엡 2:8-9).

이 구절을 방정식으로 표현하면 '은혜+믿음-행위=구원'입니다. 그러나 이렇게만 보면 오해하는 사람들이 있습니다. "그럼 아무렇게나 살아도 괜찮다는 말인가?" 절대 그렇지 않습니다. 이 방정식을 제대로 풀어야 합니다. 방정식을 알고 있는 사람이라면 누구나 풀 수 있는 문제입니다. 바로 '행위'를 반대쪽으로 옮기는 것입니다. 그러면 '은혜+믿음=구원+행위'가 됩니다. 구원 받은 사람들은 반드시 행위가 따라 와야 합니다. 아무렇게나 살아서는 안 됩니다. 하지만 행위는 구원의 조건이 될 수 없습니다. 행위가 필요 없어서가 아니라 자기의 행위를 통해서 구원받을 수 있는 사람은 이 세상에 아무도 없기 때문입니다. 이것이 기독교 구원관의 핵심입니다. 이것을 모르는 것이 바로 무지의 본질이고, 무지의 실체인 것입니다.

우리는 《천로역정》이 끝나기 전에 한 번 더 무지를 만나게 될 것입니다. 그는 다행스럽게도 배로 죽음의 강을 건너 새 예루살렘 성문 앞에 도착했습니다. 그러나 문제는 그를 위해 천국의 성문이 열리지 않는다는 것이었습니다. 그가 있는 힘을 다해 성문을 계속 두드리자 성 위로 사람들이 나타나 말했습니다. 이 성문은 신분증명서가 있는 사람들에게만 열린다고 말입니다.

신분증명서란 오직 예수, 그분만을 구주와 주님으로 믿는 믿음의 증명서입니다. 무지에게는 그 증명서가 없었던 것입니다. 바로 그때 빛나는 천사들이 그의 앞에 나타나 그를 번쩍 들고는 성문 앞 어두운 심연의 통로로 집어 던집니다. 그 통로는 바로 지옥으로 연결되는 통로였습니다.

우리에게는 믿음의 증명서가 준비되어 있습니까? 아니면 아직도 내 마음대로, 내 육신의 생각대로 순례길을 가는 무지의 행렬에 서 있습니까? 언제까지 그 길을 그런 모습으로 갈 것입니까? 언제까지 자신을 속이고 이웃을 혼란스럽게 하는 그 길을 갈 것입니까? 예수를 구원의 주님으로 믿고 살아가지만 시간과 장소에 따라 변개하는 이중성, 일관성 없이 흔들리는 모습의 순례자, 작은 믿음으로 살아가겠습니까? 당신의 이름은 무지입니까, 작은 믿음입니까? 아니면 진정한 순례자 크리스천입니까?

1. 크리스천이 순례길에서 만난 믿음을 시험하는 두 부류는 누구입니까?

1)

2)

2. 내 인생 순례길에서 실제로 만난 믿음을 시험하는 두 부류에 대해서 이야기해 보십시오.

3. 구원의 방정식에 관해 이야기해 보십시오.

4. 마지막 질문 "당신의 이름은 무지입니까, 작은 믿음입니까? 아니면 진정한 순례자 크리스천입니까?"에 답해 보십시오.

살전 5:1-11

형제들아 때와 시기에 관하여는 너희에게 쓸 것이 없음은 주의 날이 밤에 도둑같이 이를 줄을 너희 자신이 자세히 알기 때문이라 그들이 평안하다, 안전하다 할 그때에 임신한 여자에게 해산의 고통이 이름과 같이 멸망이 갑자기 그들에게 이르리니 결코 피하지 못하리라 형제들아 너희는 어둠에 있지 아니하매 그날이 도둑같이 너희에게 임하지 못하리니 너희는 다 빛의 아들이요 낮의 아들이라 우리가 밤이나 어둠에 속하지 아니하나니 그러므로 우리는 다른 이들과 같이 자지 말고 오직 깨어 정신을 차릴지라 자는 자들은 밤에 자고 취하는 자들은 밤에 취하되 우리는 낮에 속하였으니 정신을 차리고 믿음과 사랑의 호심경을 붙이고 구원의 소망의 투구를 쓰자 하나님이 우리를 세우심은 노하심에 이르게 하심이 아니요 오직 우리 주 예수 그리스도로 말미암아 구원을 받게 하심이라 예수께서 우리를 위하여 죽으사 우리로 하여금 깨어 있든지 자든지 자기와 함께 살게 하려 하셨느니라 그러므로 피차 권면하고 서로 덕을 세우기를 너희가 하는 것같이 하라

마법의 땅

영적 메마름의 계절

우리는 '마법'이라는 단어를 떠올리자마자 조앤 롤링(Joan K. Rowling)의 《해리 포터》 시리즈(문학수첩, 1999)에 나오는 마술사와 그들이 연출하는 마법을 연상하곤 합니다. 하지만 여기 사용된 영어는 'enchanted ground'로, '홀리는 땅', '미혹의 땅' 정도의 의미가 아닐까 생각합니다.

《천로역정》을 보면 순례자 크리스천 일행은 마법의 땅에 도착하자마자 이상한 공기로 가득한 그곳에서 깊은 잠의 유혹을 받게 됩니다. 마을 입구에 들어서자마자 몸이 굼떠지고 졸음이 오는 것을 느낀 소망은 크리스천에게 말했습니다.

"왜 이렇게 나른해지는지 모르겠어요. 도저히 눈을 뜰 수가 없네요. 아무 데나 누워서 잠깐 자고 갑시다."

그러자 크리스천은 소망에게 바로 이곳이 기쁨의 산지에서 목자들 중 한 분이 조심하라고 일러준 그 땅이며, 여기서 잠들면 다시는 일어나지 못할 것이라고 말해 주었습니다.

우리는 여기서 인생 순례의 여정 가운데 반드시 '마법의 땅'을 지나가게 되어 있다는 교훈을 얻을 수 있습니다. 한동안 신앙생활을 잘하던 사람들도 갑자기 어느 날 영적인 잠을 자고 싶은 미혹을 느낀다는 것입니다. 적어도 외적으로는 아주 평온이 깃든 환경을 맞이하지만, 신앙적으로는 기도도 안 되고, 말씀에 대한 의욕도 없어지고, 찬송의 기쁨도 메말라 버리는 기간을 지나게 된다는 것입니다. 우리 신앙의 선배들 중에는 이 시기를 '영적 메마름의 계절'(Spiritual dry season)이라고 부르기도 했습니다.

초대 교회 중에 이 시기를 지나고 있었던 교회가 바로 데살로니가교회였습니다. 데살로니가교회는 사도 바울의 제2차 전도 여행(주후 50-53년) 당시 약 3주간의 공식적인 유대 회당 강단을 통한 복음 설교(예수님이 우리를 위해 죽으셨고, 죽으신 지 사흘 만에 부활하셨으며, 다시 역사에 오신다는 메시지)를 통해 태어났습니다. 초기에 데살로니가교회 교인들은 주님의 오심을 지나치게 소망하며 살아갔습니다. 그들은 강력한 복음의 부흥을 경험하였고, 그들의 믿음에 대한 소문이 신속하게 각처로 퍼졌습니다.

그러나 그들에게는 문제가 하나 있었습니다. 주님의 오심을 준비하는 방법을 몰랐던 것입니다. 그들 중에 어떤 이는 일상의 의무까지 포기하면서 주님의 오심을 기다렸습니다. 하지만 기대처럼 주님이 빨리 오시지 않자 점차 신앙의 긴장이 풀어지고 영적인 태만과 영적인 잠에 빠져들었습니다. 데살로니가서는 영적인 잠을 경계하기 위해 기록한 사도 바울의 편지인 것입니다. 그렇다면 영적인 잠을 경계하기 위해 오늘날 우리가 할 일은 무엇입니까?

영적인 잠을 경계하는 신자의 태도

첫째, 평안의 때에 더욱 조심해서 살아야 합니다.

> "그들이 평안하다, 안전하다 할 그때에 임신한 여자에게 해산의 고통이 이름과 같이 멸망이 갑자기 그들에게 이르리니 결코 피하지 못하리라"(살전 5:3).

평안한 때, 안전한 때에 더 조심하라는 말입니다. 그때가 바로 영적인 잠을 자기 좋은 때라는 것입니다. 마치 기쁨의 산지를 지나 모든 것이 평안해 보이는 마법의 땅에 도달한 때가 위험한 때였던 것처럼 말입니다.

> "그러므로 우리는 다른 이들과 같이 자지 말고 오직 깨어 정신을 차릴지라"(살전 5:6).

신앙 정신의 이완은 고난이나 박해의 때가 아니라 오히려 평화와 안전의 때에 일어난다는 말씀입니다. 사탄은 초대 교회를 박해로써 흔들고자 했습니다. 그래서 적지 않은 고난과 순교, 박해 사건을 일으켰습니다. 그러나 오히려 초대 교회 성도들은 이때 깨어 기도했고, 그것이 바로 초대 교회 부흥의 단초가 되었습니다.

> "사울은 그가 죽임 당함을 마땅히 여기더라 그날에 예루살렘에 있는 교회에 큰 박해가 있어 사도 외에는 다 유대와 사마리아 모든 땅으로 흩어지니라"(행 8:1).

큰 박해의 결과 어떻게 되었습니까?

> "그 흩어진 사람들이 두루 다니며 복음의 말씀을 전할새 빌립이 사마리아 성에 내려가 그리스도를 백성에게 전파하니"(행 8:4-5).

그리고 이어서 "그 성에 큰 기쁨이 있더라"(행 8:8)고 성경은 전합니다. 예루살렘의 박해가 사마리아 부흥의 열매를 맺게 한 것입니다.

성경을 보면, 인생의 진정한 위기의 순간은 고난의 시기보다 승리한 다음 평화를 구가할 때였음을 일관성 있게 볼 수 있습니다. 구약성경 여호수아서를 읽어 보면, 이스라엘 백성들은 가나안에 들어가 여리고 성을 몰락시킨 후 처음으로 전리품을 나누며 오랜만에 평화의 축제를 열었습니다. 축제로 인해 긴장이 이완되고,

승리에 도취한 대장 여호수아는 다음 전투 대상인 아이 성 앞에서 군사를 많이 보낼 필요 없이 2, 3천 명이면 족하다는 결정을 수용하고 말았습니다. 더 이상의 전력투구를 거부한 것입니다. 그러나 아이 성 전투에서 의외의 대패를 경험하게 되었고, 그때야 비로소 여호수아는 회개하며 참회의 시간을 보냈습니다.

하나님의 마음에 맞는 사람 다윗도 마찬가지였습니다. 그에게 있어 인생의 가장 큰 시련은 언제 찾아왔습니까? 사무엘하 11장 1절을 보면, 다윗의 전성기에 전쟁이 일어났지만 그는 부하 장수들만 보내고 자신은 전선에 나갈 필요를 느끼지 못했습니다. 성경은 "다윗은 예루살렘에 그대로 있더라"고 기록하고 있습니다. 그리고 다음 절은 "저녁때에 다윗이 그의 침상에서 일어나"(삼하 11:2)라는 말씀으로 시작합니다.

다윗 인생의 전성기, 그가 왕으로서 집무에 열중할 필요도 없었던 평화 시대의 한 단면을 보여 주고 있지 않습니까? 그런데 실컷 자고 저녁 늦게 일어나 왕궁 옥상을 거닐던 석양 무렵, 다윗의 눈에 목욕하던 여인 밧세바가 들어왔습니다. 그리고 그때부터 다윗의 몰락이 시작되었습니다.

그러므로 우리는 소위 평화의 때, 안전의 때를 조심해야 합니다. 무장해제는 언제나 비극을 자초하기 때문입니다.

둘째, 가장 중요한 것은 주님과 함께 사는 일입니다.

우리가 평화의 때라도 늘 조심해서 할 일은 무엇입니까? 그 대답을 데살로니가전서 5장 10절에서 발견할 수 있습니다.

"예수께서 우리를 위하여 죽으사 우리로 하여금 깨어 있든지 자든지 자기와 함께 살게 하려 하셨느니라."

　가장 중요한 것은 언제 어디서든 주님과 함께 살아가는 일입니다. 예수님이 정녕 우리 삶의 주인이 되신다면 주인이신 그분의 임재를 확인하고 그 뜻을 살피는 일은 결코 등한히 할 수 없는 삶의 우선순위일 것입니다.

　그러나 그럼에도 불구하고 주님의 제자들이 주님의 일을 하면서도 주님과 의논하지 않고 자기 마음대로 할 수 있다는 사실을 아십니까? 그렇다면 가장 중요한 일이 무엇이겠습니까? 바로 주님과 함께하는 것입니다. 영적 무장은 바로 이와 같은 우선순위를 지키기 위해서 필요한 것입니다.

"우리는 낮에 속하였으니 정신을 차리고 믿음과 사랑의 호심경을 붙이고 구원의 소망의 투구를 쓰자"(살전 5:8).

　무장해제의 비극을 되풀이하지 않기 위해서 다시 영적 무장을 하라는 것입니다.

　1920년대 프린스턴 대학, 유니온 대학, 콜롬비아 대학에서 학위를 받고 필리핀에 교육 선교사로 온 이들 중에 프랭크 로바흐 (Frank Laubach)라는 분이 있었습니다. 안타깝게도 그의 교육 사역은 별로 열매를 맺지 못하였고, 그는 건강까지 상실하고 말았습니다. 어느 날 그는 자기가 살던 집 뒤 언덕에 올라 기도하다가 진정한 하나님의 임재를 상실하고 인간적 지혜와 생각으로만 일하다가 지쳐 버린 자신의 모습을 발견하고는 눈물을 흘렸습니다. 그런데 어느 순간 그는 언덕을 내려오면서도 여전히 기도하고 있는 자신을 발견했습니다. 집에 돌아온 그는 '순간과의 게임'(Game with Minutes)이라는 기도의 실험을 하기로 결단했습니다. 깨어 있는 매 순간 하나님을 마음에 두는 일종의 영적 연습을 하기로 한 것입니다. 그는 그날 이런 기록을 남겼습니다.

"내가 과연 하나님을 몇 초마다 내 생각의 흐름 속으로 모셔서 하나님의 잔상이 항상 내 마음속에 남아 있도록 할 수 있을까? 하나님이 내 모든 생각과 지각의 요소 중 하나가 되실 수 있도록 할 수 있을까? 내 남은 생애가 이 질문에 대답하는 실험이 되기를 선택한다."

그가 그날 이후로 배운 놀라운 교훈은 기도와 일이 하나가 되는 경험이었습니다. 그는 특히 일하면서 자신을 위해서도 기도하지만 다른 이들을 위해 중보 기도(flash prayer)를 하면서 마음에 큰 변화를 경험하게 되었습니다. 1937년 4월 27일, 그는 주님이 자신에게 말씀하신다고 느낀 것을 다음과 같이 기록했습니다.

"내 아들아, 네 자신의 작은 문제들과 의심을 위해 기도할 때 네 기도는 아주 얇고 작은 것이 된단다. 그러나 다른 이들을 돕기 위해 기도할 때 네 기도는 즉시 크고 고귀한 것이 된단다."

그때부터 그는 주님과 함께 매 순간을 사는 일이 어느 정도 가능해졌다고 고백했습니다. 그렇습니다. 가장 중요한 것은 주님과 함께 사는 일입니다.

셋째, 피차 권면하는 삶을 살아야 합니다.
영적인 잠을 경계하는 마지막 비밀은 성도들이 피차 권면하는 삶을 살아야 한다는 것입니다.

> "그러므로 피차 권면하고 서로 덕을 세우기를 너희가 하는 것같이 하라"(살전 5:11).

인생 순례길에서 우리가 나태해지고 마법에 홀리듯 잠에 빠지려고 할 때 무엇보다 중요한 것은 우리 곁에서 우리를 깨워 권면하는 동역자입니다.《천로역정》에서 크리스천이 마법의 땅에서 졸음에 빠지려 하는 소망을 깨우며 조심하자고 했을 때 소망은 감사하며 전도서의 말씀을 떠올렸습니다.

> "두 사람이 한 사람보다 나음은 그들이 수고함으로 좋은 상을 얻을 것임이라 혹시 그들이 넘어지면 하나가 그 동무를 붙들어 일으키려니와 홀로 있어 넘어지고 붙들어 일으킬 자가 없는 자에게는 화가 있으리라"(전 4:9-10).

소망은 다시 크리스천에게 "제가 형제님과 동행하게 된 것은 정녕 하나님의 은혜입니다. 형제님의 수고는 좋은 상을 받아 마땅합니다"라고 말했습니다. 그리고 그들은 다시 거룩한 교제의 대화를 이어 갔습니다.

사실 영적 잠이라는 위기에 직면한 데살로니가교회를 향해 사도 바울은 이 중요한 비밀을 서신에서 계속 반복하고 있습니다. "서로 사랑하라"(살전 4:9), "서로 위로하라"(살전 4:18), "서로 권면하라. 서로 덕을 세우라"(살전 5:11).

21세기를 사는 우리는 모두 인생을 독점할 뿐 나누려 하지 않습니다. 서로가 서로에게 필요한 존재임을 망각하고 있기 때문입니다. 한 신학자는 오늘날의 교회에서 진정한 성도의 교제가 회복되려면 서로가 서로를 입양된 가족처럼 바라보는 넓고 따뜻한 가슴이 필요하다고 말했습니다. 종종 입양이 해피엔딩을 거두지 못하는 이유 중에 하나는 입양 사실을 불필요하게 숨기기 때문입니다.

입양된 아이가 충분히 말을 알아들을 무렵 한 어머니가 아이에게 다음과 같은 편지를 썼습니다.

"아들아, 너는 인생을 살아가며 두 특별한 여성을 기억하게 될 것이다. 한 여성의 얼굴은 어쩌면 평생 기억해 내지 못할 수도 있다. 다른 한 여성을 너는 지금 엄마라고 부른다. 그러나 사실은 두 여성이 모두 너의 엄마이다.

한 엄마는 너에게 생명을 주었고, 다른 엄마는 너에게 가정을 주었다. 한 엄마는 큰 세상을 주었고, 다른 엄마는 너에게 이 큰 세상에서 더불어 살아갈 가족, 아빠와 엄마 그리고 네 형제들을 주었다. 한 엄마는 너에게 국적을 주었고, 다른 엄마는 너에게 이름을 주었다. 한 엄마는 네 고사리 손을 처음 잡아 주었고, 다른 엄마는 커 가는 네 손을 함께 잡아 줄 사람들을 소개하게 될 것이다. 한 엄마는 너에게 재능을 주었지만, 다른 엄마는 네가 인생의 목표를 세우는 것을 돕고자 한다. 한 엄마는 너에게 감정을 주었지만, 다른 엄마는 너에게 그 감정을 조절하여 사랑하는 법을 가르치고 싶다.

마지막으로 아들아, 너의 첫 엄마는 너에게 이 세상을 주었지만, 네 또 다른 엄마인 나는 네 첫 번째 엄마가 준 이 세상에서 네가 이 세상의 빛 된 존재로, 축복된 존재로 성장하는 것을 돕고자 한다."

여기서 우리는 영적 가정인 교회의 참모습을 볼 수 있습니다. 우리의 교제가 이와 같은 성장과 축복을 피차 나누게 되기를 기도합니다.

1. 영적인 잠을 경계하기 위해서 우리가 해야 할 일은 무엇입니까?

1)

2)

3)

2. 나의 영적 위기를 떠올려 보고, 이를 극복하기 위한 결단을 해 보십시오.

3. 영적인 잠에 빠진 나를 깨워 권면해 주는 동역자가 있습니까? 나는 동료 신자들에게 어떤 도움을 줄 수 있습니까?

4. 가장 중요한 것은 언제 어디서든 주님과 함께 살아가는 일입니다. 나의 우선순위는 무엇입니까?

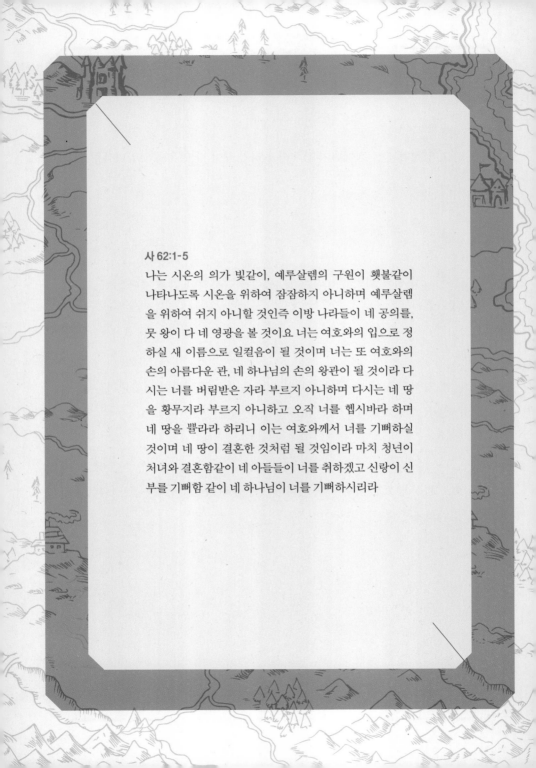

사 62:1-5

나는 시온의 의가 빛같이, 예루살렘의 구원이 횃불같이
나타나도록 시온을 위하여 잠잠하지 아니하며 예루살렘
을 위하여 쉬지 아니할 것인즉 이방 나라들이 네 공의를,
뭇 왕이 다 네 영광을 볼 것이요 너는 여호와의 입으로 정
하실 새 이름으로 일컬음이 될 것이며 너는 또 여호와의
손의 아름다운 관, 네 하나님의 손의 왕관이 될 것이라 다
시는 너를 버림받은 자라 부르지 아니하며 다시는 네 땅
을 황무지라 부르지 아니하고 오직 너를 헵시바라 하며
네 땅을 쁄라라 하리니 이는 여호와께서 너를 기뻐하실
것이며 네 땅이 결혼한 것처럼 될 것임이라 마치 청년이
처녀와 결혼함같이 네 아들들이 너를 취하겠고 신랑이 신
부를 기뻐함 같이 네 하나님이 너를 기뻐하시리라

뽈라의 땅

고통을 끝내시겠다는 하나님의 언약

신학 용어 중에 '신정론'(神正論, theodicy)이라는 말이 있습니다. 'theodicy'라는 영어 단어는 본래 희랍어 'theos'(하나님)와 'dike'(정의)의 합성어에서 온 것입니다. 우리가 사는 세상에는 이해하기 어려운 고난과 고통 그리고 악이 존재하고 있습니다. "만일 그리스도인들이 믿는 하나님이 전능하고 선한 분이시라면 고통과 악을 허용하시는 하나님을 과연 정의로운 신이라고 말할 수 있는가?"라는 문제를 논의하는 신학적 담론을 가리키는 용어가 신정론입니다.

성경은 하나님의 백성들을 가리켜 '선택된 자들'이라고 말합니다. 그런데 때로 우리가 선택된 자들이 아니라 버림받은 자처럼 살아야 하는 시간들이 있고, 약속의 땅이 아니라 황무지를 지나야 하는 순간들이 있습니다. 그럴 때면 우리는 "정말 하나님이 계시는 것일까?"라는 질문을 피해 갈 수 없습니다. 이것이 바로 신정론의 질문입니다.

그런데 이사야서에서 하나님은 자신의 백성들이 그런 상태를 경험하고, 그 시간을 지나는 것을 알고 계시며, 이제 그 고난과 고통을 끝내 주겠다고 약속하십니다.

> "다시는 너를 버림받은 자라 부르지 아니하며 다시는 네 땅을 황무지라 부르지 아니하고 오직 너를 헵시바라 하며 네 땅을 쁄라라 하리니 이는 여호와께서 너를 기뻐하실 것이며 네 땅이 결혼한 것처럼 될 것임이라"(사 62:4).

이 말씀은 "택함받은 자의 인생에도 분명히 고통이 있다. 하지만 고통이 전부가 아니다. 이제 너는 '헵시바'(hephzibah)가 되고, 네가 서 있는 땅은 더 이상 황무지가 아니라 '쁄라'(결혼한 여인, 신부)의 새 삶이 시작되는 땅이 될 것이다"라는 뜻입니다.

《천로역정》을 읽어 내려가면 순례자 크리스천이 새 예루살렘 성을 향해 감에도 불구하고 그의 순례길에 수많은 고통이 이어지고 있습니다. 고난의 언덕을 지나야 했고, 겸손의 골짜기와 사망의 음침한 골짜기, 절망의 감옥을 피해 갈 수 없었습니다.

그러나 순례길이 고통뿐이라면 아무리 부름받은 순례자요, 택함받은 성도라 할지라도 견디는 것이 쉽지는 않을 것입니다. 다행히 순례길에는 아름다운 집도 있었고, 기쁨의 산지도 있었습니다. 그리고 이제 마지막 죽음의 강을 건너기 전, 그에게는 또 한 번의 위로의 마당인 '뿔라의 땅'이 준비되어 있었습니다. 하나님이 우리로 하여금 뿔라의 땅을 지나게 하시는 이유는 무엇일까요?

뿔라의 땅을 지나야 하는 이유

첫째, 우리가 정녕 주의 기쁨임을 알게 하시기 위해서입니다.
《천로역정》에서 순례자 일행이 뿔라의 땅으로 들어서는 묘사를 봅시다.

> "대기는 부드럽고 상쾌했다. 길이 곧바로 동네로 관통하고 있었으므로 여행하는 내내 편안하고 즐겁게 걸을 수 있었다. 새들은 지지배배 사방에서 지저귀었다. 가는 곳마다 온갖 꽃들이 화사하게 피어 있었다. 간간히 멧비둘기 우는 소리도 들렸다. 밤낮없이 햇살이 환하게 비쳤다. 뿔라는 죽음의 그늘 골짜기 너머 절망 거인의 손길이 미치지 못하는 곳에 있었으며 의심의 성 따위는 아예 보이지도 않았다."

《천로역정》에서 '뿔라의 땅'으로 불리는 이곳은 이사야 62장 4절에 근거한 상상의 땅입니다.

> "오직 너를 헵시바라 하며 네 땅을 뿔라라 하리니 이는 여호와께서 너를 기뻐하실 것이며 네 땅이 결혼한 것처럼 될 것임이라."

'헵시바'란 '나의 기쁨이 그에게 있다'는 뜻입니다. 사실 우리 인생에서 고난만 지속된다면 하나님의 사랑을 확신하기란 쉽지 않을 것입니다. 그러나 때때로 주어지는 삶의 축복들, 그리고 그 축복의 환경들을 경험하면서 우리는 하나님이 정녕 나를 사랑하신다는 사실을 요즘 말로 '즐감'(즐겁게 감상하다)하게 됩니다.

이와 같은 하나님의 고백은 창조 사건에 뿌리박은 존재론적 기쁨이라고 표현할 만합니다. 출산의 고통 끝에 첫아기를 안은 부모의 기쁨과도 같습니다. 우리가 종종 복음성가로 부르는 스바냐의 고백과도 같습니다.

> "너의 하나님 여호와가 너의 가운데에 계시니 그는 구원을 베푸실 전능자이시라 그가 너로 말미암아 기쁨을 이기지 못하시며 너를 잠잠히 사랑하시며 너로 말미암아 즐거이 부르며 기뻐하시리라"(습 3:17).

아무런 이해관계 없이 다만 사랑으로 손자를 바라보는 조부모의 기쁨에도 비할 수 있을 것입니다. 외할아버지가 손자를 키우는 이야기를 기록한 정석희의 《네가 기억하지 못할 것들에 대하여》 (황소자리, 2011)에서 저자는 외손자를 돌보게 된 기쁨을 이렇게 술회합니다.

> "나에게 외손자 둘을 돌보는 지난 몇 년은 내 노년에 뜻하지 않게 찾아온 파릇한 봄이었다. 이 아이들이 있어서 귀중한 사색과 티 없는 교감으로 충만했고 순수한 헌신의 기쁨을 누릴 수 있었다. 마음껏 사랑해도 되는 대상이 생겨난 것이다. 오랜만에 사는 게 사는 것 같았다. 저녁 해가 더 빨리 떨어지는 것처럼 나의 남은 세월이 질주하며 내는 굉음에 익숙해진 지금 아이들이 시들어 가는 나를 구해 준 셈이었다. 내 인생이 저물기 전 이처럼 아이들의 시작과 내 삶의 끄트머리가 겹쳐질 기회가 주어졌으니 이것이 축복이 아니고 무엇이랴. 정말 너희를 만난 이후 나의 삶은 순간순간 충일이고, 기쁨이고, 파릇한 봄날이었다."

하나님 아버지께서 당신이 창조하신 자녀가 낳은 자녀들을 바라보시는 기쁨 또한 그렇지 않겠습니까? 외할아버지가 인생의 석양에서 경험한 기쁨처럼 하나님은 당신의 자녀의 자녀들에게 천국에 가기 전 뿔라의 땅에서 그들이 하나님의 기쁨의 대상임을 알리고자 하십니다.

둘째, 우리로 더 아름다운 주의 신부로 준비되게 하시기 위해서입니다.

성경은 우리가 예수를 믿는 순간 주님과 약혼한 신부가 된다고 가르칩니다. 예수님이 이 땅에 다시 오시는 때, 우리는 어린양 되신 예수님의 신부로 그분과의 혼인 잔치에 참여하게 됩니다. 그렇다면 예수 믿는 자들의 평생은 그분의 신부로서 준비되는 기간이라고 할 수 있습니다. 이사야 62장은 주님 앞에 서는 날 우리가 그분이 보시기에 합당한 자가 되도록 오늘도 주님이 쉼 없이 일하고 계신다고 증거합니다.

"나는 시온의 의가 빛같이, 예루살렘의 구원이 횃불같이 나타나도록 시온을 위하여 잠잠하지 아니하며 예루살렘을 위하여 쉬지 아니할 것인즉 이방 나라들이 네 공의를, 뭇 왕이 다 네 영광을 볼 것이요 너는 여호와의 입으로 정하실 새 이름으로 일컬음이 될 것이며"(사 62:1-2).

기독교 교리에서는 성도의 일생을 '성화'(Sanctification)의 과정이라고 가르칩니다. 그리고 성화가 영광스럽게 완성되는 순간을 '영화'(Glorification)라고 부릅니다. 성도들이 완성된 천국의 영광을 누리게 되는 순간에 대해 요한계시록 21장 2절은 다음과 같이 묘사합니다.

"또 내가 보매 거룩한 성 새 예루살렘이 하나님께로부터 하늘에서 내려오니 그 준비한 것이 신부가 남편을 위하여 단장한 것 같더라."

이 땅에 사는 성도들을 향한 주님의 열심은 한마디로 우리를 그분의 신부다운 신부로 빚어 가시는 것입니다. 에베소서 5장 25절에서 주님은 남편이 아내를 사랑하듯 교회를 사랑하사 자기 자신을 내어 주었다고 말씀하십니다. 이어지는 말씀에서 주님은 자신의 신부인 교회를 향한 기대와 사역을 피력하십니다.

"이는 곧 물로 씻어 말씀으로 깨끗하게 하사 거룩하게 하시고 자기 앞에 영광스러운 교회로 세우사 티나 주름 잡힌 것이나 이런 것들이 없이 거룩하고 흠이 없게 하려 하심이라"(엡 5:26-27).

마치 가난한 신부를 배려한 신랑이 결혼식 날을 앞두고 신부가 스스로를 단장할 고급스런 화장품을 주면서 꾸밀 시간을 주듯, 우리 주님은 말씀으로 당신의 신부인 성도들이 스스로를 단장하여 주님 앞에 영광스러운 신부로 세워질 그날을 기대하신다는 것입니다. 그 기대치가 바로 새 이름을 주겠다는 이사야 62장의 약속에 포함되어 있는 것입니다. 마치 예루살렘이 새 예루살렘으로 단장되듯 말입니다.

"너는 또 여호와의 손의 아름다운 관, 네 하나님의 손의 왕관이 될 것이라"(사 62:3).

마침내 하나님의 손에서 빚어져 아름다운 관을 쓴 빛나는 신부로 어느 날 신랑 되신 주님 앞에 서는 것, 이것이 우리가 이 땅에서 삶을 살아가는 가장 소중한 이유입니다. 그래서 주님은 인생 순례의 여정에서 때로 우리를 고난으로 빚기도 하시지만, 때로 행복하게 스스로를 단장하는 시간을 주기도 하십니다.

셋째, 우리로 이 땅에서 이미 천국의 영광을 맛보게 하시기 위해서입니다.

뿔라의 땅은 아직 새 예루살렘의 땅은 아닙니다. 그러나 거룩한 성이 한눈에 들어오는 곳입니다. 곧 뿔라는 이 땅에서 미리 경험하는 완성된 천국의 예고편 같은 곳입니다. 《천로역정》은 뿔라의 땅에 대해 이렇게 묘사하고 있습니다.

> "여기는 하늘나라와 맞닿아 있는 지역이었으므로 빛나는 옷을 입은 천사들이 예사롭게 돌아다니곤 했다. 이곳은 '신랑이 신부를 반기듯이, 네 하나님이 너를 반기실 것'(사 62:5)이라는 신랑과 신부의 계약이 새로워지는 자리기도 했다. 빵과 포도주가 떨어지는 법이 없었다. 순례 여행을 하는 동안 줄곧 아쉬워하던 것들이 여기선 차고 넘쳤다(사 62:5). 새 예루살렘 성으로 다가갈수록 전체가 진주와 귀한 보석으로 지어졌으며 모든 길이 금으로 포장되어 있는 걸 볼 수 있었다."

이러한 천국을 우리가 이 땅에서 경험하는 순간들이 있다는 것입니다. 행복한 교회 생활을 통해, 혹은 내게 부어 주시는 주님의 큰 은혜가 넘칠 때 우리는 종종 '아, 여기가 천국이구나' 하고 느

끼게 됩니다. 이것이 바로 '뿔라 체험'이라고 할 수 있습니다. 주
님과 결혼한 여인의 환희를 경험하는 자리인 것입니다. 바로 "네
땅을 뿔라라 하리니 이는 여호와께서 너를 기뻐하실 것이며 네 땅
이 결혼한 것처럼 될 것임이라"(사 62:4)는 말씀을 경험하는 자리
입니다.

과거 일제강점기에 '예수 천당 불신 지옥'의 원조 전도자이자
한국 교회가 존경하는 부흥사 최권능(본명 최봉석) 목사님이 일
본 경관들에게 붙잡힌 적이 있었습니다. 그때 그들은 최 목사님
께 "네가 '예수 천당'을 설교하고 다니는데 그 천당이 어디 있는가
를 보이라"며 다그쳤다고 합니다. 그때 최 목사님은 "천국 본점은
제 소관이 아니니까 보여 드릴 수 없지만 천국 지점은 보여 드리
지요. 바로 제 마음입니다. 이 마음 안에 천국이 있습니다. 천국의
기쁨과 평화가 다 있지요"라고 답했다고 합니다. 얼마나 성경적
인 대답입니까?

산상수훈에서 예수님은 친히 "심령이 가난한 자는 복이 있나니
천국이 그들의 것임이요"(마 5:3)라고 말씀하셨습니다. 우리가 온
전히 예수님을 왕이요 주인으로 모시고, 그분의 말씀에 순종할 때
우리는 지금 여기서도 천국을 경험할 수 있습니다. 예수 믿고 지상
에서 천국 경험을 한 성도들만이 부를 수 있는 찬송(새찬송가 438장)
이 있습니다.

"내 영혼이 은총 입어 중한 죄 짐 벗고 보니
슬픔 많은 이 세상도 천국으로 화하도다(1절).

주의 얼굴 뵙기 전에 멀리 뵈던 하늘나라

내 맘속에 이뤄지니 날로 날로 가깝도다(2절).

높은 산이 거친 들이 초막이나 궁궐이나

내 주 예수 모신 곳이 그 어디나 하늘나라(3절).

할렐루야 찬양하세 내 모든 죄 사함 받고

주 예수와 동행하니 그 어디나 하늘나라(후렴)."

이것이 바로 뿔라의 땅에서 부르는 우리의 하늘나라 찬송입니다. 우리는 마음먹기에 따라 인생 순례길에서 언제 어디서나 뿔라를 만날 수 있습니다. 지금 여기에서 천국을 경험할 수 있다는 뜻입니다. 그리고 우리는 "그 어디나 하늘나라"라고 찬송할 수 있습니다. 우리 모두 날마다 이 찬송을 부르는 순례자가 되기를 바랍니다. 그리고 인생의 나머지 길을 기쁨으로 찬양하며 걸어가는 천국 순례자가 되기를 바랍니다.

우리의 창조자이신 주님을 구주로 만나 그분과 동행하면 이 찬미와 고백은 우리의 고백이 될 수 있습니다. 그리고 우리는 주님이 우리를 향해 "나의 뿔라, 헵시바! 나의 기쁨이 너에게 있다"고 말씀하시는 음성을 듣게 될 것입니다.

1. 우리의 순례길에서 뿔라의 땅을 지나가게 하시는 세 가지 이유는 무엇입니까?

1)

2)

3)

2. 우리 삶은 그리스도의 신부다운 신부로 빚어지는 과정이라 할 수 있습니다. 신부인 우리에게 남편 되시는 주님이 하시는 일은 무엇입니까?

3. 이 땅에서 '아, 여기가 천국이구나' 하고 느낀 순간이 있습니까?

4. 내 삶의 마당을 뿔라의 땅이 되게 하신 것에 대해 생각해 보고, 감사와 찬양을 드리십시오.

사 43:1-7

야곱아 너를 창조하신 여호와께서 지금 말씀하시느니라 이스라엘아 너를 지으신 이가 말씀하시느니라 너는 두려 워하지 말라 내가 너를 구속하였고 내가 너를 지명하여 불렀나니 너는 내 것이라 네가 물 가운데로 지날 때에 내 가 너와 함께할 것이라 강을 건널 때에 물이 너를 침몰하 지 못할 것이며 네가 불 가운데로 지날 때에 타지도 아니 할 것이요 불꽃이 너를 사르지도 못하리니 대저 나는 여 호와 네 하나님이요 이스라엘의 거룩한 이요 네 구원자임 이라 내가 애굽을 너의 속량물로, 구스와 스바를 너를 대 신하여 주었노라 네가 내 눈에 보배롭고 존귀하며 내가 너를 사랑하였은즉 내가 네 대신 사람들을 내어 주며 백 성들이 네 생명을 대신하리니 두려워하지 말라 내가 너 와 함께하여 네 자손을 동쪽에서부터 오게 하며 서쪽에 서부터 너를 모을 것이며 내가 북쪽에게 이르기를 내놓으 라 남쪽에게 이르기를 가두어 두지 말라 내 아들들을 먼 곳에서 이끌며 내 딸들을 땅 끝에서 오게 하며 내 이름으 로 불려지는 모든 자 곧 내가 내 영광을 위하여 창조한 자 를 오게 하라 그를 내가 지었고 그를 내가 만들었느니라

계 21:1-2

또 내가 새 하늘과 새 땅을 보니 처음 하늘과 처음 땅이 없 어졌고 바다도 다시 있지 않더라 또 내가 보매 거룩한 성 새 예루살렘이 하나님께로부터 하늘에서 내려오니 그 준 비한 것이 신부가 남편을 위하여 단장한 것 같더라

죽음의 강과 새 예루살렘

죽음 건너편의 세상에 대해 준비되어 있는가?

국민적 사랑을 받은 다큐멘터리 영화 〈님아, 그 강을 건너지 마오〉
는 우리 시대에 보기 드문 애절한 노부부의 사랑을 그리고 있습니
다. 89세의 소녀 할머니와 98세의 소년 할아버지는 고운 빛깔의
한복을 입고 언제나 두 손을 꼭 잡고 걷는 노부부입니다. 봄이면
꽃을 꺾어 서로의 머리에 꽂아 주고, 여름엔 개울가에서 물장구를
치고, 가을엔 낙엽을 던지며 장난을 치고, 겨울엔 눈싸움을 하는
노부부입니다.

그러나 이 가정에 할아버지가 아끼던 강아지 꼬마가 먼저 세상

을 떠나게 되었습니다. 노부부는 그 모습을 지켜보며 서로를 붙잡아 주던 손을 놓고 강을 건널 준비를 해야 할 때가 가까이 옴을 느꼈습니다. 정말 그 강, 이별의 강, 죽음의 강은 피할 수 없는 것일까요?

《천로역정》을 보면 죽음의 강가에 도착한 순례자 크리스천과 소망이 성문으로 들어가는 길을 가로막고 있는 강물을 보고는 근처를 서성거리는 다른 두 순례자들에게 묻는 장면이 나옵니다. 그들은 혹시 성문으로 들어가는 다른 길은 없냐고 물었습니다. 그러자 다른 순례자들이 대답했습니다.

"새 예루살렘 성문으로 가자면 반드시 강을 건너야 합니다."

크리스천은 깊이 낙담하며 정말 다른 길은 없냐고 다시 물었습니다. 두 순례자는 이렇게 대답했습니다.

"있기는 하죠. 하지만 세상이 생긴 이래 지금까지, 엘리야와 에녹, 단 두 명만 그 길을 지나가도록 허락을 받았습니다. 그 밖에는 마지막 나팔 소리가 들리는 날까지 누구도 그 길을 지나갈 수 없어요."

크리스천과 소망은 여기저기 두리번거렸지만 강을 건널 다른 길은 보이지 않았습니다.

미국의 유명한 코미디언 자니 카슨(Johnny Carson)은 우리가 사는 불확실한 이 세상에서 확실한 것은 두 가지밖에 없다고 말했습니다. "하나는 세금을 내야 한다는 것이고, 또 하나는 죽어야 한다는 것이다." 미국의 엄격한 세금 제도를 죽음의 확실성에 첨부한 것입니다.

그렇습니다. 죽음의 확률은 100%입니다. 전도서 기자는 "날 때가 있고 죽을 때가 있으며"(전 3:2)라고 했습니다. 히브리서 9장 27절은 "한번 죽는 것은 사람에게 정해진 것이요 그 후에는 심판이 있으리니"라고 말합니다.

아버지의 죽음을 목전에 두고 두려워하던 한 청년이 산중에서 수도하던 성자를 찾아가 물었습니다. "아버지의 죽음을 면하게 할 방법을 가르쳐 주십시오." 그러자 성자는 "만일 자네가 다시 마을로 돌아가 한 번도 죽음이 지나가지 않은 집에서 씨앗을 가져오면 내가 자네 부친의 죽음을 면할 방도를 알려 주겠네"라고 답했습니다. 물론 청년은 그런 집을 찾을 수 없었습니다.

죽음을 피할 수 없다면 중요한 질문은 이렇습니다. "죽음 건너편의 세상에 대해 준비되어 있는가?" 물론 죽음 건너편에 아무것도 없다고 믿는 사람들도 있습니다. 그러나 수리 철학자 블레즈 파스칼(Blaise Pascal)의 말처럼, 죽음 건너편에 영원한 세상이 있을 가능성은 확률적으로 반반입니다. 그래서 파스칼은 "신이 존재하고 죽음 건너편의 세상이 정말 있다면 그 준비는 결코 포기할 수 없는 도박"이라고 했습니다. 그렇다면 죽음의 강을 건너 영원한 성에 들어가기 위해 우리가 준비할 일은 무엇입니까?

영원한 성에 들어가기 위해 필요한 것

첫째, 하나님의 백성 된 '신분증명서'를 지참해야 합니다.

이것은 이미 우리가 만나 본 무지가 새 예루살렘 성에 들어가는 것을 거절당한 사건에서 명백해진 진실입니다. 새 예루살렘 성 가까이 접근했지만 무지를 위해 성문이 열리지 않자 성문 위로 나타난 이들이 소리를 쳤습니다.

"신분증명서 없이 당신은 이 문을 통과할 수 없고, 이 성의 주인되신 왕을 뵈올 수 없다."

신분증명서는 그가 확실하게 하나님의 백성이 되었다는 증거였습니다.

이사야 43장 1절은 인생이 하나님의 소유 된 백성이 되는 세 가지 중요한 절차를 선포하고 있습니다.

> "야곱아 너를 창조하신 여호와께서 지금 말씀하시느니라 이스라엘아 너를 지으신 이가 말씀하시느니라 너는 두려워하지 말라 내가 너를 구속하였고 내가 너를 지명하여 불렀나니 너는 내 것이라."

여기 우리가 하나님의 백성이 되는 사건을 만드는 세 개의 중요한 단어가 등장합니다. '창조'와 '구속'과 '지명'입니다. 이 세 가지 사역은 삼위 하나님과 관련되어 있습니다.

우선 성부 하나님은 우리를 '창조'하셨습니다. 그래서 우리는 그분의 피조물입니다. 그러나 한 걸음 더 나아가 성자 하나님이신 예수님은 범죄함으로 타락하여 창조자 하나님을 떠나 살던 우리를 '구속'하고자 값비싼 십자가의 피 흘림이라는 대가를 지불하시고 우리를 하나님의 백성 된 자리로 회복시켜 주셨습니다. 그리고 성령 하나님은 많은 사람들 가운데서 우리를 '지명'하여 부르시어 예수께로 나아와 그분을 우리의 주님으로 믿고 영접하는 순간 우리를 인 쳐 하나님의 소유임을 확증해 주셨습니다.

이 사실을 믿으십니까? 하나님을 나의 창조주와 구주와 주인으로 믿는 믿음, 이것이 바로 우리의 신분증명서입니다.

다시 무지의 종말을 기억해 봅시다. 《천로역정》의 마지막 문단은 다음과 같습니다.

"'증명서가 없단 말이오?' 무지는 꿀 먹은 벙어리가 되고 말았다. 새로운 순례자가 도착했다는 소식이 전해졌지만, 왕은 내려가 보지 않았다. 대신, 크리스천과 소망을 안내했던 두 천사에게 무지를 단단히 결박하라고 명령했다. 빛나는 옷을 입은 이들은 무지를 데리고 허공을 가르며 지난날 산자락에서 보았던 문으로 날아가 그 속으로 집어 던졌다. 가만히 보니, 멸망의 도시뿐 아니라 하늘나라의 문도 곧장 지옥으로 이어지는 통로가 있었다."

이 묘사는 존 번연이 마태복음 22장에 나오는 천국 혼인 잔치에 예복을 입지 않고 참여하려 했다가 거절당한 말씀에서 영감을 받아 쓴 것이라고 생각됩니다.

"이르되 친구여 어찌하여 예복을 입지 않고 여기 들어왔느냐 하니 그가 아무 말도 못하거늘 임금이 사환들에게 말하되 그 손발을 묶어 바깥 어두운 데에 버던지라 거기서 슬피 울며 이를 갈게 되리라 하니라 청함을 받은 자는 많되 택함을 입은 자는 적으니라"(마 22:12-14).

여기서 '예복'이 《천로역정》에서는 '신분증명서'로 묘사된 것입니다. 죄인들이 예수를 믿는 순간 죄 용서 받고 의롭다 함을 받는 은혜야말로 우리가 천국 잔치에 참여하기 위한 예복인 것입니다. 예복이 준비되었습니까? 하나님의 참백성이라는 신분증명서가 준비되었습니까? 우리 자신의 상태를 돌아볼 필요가 있습니다.

둘째, 죽음의 강에도 함께하시는 '주의 임재'를 기대해야 합니다.
《천로역정》을 보면 달리 천성에 입성할 다른 길이 없음을 확인한 크리스천과 소망은 죽음의 강 속으로 발을 들여놓았습니다. 그러나 강에 들어선 지 얼마 안 되어 크리스천은 두려움 가운데 잠시 정신을 잃고 말았습니다. 죽음의 강을 건너는 일이 그에게도 쉽지 않음을 암시하는 대목입니다.

이때 크리스천의 동행자 소망은 곤경에 빠진 그에게 주 예수님이 여기서도 함께하심을 믿어야 하고, 그분이 마침내 이 강을 통해 우리를 온전하게 하신다는 사실을 믿어야 한다고 소리쳤습니다. 그 순간 비로소 크리스천은 정신을 차리며 이렇게 말했습니다. "맞아요. 주님이 함께하신다는 말씀이 생각나네요." 그때 크리스천이 기억한 말씀은 바로 이사야 43장 2절에 기록된 약속의 말씀이었습니다.

> "네가 물 가운데로 지날 때에 내가 너와 함께할 것이라 강을 건널 때에 물이 너를 침몰하지 못할 것이며 네가 불 가운데로 지날 때에 타지도 아니할 것이요 불꽃이 너를 사르지도 못하리니."

그러자 놀라운 일이 일어났습니다. 크리스천이 함께하시는 주님의 임재를 신뢰하자 깊었던 강의 수심이 갑자기 얕아지기 시작한 것입니다. 이내 그는 강바닥의 단단한 곳을 찾아 두 발로 굳게 서서 걷기 시작했습니다. 그리고 마침내 강 건너 반대편 기슭에 도달하게 되었습니다. 그때 빛나는 옷을 입은 천사들이 나타나 크리스천과 소망을 둘러싸고 어깨를 가지런히 하여 성문을 향해 걸었습니다.

그렇습니다. "내가 사망의 음침한 골짜기로 다닐지라도 해를 두려워하지 않을 것은 주께서 나와 함께하심이라"(시 23:4)는 시편 기자의 고백처럼, 주님은 사망의 음침한 골짜기에서뿐만 아니라 사망의 강에서도 임재하고 계셨던 것입니다. 아니, "볼지어다 내가 세상 끝날까지 너희와 항상 함께 있으리라"(마 28:20)고 언약하신 주님이 약속을 지키기 위해 이제 죽음의 강을 통과하는 순례자들 곁에 다가오신 것입니다.

셋째, 강 건너 준비된 '영광의 도성'을 바라보아야 합니다.
이제 크리스천과 소망은 천사들의 안내로 성문에 도달했습니다. 그들은 지시받은 대로 성문을 두드리며 신분증명서를 내보였습니다. 그러자 성문이 활짝 열렸고, 문턱을 넘는 순간 두 사람의 모습은 완전히 달라졌습니다. 어느새 그들은 금빛 찬란한 옷을 입고 있었습니다. 한쪽에는 하프와 면류관을 든 이들이 기다리고 있었습니다. 어디선가 기쁨의 종들이 울리며 "와서 주인과 함께 기쁨을 누려라!"고 외치는 큰 소리가 들려왔습니다.

멀지 않은 곳에 해처럼 밝게 빛나는 도시가 한눈에 들어왔습니다. 면류관을 쓰고, 종려나무 가지를 들고, 정금 하프에 맞추어 찬양을 부르는 이들이 황금으로 덮인 길을 걷고 있었습니다. 날개 달린 천사들도 섞여 있었는데, 서로를 바라보며 쉴 새 없이 "거룩하십니다. 거룩하십니다. 전능하신 분, 주 하나님!"이라고 찬미하고 있었습니다. 마침내 이들은 새 예루살렘 성, 영원한 천성에 도달한 것입니다.

이제 성경이 직접 묘사하는 새 예루살렘 성의 모습을 보십시오.

> "또 내가 새 하늘과 새 땅을 보니 처음 하늘과 처음 땅이 없어졌고 바다도 다시 있지 않더라 또 내가 보매 거룩한 성 새 예루살렘이 하나님께로부터 하늘에서 내려오니 그 준비한 것이 신부가 남편을 위하여 단장한 것 같더라"(계 21:1-2).

프레드릭 웨덜리(Frederick E. Weatherly)가 작사하고 스테판 아담스(Stephen Adams)가 작곡한 유명한 복음성가 "거룩한 성(The holy city)"이 생각나지 않습니까?

> "나 어제 밤에 잘 때 한 꿈을 꾸었네. / 그 옛날 예루살렘 성의 곁에 섰더니 / 허다한 아이들이 그 묘한 소리로 / 주 찬미하는 소리 참 청아하도다. / 천군과 천사들이 화답함과 같이 / … 그 성에 들어가는 자 참 영광이로다. / 밤이나 낮이 없으니 그 영광뿐이라. / 그 영광 예루살렘 영원한 곳이라."

우리 믿음의 여정은 바로 이 영광의 도성을 바라보며 걸어 온 행진입니다. 이제 드디어 목적지에 도착한 것입니다. 지나간 세월 동안 믿음의 눈으로 영광의 도성을 바라보며 순례길을 걸어왔다면, 그동안 여정이 아무리 힘들어도 포기하지 않은 것을 참으로 감사하게 될 것입니다. 죽음의 강이 아무리 수심이 깊어도 포기하지 않고 마침내 건넌 것을 영원토록 감사하게 될 것입니다.

우리 모두가 이 성에 도착하여 경험할 일이 무엇입니까? 하나님의 약속의 말씀은 이렇게 이야기합니다.

> "모든 눈물을 그 눈에서 닦아 주시니 다시는 사망이 없고 애통하는 것이나 곡하는 것이나 아픈 것이 다시 있지 아니하리니 처음 것들이 다 지나갔음이러라"(계 21:4).

이제 우리는 어두운 강을 건너 빛나는 새 예루살렘의 언덕에 서게 되었습니다. 아마 우리 모두는 존 피터슨(John W. Peterson)이 지은 "내 인생 여정 끝내어"라는 찬양을 눈물을 씻고 감격함과 감사함, 그리고 기쁨으로 부르게 될 것입니다.

> "내 인생 여정 끝내어 강 건너 언덕 이를 때
> 하늘 문 향해 말하리 예수 인도하셨네(1절).
> 이 가시밭길 인생을 허덕이면서 갈 때에
> 시험과 환난 많으나 예수 인도하셨네(2절).
> 내 밟는 발걸음마다 주 예수 보살피시사

승리의 개가 부르며 주를 찬송하리라(3절).

매일 발걸음마다 예수 인도하시네.

나의 무거운 죄 짐을 모두 벗고 하는 말

예수 인도하셨네(후렴)."

그날 그 언덕에서 우리 모두가 거기서 만나 이 찬양을 함께 부르게 되기를 소망합니다. 행여나 하나님의 참백성 된 증명서가 없어 천로역정의 낙오자가 되지 않기를 바랍니다. 우리 모두 진실한 믿음의 순례자가 되어 이 길을 믿음으로 걷고, 마지막 죽음의 강을 건너, 저 빛나는 언덕에서 영광 가운데 보좌에 앉으신 그분을 찬양하는 우리 모두가 되기를 간절히 기도합니다.

1. 죽음의 강을 건너 영원의 성에 들어가기 위해서 우리가 준비할 일은 무엇입니까?
1)
2)
3)

2. 천국의 신분증명서에 대해 설명해 보십시오. 나는 신분증명서를 가지고 있습니까?

3. 성경과 존 번연의 《천로역정》이 묘사하는 천국은 어떤 모습을 하고 있습니까?

4. 나의 죽음에 대한 준비와 천국의 소망을 이야기해 보십시오.